# 個別化教育計畫之擬訂：
## 從特殊教育課程和幼兒園教保活動課程導入

林素貞 著

心理出版社

# 作者簡介

**林素貞**

學歷：美國奧瑞崗大學（University of Oregon）特殊教育碩士、博士
　　　國立高雄師範大學教育學系學士

曾任：國立高雄師範大學特殊教育學系教授（2022 年退休）
　　　國立彰化師範大學特殊教育學系副教授
　　　國中普通班教師、益智班教師、特教組組長、特殊教育輔導團員

專研領域：個別化教育計畫之擬訂、特殊教育行政與法規、學習障礙教育、身心障礙學生國語文課程與教學、學習策略教學、差異化教學、直接教學模式、課程本位測量、資源教室方案與經營、身心障礙學生轉銜教育、學前身心障礙教育

# 目次

**第一章　導論** ... 1

**第二章　美國的《特殊教育法》與「個別化教育計畫」** ... 19
第一節　特殊教育學生與身心障礙學生的不同 ... 21
第二節　美國《特殊教育法》對「個別化教育計畫」規範的更迭 ... 31
第三節　美國「個別化教育計畫」的本質與內涵 ... 47
第四節　美國「個別化教育計畫」三種相關文件之說明 ... 57

**第三章　我國的《特殊教育法》與「個別化教育計畫」** ... 65
第一節　我國《特殊教育法》在「個別化教育計畫」規範的更迭 ... 66
第二節　我國在高等教育的「個別化支持計畫」與美國「504計畫」之差異 ... 85
第三節　我國和美國的「個別化教育計畫」之比較 ... 88

**第四章　普通教育、特殊教育課程與「個別化教育計畫」** ... 103
第一節　我國高級中等以下學校普通教育和特殊教育正式課程的演變 ... 104
第二節　從身心障礙教育的發展看臺灣身心障礙教育的課程演化 ... 129
第三節　調整普通教育課程和身心障礙教育課程 ... 136
第四節　從差異化教學到「個別化教育計畫」與學校課程計畫 ... 145

## 第五章　如何擬訂「個別化教育計畫」的內容　159

第一節　「個別化教育計畫」的實施流程與步驟　160
第二節　「個別化教育計畫」內容的三大主軸與五項內容　181
第三節　結合領域／科目之學習內容至 IEP 的現況、學年教育目標，以及學期教育目標的擬訂　211
第四節　運用課程本位測量（CBM）編寫具體、客觀、可評量的學期教育目標　229
第五節　如何擬定幼兒園學生的「個別化教育計畫」　254

## 第六章　「個別化教育計畫」實例與檢核分析　267

第一節　案例一：幼兒園融合教育班級學生的「個別化教育計畫」　271
第二節　案例二：國中資源班七年級學生的「個別化教育計畫」　279
第三節　案例三：技術型高中集中式特教班學生的「個別化教育計畫」　293

## 參考文獻　307

## 附錄

附錄一　「個別化教育計畫」會議通知單範例
附錄二　美國奧瑞崗州州政府教育局「個別化教育計畫」：會議通知範例
附錄三　美國奧瑞崗州編寫高品質的「個別化教育計畫」最佳實作與支援說明指導手冊
附錄四　美國奧瑞崗州「個別化教育計畫」標準內容格式
附錄五　美國奧瑞崗州「個別化家庭支持計畫」（IFSP）參考內容格式

附錄請於心理出版社網站（www.psy.com.tw）「下載區」下載
解壓縮密碼：9786267447617

# 第一章

# 導論

· **重點提要** ·

1999 年，本書第一版《如何擬訂「個別化教育計畫」：給特殊教育的老師與家長》
2007 年，本書第二版《個別化教育計畫之實施》
2021 年，本書第三版《如何擬訂個別化教育計畫：從特殊教育課程導入》
2025 年，本書第四版《個別化教育計畫之擬訂：從特殊教育課程和幼兒園教保活動課程導入》

身為特殊教育的實務工作者，我常常會接受縣市教育局（處）的委託，協助處理身心障礙學生的家長申訴案件。最近有一個案件是國小集中式特教班五年級的學生家長申訴學校教育的教學不當，該家長一年多來不斷要求學校老師教導其子女使用計算機做數學運算，他的理由是孩子對數學非常有興趣、喜歡學習數學，雖然孩子的心算和筆算運算能力仍然不是十分精熟，但還是希望老師能在學校教導孩子使用計算機，這樣孩子就能獨立進行單獨運算、混合運算或是生活情境的計算問題。但是，任課教師還是認為所有學生必須精熟筆算或心算的基礎數學能力，例如：會數數至100等，所以不宜教導學生使用計算機做計算，親師衝突最後導致演變成特殊教育申訴案件。

　　教育行政主管單位問我：「教授，有沒有什麼時機，可以讓家長和學校老師針對身心障礙學生的不同教育問題，有一個溝通和討論的平臺呢？」

　　我的回答是：「有！每一學期開學前的個別化教育計畫會議，就是希望學校教育團隊能讓家長了解一整學年或一整學期，學校將提供身心障礙學生哪些特殊教育課程與教學、行為輔導和相關專業服務。學校必須提供明確的學期教育目標，家長可以針對學校所提供的特殊教育內容提出想法和建議，家長還要簽署同意，個別化教育計畫才算有效。」

當然，處理此一申訴案件，首先就必須檢閱此個案過去所有的「個別化教育計畫」（Individualized Educational Program [IEP]）內容，以及家長每一學期有沒有參加「個別化教育計畫」會議，老師們和家長有沒有溝通討論過此一事件？

一位學生的「個別化教育計畫」內容和會議實施的歷程，即是「個別化教育計畫」的定位，它可以讓所有相關人員了解特殊教育的實施，從身心障礙學生的特殊教育需求評估、特殊教育與相關專業團隊的介入、每一學期特殊教育課程的現況描述，到相對應學年和學期學習內容的擬訂和實施結果。透過「個別化教育計畫」的文件，可以了解一位身心障礙學生，是否接受符合其獨特特殊教育需求的個別化教育。

「個別化教育計畫」乃源於美國 1975 年所公告實施的《身心障礙兒童之教育法案》（The Education of All Handicapped Children Act [EHA]），我國亦於 1997 年頒行的《特殊教育法》中，首次要求對每一位身心障礙學生都要提供「個別化教育計畫」。「個別化教育計畫」乃是為了滿足身心障礙學生的獨特教育（appropriate education）需求，由團隊共同設計以一學期或一學年為實施期限的個人教育計畫，此一教育計畫乃用以保障身心障礙學生的公平受教權，不會因為學生的障礙而影響其學習的機會，因此美國和臺灣皆以特殊教育法規，要求學校必須在學期初為每一位身心障礙學生規劃符合其特殊教育需求的教育服務。此特殊教育法規的學理背景，乃基於身心障礙者從出生到學校教育階段，各有其不同階段的發展與學習需求重點，所以美國對 0 至 2 歲身心障礙幼兒的身心障礙教育計畫稱之為「個別化家庭支持計畫」（Individualized Family Service Plan [IFSP]），而學生在 3 至 21 歲（高中階段）時稱之為「個別化教育計畫」；臺灣則是在學前到高中階段都稱之為「個別化教育計畫」，高等教育階段則稱之為「個別化支持計畫」（Individualized Support Plan [ISP]）。

　　「個別化教育計畫」乃基於確保身心障礙學生的學校教育，必須考量他們的障礙對學習的影響，從而規劃擬訂針對個別學生的特定課程、教學和相關專業協助，並確認其執行成效。「個別化教育計畫」在整體特殊教育的實施歷程中，乃扮演「計畫設計」和「計畫檢核」的角色，藉此以確保身心障礙學生可以得到適當的個別化教育。因此，本書乃先從特殊教育整體實施歷程定位「個別化教育計畫」的特定角色與任務。

　　我國身心障礙學生接受特殊教育服務之過程，大致如圖 1-1 之步驟，亦即是從轉介、篩選、診斷、鑑定、安置、「個別化教育計畫」之擬訂、實施教學，到成效之評估（McLoughlin & Lewis, 1990; Polloway & Patton, 1993; Salvia & Ysseldyke, 1995）。

　　**轉介**是指，懷疑某個案可能具有某類身心障礙之特質，而至特殊教育相關機構要求做進一步的鑑定，其轉介者通常會是個案之家屬、學校老師或相關服務專業人員。

　　**篩選**和**診斷**皆是對轉介之個案的疑似障礙類別，進行心理、教育測驗或醫療檢查，內容可能涵蓋生理健康檢查、視力檢查、聽力檢查、知覺動

圖 1-1　特殊教育實施之流程圖

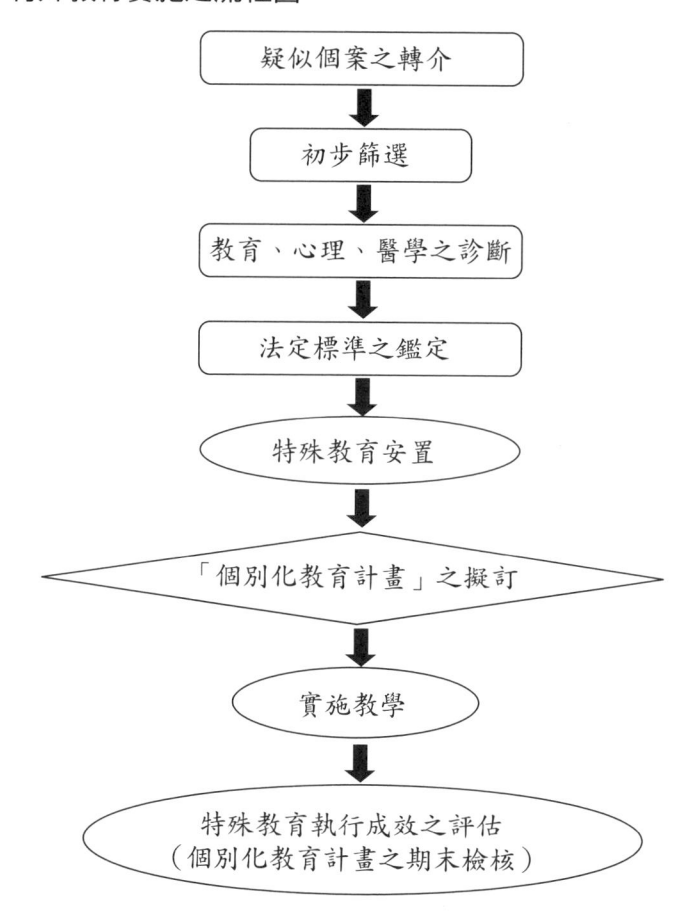

```
疑似個案之轉介
      ↓
   初步篩選
      ↓
教育、心理、醫學之診斷
      ↓
   法定標準之鑑定
      ↓
    特殊教育安置
      ↓
「個別化教育計畫」之擬訂
      ↓
     實施教學
      ↓
特殊教育執行成效之評估
（個別化教育計畫之期末檢核）
```

作能力評估、情緒社交能力評估、智力測驗、學科成就測驗,以及溝通能力評估等;篩選通常是初步評估,以團體測驗或簡單評估為主,篩選結果若符合某些障礙特徵,則再做進一步個別化或是完整評估之診斷。

　　**鑑定**是指根據《特殊教育法》對於各類身心障礙學生所訂之鑑定標準,以驗證某個案之診斷結果是否符合法定之鑑定標準,決定此個案是否為身心障礙學生,以接受特殊教育之服務。

　　**安置**是指在最少限制之環境（least restrictive environment）的基本原則下,將個案安排於適合其需要之教育環境學習。特殊教育之安置場所可以

由普通學校之普通班、資源班、自足式特殊班，到特殊教育學校以至於醫院之床邊教學；而目前特殊教育領域所提出之「完全融合」（full inclusion）亦是安置體系之一種，即是將身心障礙兒童安置在普通班當中，和非身心障礙兒童一起接受教育。

「**個別化教育計畫**」則是針對身心障礙學生之獨特教育需要，由教育人員、相關服務專業人員及轉銜機構代表共同為此個案擬訂的教育計畫與預期成效進行評估。

**實施教學**階段則是執行「個別化教育計畫」的預訂規劃，而特殊教育之成效評估則有賴「個別化教育計畫」的短程目標之評量結果，以確定個案之學習成效以及特殊教育目標是否有效達成。

從特殊教育的實施過程可知，從轉介到安置皆屬於特殊教育實施之前置作業，我國是由各縣市的鑑定及就學輔導會（簡稱鑑輔會）全權負責。而「個別化教育計畫」是特殊教育實質運作的領航員，也是特殊教育成效評估的督察者，目前大致是由身心障礙學生所安置的學校負責執行。

在上述的特殊教育實施過程中，「個別化教育計畫」與實施教學是分屬不同的階段和性質：「個別化教育計畫」是屬於教育計畫目標的訂定，而教學設計或教案與進行教學則是屬於實施教學的步驟。一般普通教育的實施過程一定有教學前教學設計的過程，特殊教育也不例外；然而，特殊教育比普通教育多了「個別化教育計畫」的規定，此項設計主要是針對身心障礙學生有個別性獨特教育需求的特質，所以需要有比普通教育教學設計更個別化的整體規劃設計，以因應每一個身心障礙學生的不同教育需求。「個別化教育計畫」和一般教學設計的部分理念和內容相似，但功能和內容乃是不同。以功能目的而言，在特殊教育實施過程中，「個別化教育計畫」著重學生獨特教育需求的評估，以及因應的教學目標設定和教育績效評估；而教學設計或教案則是規劃達成此些具體教育目標的教學流程、學生分組和所需的教材或教具等。在內容上，教學設計著重小組或大班級團體性實施教學的設計，而「個別化教育計畫」則著重單一個體特殊教育需求目標的設計；若再以單一身心障礙學生的特殊教育實施過程而言，「個別化教育計畫」就像是餐廳菜單之目標導向，而教學設計或教案則是製作此些菜餚食譜之過程導向，兩者功能不同卻是相輔相成。

Algozzine 與 Ysseldyke（2006）針對有效教學的歷程指出，教學前的教學設計內容應包含：建立適當的教學目標、建立學生的預期成就水準（通過標準）、選擇教學方法和教材教具、決定教學中的學生分組方式、決定此教學過程的時間與節奏快慢，以及教學內容的多寡等。Carnine 等人（1990）、Kameenui 與 Simmons（1990），以及 Kameenui 與 Simmons（1999）皆指出，教學前的完整教學設計，必須具備教學活動的預定流程規劃、教師將使用的說明範例、作業單和評量單的設計，教師更必須確定學生是否已經具備學習此一單元的相關能力——起點行為，以及預設此一單元教學目標的精熟水準——終點行為等。簡言之，「個別化教育計畫」是身心障礙學生特有的教育介入過程之一，此過程亦包含普通教育過程中一定具備的教學前之教學設計步驟，以下將兩者做區別，以利特殊教育教師能充分結合兩者的特質和功能，達到有效教育介入的成效，茲將「個別化教育計畫」和教學設計的相同與相異點做一比較，如表 1-1 所示。

表 1-1 「個別化教育計畫」和教學設計之比較分析

| 相同點 |
|---|
| 1. 兩者皆屬於教學前的步驟。 |
| 2. 兩者皆涉及要對學生做起點行為的評估、教學目標的設定和預設精熟水準。 |
| 3. 兩者皆需要明確說明學生的評量方式和通過水準（精熟水準）。 |

| 相異點 | |
|---|---|
| 1.「個別化教育計畫」是專為單一身心障礙學生的獨特教育需求而設計的「教育目標」和成效評估。 | 1. 教學設計屬於為一個群體所設計的教學過程。 |
| 2.「個別化教育計畫」有明確的法律條文規定於《特殊教育法》、《特殊教育法施行細則》及其相關法規。 | 2. 教學設計屬於教學專業團體所採用的理念和實施方式，並無一定的規定或固定運作模式。 |
| 3.「個別化教育計畫」包含教學、相關專業服務和轉銜計畫（transition plan）等三個不同領域。 | 3. 教學設計專指教學領域。 |

表 1-1 「個別化教育計畫」和教學設計之比較分析（續）

| 相異點 |
|---|

| | |
|---|---|
| 4.「個別化教育計畫」的內容非常明確，必須包含下列五點：<br>(1) 學生能力現況、家庭狀況及需求評估。<br>(2) 學生所需特殊教育、相關服務及支持策略。<br>(3) 學年與學期教育目標、達成學期教育目標之評量方式、日期及標準。<br>(4) 具情緒與行為問題學生所需之行為功能介入方案及行政支援。<br>(5) 學生之轉銜輔導及服務內容。 | 4. 教學設計的內容各家學說紛紜，最基本皆包含準備活動、發展活動和綜合活動三大步驟。各個教學理論皆有其不同的設計名稱和強調重點，例如：直接教學模式（Direct Instruction）的教學設計必須考量到學生的起點行為、上課規則、增強方式、不同錯誤方式的訂正方法、學生特殊狀況的處理等，每一個單一概念或技能的教學流程又包含：(1) 教師的示範說明（model）；(2) 教師引導學生一起練習（lead）；(3) 評量學生（test）等三步驟。一般教學設計中所列舉的教材和教具，在直接教學模式中則是在「教師的示範說明」中呈現。 |
| 5.「個別化教育計畫」只涉及學年和學期教育目標的擬訂，並不需要說明或設計如何教導這些教學內容的過程和方法。 | 5. 教學設計需要擬訂單元教學目標，同時說明將如何教導這些內容的過程、方法，以及使用的教材或教具。 |
| 6.「個別化教育計畫」的教學時間設定指完成此一教育目標所需的時間，通常可以是一週或長至一到兩個月不等。 | 6. 教學設計所採用的時間概念是指教學此一單一概念或技能所需要的時間，例如：直接教學模式通常以分鐘計算，最長不宜超過 15 分鐘，以維持學生的專注力。 |

　　簡言之，「個別化教育計畫」是特殊教育實施過程中的一環，它規劃了身心障礙學生一學年或一學期的教育目標、相關專業服務和轉銜服務內容，而教學設計則是承接了「個別化教育計畫」的目標設定，繼續實施具

體的教學細節規劃；而每一個教學過程中的階段性教學成效，將轉換成「個別化教育計畫」的短程目標達成，從而實現身心障礙學生獨特教育需求介入的終極目標。

身心障礙學生的發展與學習需求，乃必須整合教育單位、相關專業團隊和轉銜機構的人員介入。「個別化教育計畫」的實施要求召開「個別化教育計畫」會議，即是用以協調溝通跨專業之間的資源整合與服務介入。「個別化教育計畫」的內容乃根據特殊教育的實務運作所產生，從學生的特殊教育需求的診斷與評估、學生現況的確定、教育之長程目標（學年目標）與短程目標（學期目標）的擬訂，以及因應身心障礙學生的不同障礙，教育在評量方式所做的調整設計，接著是預計學生可以達成的短程目標（學期目標）之通過標準（評量標準）等，最後則是以學生學校畢業後下一個階段的發展為導向的現階段之轉銜教育的規劃。「個別化教育計畫」都是以學生個別教育需求的教育規劃，所以身心障礙學生的「個別化教育計畫」就像每學期至少一次的學生定期個案會議。

「個別化教育計畫」是針對某一位學生的教育目標，跨專業間必須分工和協調的對話機制。跨專業的工作人員必須在教學前完成此個案的整體教育目標規劃，基於教育成效的考核機制，「個別化教育計畫」本身都要求要做學期末之績效評估，所以跨專業人員除了是計畫的設計者和執行者，也同時扮演教育成效的評估檢核者，以提供家長定期了解其身心障礙子女在每一學期或學年的相關能力學習發展狀況。簡言之，「個別化教育計畫」不僅增進服務提供者之間的分工合作，包含教育單位、相關專業團隊、轉銜單位，也同時提供了教育專業團隊與家長之間的溝通管道。

如前所述，「個別化教育計畫」是落實特殊教育精神的具體措施。1980 年代，我在擔任第一線國中特殊教育教師時，即參與擬訂身心障礙學生的「個別化教育計畫」。1983 年暑假是我第一次接觸到「個別化教育計畫」（IEP），當時是在國立臺灣教育學院修習特殊教育專業學分，時常聽到任課教授介紹此一名詞或觀念，然而具體明確的參考資料卻非常有限；縱然如此，當時我確實已經了解到「個別化教育計畫」將能引導和檢核特殊教育學生的學習成果。那年 9 月新學期初始，我也開始在新設立的國中啟智班試行「個別化教育計畫」。當時，我和啟智班其他老師是抱著練習摸

索的心態當作實驗來施行，歷經一年多的修訂後，我們決定「個別化教育計畫」在每學期開學的三週內就要編寫設計完成，並且知會家長、請家長簽名同意，而且亦將在每學期末做一次評估。那時，我們的「個別化教育計畫」內容最多也只做到四個科目：國文、數學、體育，以及說話訓練，這是因為我們堅信「個別化教育計畫」必須和教學配合才有實質意義；而當時我們僅有國文、數學、體育、聯課活動做跨年級的能力和興趣分組教學，幾位腦性麻痺學生則施以小團體方式的說話訓練。我們當時的想法是：「個別化教育計畫」雖是以學生獨特需要的考量為出發點，但也必須配合教師的教學規劃能量。

　　基本上，一般普通教育的教學情境，學生是以年級別做為學習群體組合，特殊教育班級若學生人數多也會用此學習編組原則。然而，有些課程若是學生的現況起點行為落差很大，學生的學習組合則需採用跨年級的能力分組教學，1980 年代我即是在此學生能力本位考量下，將上述四個學科做跨年級能力分組教學。縱然如此，每一個能力分組的小組內，身心障礙學生的程度或能力狀況仍然有差異，需要進行差異化教學（differentiated instruction）。學期初，學生的「個別化教育計畫」在四個科目的現況描述，可以做為教師為學生學習分組之依據，以及教師擬訂一學期各週教學目標的參考；學期末，學生的「個別化教育計畫」學習成果檢核紀錄，可以了解學生的學習成果，以做為學生調整學習組別，以及教師擬訂下一學期教學目標規劃的依據。當時，多年於摸索和修正「個別化教育計畫」的運用後，我已經能深深感受到其對學生個別學習狀況的掌握，以及教師可以擬訂出適合學生現況能力之教學目標的雙重好處。

　　1991 年，我開始到美國奧瑞崗大學（University of Oregon）就讀特殊教育研究所，當時 Barbara Bateman 博士所開設的「特殊教育與法律」（Law and Special Education）是碩士班的必修學分。這門課是以美國的《特殊教育法》之相關主題為課程目標，而「個別化教育計畫」的相關議題和訴訟案件就是其中的要軸。記得我當時是用期待又害怕的心情修習這門課程，令我擔心的是這門課程內容非常難懂，因為它需要運用法律學科的思考和判斷；這對一直接受教育學科訓練的我而言，相當於要轉換另一套思考模式，我記得當時常陷入錯誤的思考判斷邏輯，所以在做案例研判時，依據

個別化教育計畫之擬訂：從特殊教育課程和幼兒園教保活動課程導入

教育常理所做的決定，常是錯誤答案，因為必須「依法行事」。令我興奮的是這門課程終於揭開了我對「個別化教育計畫」疑惑的神秘面紗，直至那時，我才真正了解「個別化教育計畫」的本意和精髓。從法律的觀點切入後，我也才終於明白為什麼美國的特殊教育執行機構都願意為每一位身心障礙兒童實施「個別化教育計畫」，原來這是美國《特殊教育法》的規定。多年來對「個別化教育計畫」實施的困惑，也一一在這門課中得以澄清與明確了。

「特殊教育與法律」讓我更加肯定了「個別化教育計畫」的必要性與執行方式，然而自己在過去實際擬訂「個別化教育計畫」的經驗中，一直對評量標準的擬訂深感困擾和疑惑。當時我們所參考的國內有關資料，大都採用百分比方式預期學生的學習通過水準，或是用連續評估的次數和通過次數，例如：連續評估三次，三次都通過，這是在用相同標準檢核學生的學習結果。當然，當時特殊教育現況對於教學目標內容的描述也都不是很明確，例如：學生能學會此課生字、學生能學會加法、學生能自行如廁等。當時自己最大的疑惑，常常是很難決定如何在每一項教學目標決定學生的預期精熟水準，何謂學會此課生字 80%以上的學習成果？或是學會加法正確率達75%？自行如廁正確率達60%？另一種特殊教育教師所採用的撰寫模式，則是評估某學習目標連續幾次，幾次皆通過，所以會出現：連續評估此課生字三次，二次皆通過；連續評估加法運算三次，其中有二次通過；三次連續評估學生的自行如廁，三次皆通過。上述學生評量通過標準的敘述，乃與實際教學和實施學習評量，有著明顯差距和混淆。

我對實施「個別化教育計畫」的評量標準和評量方式之困惑，很幸運的又在修習「課程本位評量」（Curriculum-Based Accessment [CBA]）課程中得以解惑。此課程是 Mark Shinn 教授在學校心理學系（Department of School Psychology）為其博士班學生所開設的必修課程，此課程的教學目標是訓練學生認識和運用「課程本位測量」（Curriculum-Based Measurement [CBM]）系統，以及發展「課程本位測量」的評量工具。「課程本位測量」的本質就是學生的評量內容即是教師的教學內容，讓教學和評量能緊密結合，教師以學生的學習成效做為教學的決策依據。我發現「課程本位測量」所發展的評量方式和評量標準的設計，正可以解決我們過去慣用百分

比或連續評量次數來評量學生學習成效的問題,因為兩種模式都會有無法客觀和標準不一的疑慮。流暢性本位之課程本位測量模式可以簡易的運用兩個句式,完整呈現出教學目標的學習內容、評量方式和評量標準——第一句:<u>(試題呈現方式)</u>**給學生**<u>(學習內容)</u>,代表教師的施測方式和施測內容(教學內容);第二句:**學生能在**<u>(分鐘時間,亦可省略)</u>**內正確**<u>(評量方式)+(達成的學習內容)</u>,代表學生對評量的反應方式和通過標準(精熟水準),而從教師施測的評量內容,除以學生正確達成的評量內容,正好足以輕易看出學生學習後的精熟水準之百分比。此課程本位測量模式的教學目標敘述方式,乃可以呈現具體、客觀和可評量的教學目標或學習目標,此也正是「個別化教育計畫」之學期目標所期待的評量標準和評量方式。

　　透過在美國研究所「特殊教育與法律」和「課程本位評量」兩個課程的學習,澄清了我過去對「個別化教育計畫」獨自摸索時的疑惑,更增進了自己對「個別化教育計畫」的完整理念,也更肯定其對身心障礙學生教育之重要性與必要性。「個別化教育計畫」在臺灣其實已經推廣實施經年了,相信許多特殊教育教師和當初的我一樣,堅信其對身心障礙兒童的重要性和對教學品質的有效性,但也會困擾於為什麼要作「個別化教育計畫」?擬訂「個別化教育計畫」時的困難很多,如何撰寫明確又可評量的學年或學期(週)教育目標,以及如何連結「個別化教育計畫」和實際教學的矛盾等,上述的問題都是我過去實施「個別化教育計畫」時深感困擾的事項。1997年5月,我國頒行修訂後之《特殊教育法》,此法讓國內的身心障礙兒童從此有法律保障而享有「個別化教育計畫」的福祉,也同時促動自己決定對「個別化教育計畫」的想法付諸出版專書的行動。該書想要傳遞給特殊教育教師和家長對「個別化教育計畫」的明確理念和實務經驗,全書以問題與需求導向編排章節內容,期盼能提供教育工作者一些不同的思考、方案和經驗分享。

　　1995年我完成博士學業回國在師範校院擔任教職,亦開始教導未來的特殊教育教師如何擬訂「個別化教育計畫」。從第一線的特殊教育教師到特殊教育師資培育者,一路走來,我對於「個別化教育計畫」此一議題,一直有著深深的認同感和使命感。二十多年來在大學特殊教育學系的教

學，幾乎每一學年都會有一學期教導大學部學生「個別化教育計畫的實施」課程，此一課程我會設計學生的小組作業，書面報告就是完成一位身心障礙學生的「個別化教育計畫」，口頭報告就是召開此一個案的「個別化教育計畫」會議。每一個小組作業的個案都是安置在不同教育環境之實際案例，學生們從所取得的個案基本資料和診斷評估資料，開始進行此一個案的特殊需求評估、差異化教學設計，再依據「個別化教育計畫」實施步驟，逐一完成「個別化教育計畫」的內容項目。此課程的目標即是訓練未來的特殊教育教師如何召開「個別化教育計畫」會議，如何依據《特殊教育法》的規定，評估學生的特殊教育需求後，擬訂每一位學生的「個別化教育計畫」內容。除了大學部的定期課程，多年來我也一直在特殊教育教師、普通教育教師、身心障礙家長團體的工作坊或研討會中，擔任「個別化教育計畫」的研習或工作坊的帶領者，也同時蒐集現場實務工作者或家長在執行「個別化教育計畫」時所遭遇的困難和質疑。

1999 年本書初版出刊，書名為《如何擬訂「個別化教育計畫」：給特殊教育的老師與家長》，這是臺灣第一本由出版社出版的「個別化教育計畫」教科書。當初的撰書目的有三項：一是希望臺灣對「個別化教育計畫」的理念能導向遵循法規的內容，而非廣泛性由個人自行定義或要求；二是強化「個別化教育計畫」是以身心障礙學生為主體的教育目標之擬訂和檢核，而非由教師主導的教學規劃或教案設計；三則是呼籲需要召開「個別化教育計畫」會議，特殊教育教師們要透過個案會議形式，與家長共同討論身心障礙學生的教育需求與目標的設定。

八年之後，本書於 2007 年完成第二版修訂，書名為《個別化教育計畫之實施》，修訂的主要原因是美國與我國的特殊教育相關法規都有數次修訂，我國的教育行政體系與教學實務對於「個別化教育計畫」也都有長足改變與正向發展。因此，第二版的內容增加了法規理念章的「個別化教育計畫、個別化家庭支持計畫與個別化轉銜計畫」一節、實作設計章增加了「如何編寫具體、客觀、易評量的短程教學目標」一節，而原章節內容也都做了大幅修訂。2007 年的第二版先從「個別化教育計畫」在美國的法源依據和實施狀況導入，藉由法規理念章增進大家對「個別化教育計畫」的認識；再經由實作設計章說明如何擬訂「個別化教育計畫」的各項內容，

提供我國特殊教育工作者編擬「個別化教育計畫」的參考；迷思與省思章乃由檢視我國施行「個別化教育計畫」的困惑與瓶頸，探討我國發展與實施「個別化教育計畫」過程的種種問題，以期發展出更適合我們自己的「個別化教育計畫」之施行模式。

　　2021 年本書完成了第三版修訂，書名為《如何擬訂個別化教育計畫：從特殊教育課程導入》，第二版和第三版的出刊間隔了十四年，這期間臺灣的特殊教育有非常巨大的變化。首先是 2012 年《特殊教育法施行細則》的施行，將「個別化教育計畫」的內容從十項調整成五項，以及相關內容規範的調整等；其次是 2014 年「十二年國民基本教育課程綱要總綱」之公告，臺灣的特殊教育課程有了劃時代的轉變，即是特殊教育課程綱要終於融入了普通教育的課程整體規劃中，所以從 2019 年（108 學年度）開始，一至十二年級的身心障礙學生，不論安置環境、障礙類別和障礙程度都必須實施調整後的普通教育課程，調整內容包含學習內容、學習歷程、學習環境和學習評量，以及特殊需求領域課程。「個別化教育計畫」既是身心障礙學生教學目標的規劃和檢核，當身心障礙教育最核心之課程與教學有巨大轉變時，「個別化教育計畫」的設計理念與內容，甚至整體特殊教育的教學理念，當然也必須因勢利導，建構出新思維和新內容。

　　事實上，第三版乃結合了我在大學長期任教的三門課程之重要內容。上述的「個別化教育計畫的實施」課程，乃屬於特殊教育教師職前專業知能的整合性課程，在大學部教授「個別化教育計畫的實施」課程之前，我一直先教導兩門先備課程：「特殊教育課程調整模式」和「身心障礙學生生涯與轉銜」。我一直覺得上述課程的學習有先後關係，對特殊教育教師的專業知能非常必要且重要。「特殊教育課程調整模式」也是我任教將近二十六年的課程，此一課程的目的是訓練特殊教育教師如何調整普通教育的學習目標和學習內容，以協助身心障礙學生得以學習普通教育課程的內容，從課程綱要的調整到教學目標、教學內容的調整皆屬於課程調整（curriculum adaptation）的範疇，此亦為現今所謂的特殊教育課程調整，也是普通教育所稱的差異化教學模式。該課程是訓練未來的特殊教育教師，可以針對學生的特殊教育需求，調整普通教育的學習內容、學習歷程、學習環境和學習評量，此正是「個別化教育計畫」的主要核心內容，也可謂之是

身心障礙學生的個別化教育。

「個別化教育計畫」內容中有一項重要主軸是轉銜輔導與服務，我也在大學開設「身心障礙學生生涯與轉銜」課程，此一主題也是我在美國研究所的輔修課程，此一課程乃訓練未來的特殊教育教師，如何協助身心障礙學生的轉銜教育之目標擬訂與執行，而轉銜計畫（transition plan [TP]）的目標擬訂即可融入「個別化教育計畫」的第五項內容項目。上述三個我專研的特殊教育師資培育的職前訓練課程，其課程內容乃是前後呼應且息息相關。「個別化教育計畫」的擬訂與實施並不是單一獨立的教育活動，它需要與許多教育的專業能力整合，包含：教育診斷與學習評量、課程與教學、行為輔導、轉銜教育、跨專業合作等，它是特殊教育教師專業能力的集大成之體現，我在師資職前訓練課程中，確實也一直緊扣此一特殊教育教師的專業核心能力之培育。

第三版的第二章：美國的《特殊教育法》與「個別化教育計畫」、第三章：我國的《特殊教育法》與「個別化教育計畫」，都是論述本書如何擬訂「個別化教育計畫」的骨架，由「個別化教育計畫」的法規緣由以及「個別化教育計畫」內容的要義，引導讀者了解「個別化教育計畫」到底是什麼？第二章首先論述美國校園中有身心障礙學生和特殊教育學生兩種不同的身分，身心障礙學生是符合1973年《復健法》鑑定條件的學生，而特殊教育學生則是必須符合《身心障礙者教育促進法》（IDEIA）鑑定標準的學生，也必須符合具有學習之特殊需求的特性，再透過《特殊教育法》規範之「個別化教育計畫」，以保障他們獲得個別化教育的權益。此二章乃希望能有助我國特殊教育教師與相關人員，能將法規之「個別化教育計畫」理念融入特殊教育的實際運作之中，使「個別化教育計畫」確實能增進特殊教育的教學品質，而非讓「個別化教育計畫」只是徒增教師的文書工作，甚至有礙教師的教學準備和對學生的輔導。此二章釐清我國應該只有符合《特殊教育法》鑑定資格的學生，才能享有特殊教育法的保障權益，提供特殊教育學生於此法所規範的「個別化教育計畫」；第三章並探討說明我國大專校院的「個別化支持計畫」相關內容。

第三版新增第四章：特殊教育課程與「個別化教育計畫」，此章內容主要在說明如何由學校的特殊教育課程規劃導入「個別化教育計畫」的實

施,亦即是學生的「個別化教育計畫」如何與教師的教學目標和內容產生連結相關。本章想要闡述不管是普通教育班級還是特殊教育班級,教師如何在團體和小組教學之下,可以同時顧及身心障礙學生的個別化教育之需求。「個別化教育計畫」如何呈現教師為學生所做到的課程調整或差異化教學?因此,第四章乃將每學年以個別學生為單位的「個別化教育計畫」,和每學年以全年級學生為單位所需撰寫的學校課程計畫,建構出連結關係,以說明「個別化教育計畫」如何與教師實際的課程規劃和教學相輔相成、一氣呵成、連成一體。

第五章:如何擬訂「個別化教育計畫」的內容,乃是實現「個別化教育計畫」的血肉,亦是本書的最核心章節。法規理念是「個別化教育計畫」的主體架構,然而若無「如何擬訂個別化教育計畫」的血肉填充,「個別化教育計畫」將會是一個空殼而無法運作。本章包含「個別化教育計畫」的實施流程與步驟,以及如何完成「個別化教育計畫」的五個項目內容,並分四節以協助大家如何設計出一份完整的「個別化教育計畫」:第一節乃先確認「個別化教育計畫」的整體實施流程與步驟,再進入如何決定個案之獨特特殊教育需求。第二節除了強化對特殊教育課程與教學和行為輔導主軸一的項目說明外,第三版還增加了如何擬訂主軸二:轉銜輔導與服務,以及主軸三:相關專業服務的內容說明。第三節是如何結合特殊教育課程的內容至學生現況、學年和學期教育目標。第四節是提供流暢性本位之課程本位測量模式的教學目標設計模式和範例說明,以利如何在「個別化教育計畫」之中,編寫具體、客觀、可評量的學期教學目標。

第六章:「個別化教育計畫」實例與檢核分析,乃呼應「個別化教育計畫」是以一位身心障礙學生的教育計畫之管理機制而成,本章以 SMART 計畫目標設定原則,發展出「個別化教育計畫」的檢核項目,再運用三個不同階段的實際案例,檢核實際案例之「個別化教育計畫」內容的適切性。Barbara Bateman 博士曾於 1992 年出版美國第一本「個別化教育計畫」的教科書 *Better IEP*,她一直強調沒有完美的「個別化教育計畫」,也沒有最好的「個別化教育計畫」,只有「不錯」的「個別化教育計畫」;因為「個別化教育計畫」是以一位身心障礙學生的特殊教育需求出發,只要能滿足與提供此學生的特殊教育需求,那就是合適或不錯的「個別化教育計

畫」。「個別化教育計畫」適用於滿足學生的獨特性需求，並無法做不同個體間相對性比較好或不好的「個別化教育計畫」。

　　然而，我藉由每學期授課之教學現場教師所提供的實際案例，以及多年來接觸不同縣市特殊教育教師所撰寫的「個別化教育計畫」內容，我發現有些「個別化教育計畫」的內容已經超越了特殊教育法規的要求，也模糊了「個別化教育計畫」的本質目的。有些個案一學期的「個別化教育計畫」內容幾乎涵蓋學生的所有學校學習檔案資料，有些內容又會包含教案設計的思維。我還是期待「個別化教育計畫」的內容可以回歸本質，回歸特殊教育法規的要求，職前師資培育可以訓練學生如何設計一份合法且適當的「個別化教育計畫」。縣市教育局（處）對學校的特殊教育評鑑，亦可以有一致性規範，而不是要學校教師依據每一次評鑑委員的個人意見做修改，所以每經歷一次評鑑就要修改一次內容，最後教師們擬訂的「個別化教育計畫」內容就無限膨脹了。此外，教育部對地方縣市教育局（處）的特殊教育評鑑，似乎也呈現著相似的問題，每一次縣市特殊教育評鑑之後，縣市教育局（處）就要修改一次「個別化教育計畫」的內容或參考格式，再要求所屬學校教師跟著修訂內容或格式。

　　我國會造成「個別化教育計畫」執行上的亂象，主因即是「個別化教育計畫」的項目內容，會因著不同層級的特殊教育評鑑委員之自行認定；我認為根本解決之道，應該是我國的《特殊教育法》必須對「個別化教育計畫」的內容項目規範要有明確的定義，如同美國的《身心障礙者教育法》（The Individuals with Disabilities Education Act [IDEA]），其對於「個別化教育計畫」的歷程和項目內容，都有明確的定義說明，如此各州政府、學校和家長，才能有一致性的了解要如何實施和設計「個別化教育計畫」，而不會因人而異。

　　最後，本書將美國地方政府層級奧瑞崗州的「個別化教育計畫」相關資料，蒐集彙整在「附錄」中，以供有興趣或需要者做參考。本書第二至六章首頁皆附有「重點提要」，這是屬於閱讀理解的前導組織設計，希望讀者在閱讀每一章的內容之前，先瀏覽重點問題，閱讀之後再針對每一個問題做重點摘要整理，以提升對每一章節內容之理解。本書的所有參考文獻則全部彙整在書末。

# 第一章　導論

　　2025 年，本書因應《特殊教育法》與《特殊教育法施行細則》於 2023 年的第三次全文修訂，再次進入第四版的修訂。內容主要增加第三章的《特殊教育法》的相關法規對「個別化教育計畫」的更新規範，以及該法首次明定幼兒園須為身心障礙幼兒訂定「個別化教育計畫」，因此在第四章增加一節介紹幼兒園的課程和「幼兒園教保活動課程大綱」，及其與「個別化教育計畫」的關係，並於第五章增加一節說明幼兒園教保服務人員如何進行計畫的擬定，包含運用身心障礙幼兒的「兒童發展聯合評估綜合報告」、差異化教學方案，以及「幼兒園教保活動課程大綱」，以擬定幼兒的「個別化教育計畫」。

　　二十多年來，本書共有四個版本的修訂，從第一版至第四版的書名變化，可以一窺我國在施行「個別化教育計畫」的發展歷程與特色。四個版本的主標題圍繞在「個別化教育計畫」之擬訂或實施，第一版的副標題是「給特殊教育的老師和家長」，乃以介紹「個別化教育計畫」的緣由、基本目的和內容為主，以澄清當時大家對「個別化教育計畫」的迷思。本書第一版的重要影響應是將「個別化教育計畫」會議的運作導入國內，強調該計畫包含個案會議討論和會議後決議（內容文件）的完整歷程，它是計畫導向的教育規劃，包含教學前的特殊教育、相關專業和支持服務的計畫擬定，以及教學後的計畫成果檢核等兩個程序。第二版聚焦在以特殊教育教師為主體的「如何擬訂個別化教育計畫」，協助教師編寫具體、客觀、可評量的短期／學期教育目標。第三版的副標題是「從特殊教育課程導入」，希望能引導訂定「個別化教育計畫」的團隊人員在進行計畫擬定時，能經由對學生特殊需求的評估、決定學生需要的學習主題後，再參考系統化結構性的課程領域／科目（包含「調整普通教育課程八個領域」和「特殊需求領域課程九個科目」），最後選取整合為適合身心障礙學生的學習內容之學年與學期教育目標。第四版的副標題是「從特殊教育課程和幼兒園教保活動課程導入」，代表本書將縱貫從幼兒園到高中階段的課程與教學議題，主要是因應「個別化教育計畫」的重要核心在設計學年和學期教育目標，以符合學生的獨特教育需求。從本書二十多年來四個版本的變化和焦點，似乎也可見證臺灣特殊教育的制度、課程、教學與支持服務的日臻健全和進步，顯見在融合教育普及後，差異化教學之實施和特殊需

求領域課程在教育現場的逐漸成形。

　　這麼多年來，本書四個版本之完成要感謝許多老師們的付出與協助。首先要感謝 1999 年撰寫第一版時，由陳美文老師協助編輯、提供意見和範例資料；劉秀芬老師協助翻譯美國 1990 年《身心障礙者教育法》（IDEA）的聯邦管理條例和條款解釋；陳瑛淑老師、吳惠櫻老師等提供「個別化教育計畫」個案資料；陳耿輝老師協助設計封面。2007 年修訂第二版時，由高雄師範大學特殊教育學系賴怡如同學協助打字和編輯。2021 年修訂第三版時，由趙明道老師協助蒐集編纂法規內容；何旻芳老師、涂卯桑老師、歐陽凱恩老師提供相關的資料。2025 年修訂第四版時，感謝張月圓園長、曾麗雀主任、關佩偉老師、薛婷方老師提供幼兒園的相關資料與協助。

　　本書第三版與第四版的封面是一張航海圖，那是 2020 年 1 月我搭乘遊輪的一段旅程，從起點南美洲智利的蓬塔阿雷納斯（Punta Arenas）港口出發，航經麥哲倫海峽、太平洋和大西洋，最後抵達的終點站是地球最南端的智利城市烏斯懷雅（Ushuaia）港。一路上，航海地圖與船的行進都開放給乘客觀看，讓我們知道航行的完整行程規劃。我們依據航海圖前進，沿途停靠在不同的地方，最後也依照計畫如期安全抵達終點港口。特殊教育的每一位學生就像一艘艘的船隻，有其不同的規格設備和航行目的，而「個別化教育計畫」也正如一張航海圖，它為特殊教育學生規劃出學習的航程，讓學生可以在茫茫的學習大海中朝向適合自己的目標前進，最後也都能依照計畫抵達終點。期待藉由「個別化教育計畫」的事先規劃和事後檢核，身心障礙學生都能在不同階段成功完成一趟又一趟的學習之旅程。

# 第二章

# 美國的《特殊教育法》與「個別化教育計畫」

## 重點提要

1. 美國身心障礙學生與特殊教育學生的教育權益有何差異?
2. 美國「個別化教育計畫」的緣由為何?
3. 美國的特殊教育提出「個別化教育計畫」之目的為何?
4. 美國法規要求一定要出席「個別化教育計畫」會議的人員為何?
5. 「個別化教育計畫」對身心障礙兒童及其家庭,以及教育工作人員有何幫助?
6. 美國「個別化教育計畫」的 5W 為何?
7. 美國「個別化教育計畫」、「個別化家庭支持計畫」與「轉銜計畫」的差別為何?

1975年,「個別化教育計畫」(IEP)一詞首次以法規名詞出現於美國的《身心障礙兒童之教育法案》(EHA)之中。在此《特殊教育法》的定義中,「個別化教育計畫」一詞乃包含兩個步驟和層面:一是指「個別化教育計畫」會議,另一則是指「個別化教育計畫」內容文件。「個別化教育計畫」會議是藉著讓身心障礙兒童的家長和教育有關人員一起面對面溝通和協調,以設計出適合此兒童獨特需要的教育方案;而「個別化教育計畫」內容文件即是「個別化教育計畫」會議的決議紀錄和家長同意書(Bateman, 1992, 2017)。

綜合上述「個別化教育計畫」的意義,「個別化教育計畫」實質上乃要達成下列三項功能:

1. 「個別化教育計畫」是執行《特殊教育法》的規定,因此必須依循法規的既定程序與內容要求,它是一份具有法律約束力的書面契約,其結果將使身心障礙者的受教育權得以獲得具體保障。

2. 「個別化教育計畫」是家長和教育有關人員之間的溝通管道,藉著這個面對面的溝通機會,家長和教育有關人員才能共同討論和協商出何者是此身心障礙個體現階段最迫切的教育需要。

3. 「個別化教育計畫」是一份管理檢核計畫,它針對身心障礙者的獨特需要,設計規劃以學年或學期計算的長程教育目標,並且也根據此計畫監督執行單位是否確實達成其預訂之長程、短程教育目標,以及評鑑其執行的成效。

簡言之,「個別化教育計畫」是執行《特殊教育法》的一項規定,它的目的是要對符合《特殊教育法》身分的身心障礙學生,保障他們能接受符合他們障礙需求的獨特教育(appropriate education)。因此,「個別化教育計畫」正是《特殊教育法》的核心,特殊教育乃以提供「特殊設計的課程與教學」,以協助特殊教育學生具有公平的學習機會。「個別化教育計畫」源於美國《特殊教育法》的立法規範,以下先說明美國的學校制度有特殊教育學生和身心障礙學生之差別,說明兩種資格差別為何會影響學生是否能有「個別化教育計畫」的實施,接著再深入敘述歷年來美國《特殊教育法》對「個別化教育計畫」的法規更迭及其相關內容。

# 第二章　美國的《特殊教育法》與「個別化教育計畫」

## 第一節　特殊教育學生與身心障礙學生的不同

「個別化教育計畫」（IEP），乃源自於美國《身心障礙者教育促進法》對身心障礙學生所提供免費、適當的公立教育（free appropriate public education [FAPE]）之具體實施保障，亦即《特殊教育法》所提供的所有保障，將僅適用於《身心障礙者教育促進法》所定義的 13 種障礙類別的學生，其中 0 至 2 歲的身心障礙學生採用「個別化家庭支持計畫」（Individualized Family Service Plan [IFSP]），3 至 21 歲接受學前到高中公立學校教育的身心障礙學生則採用「個別化教育計畫」，此計畫僅執行到特殊教育學生高中畢業就結束，高等教育並沒有提供身心障礙學生相關的「個別化教育計畫」。然而，基於有些身心障礙學生並無法在 18 歲畢業取得高中畢業文憑，這些學生就可以申請延長高中修業年限，學校就需要繼續執行學生的「個別化教育計畫」，但此延長休業年限仍必須終止於學生滿 21 歲之時。《身心障礙者教育促進法》是教育法案，涵蓋學前到高中的教育階段，以保障基本教育階段身心障礙學生個別化教育的機會和品質。學校校園必須提供所有學生良好的教育品質，然而校園中有不同學習特質與需求的學生，本節先說明美國學前（3 歲）到高中階段（一般畢業年齡為 18 歲）的主要三種身分學生，後續才能聚焦於「個別化教育計畫」的緣由和內容的闡述。

美國一般公立幼兒園至高中的學校，所有學生均適用 2001 年聯邦教育法案《帶起每一位學生法案》（No Child Left Behind [NCLB]）所提供的學校教育。除此之外，還有兩個和身心障礙學生有關的教育相關聯邦法案：一個是 1973 年《復健法》（Rehabilitation Act of 1973）的第 504 條款（Section 504）；另一個是《身心障礙者教育促進法》（The Individuals with Disabilities Education Improvement Act of 2004 [IDEIA]）。也因此一個學校校園中，因為學生的特性和教育需求約可區分成三種：所有學生、身心障礙學生和特殊教育學生；身心障礙學生是符合 1973 年《復健法》鑑定條件的學生，

特殊教育學生則是必須符合《身心障礙者教育促進法》（IDEIA）鑑定條件的學生，通常特殊教育學生同時也會有身心障礙學生的身分，但是身心障礙學生不一定具備有特殊教育學生的身分，此間的差別來自於《復健法》和《身心障礙者教育促進法》的立法目的和適用對象鑑定標準不同，其所保障的學校教育權限也差異很大（Council for Exceptional Children [CEC], 2002; National Center for Learning Disabilities [NCLD], 2013），圖 2-1 乃呈現一個學校中三種不同學生身分的關係。

美國《身心障礙者教育促進法》和 1973 年《復健法》第 504 條款都是提供身心障礙學生教育公平權的法案，兩者的主要區別在於兩種法規內容對教育權益的嚴謹度和寬鬆性。1973 年《復健法》是屬於防止歧視的民權法案，因為此法案並未涉及服務和經費等之提供，因此對於所適用的「身心障礙者」採用廣泛性定義，主要指個人因為有生理或精神障礙，而影響其主要的生活活動，例如：走路、看、聽、說、呼吸、學習、工作、照顧自己，以及用手操作事務等，或被他人視為有身心障礙的人。1973 年《復健法》第 504 條款涵蓋身心障礙者終其一生的生活範圍之權利保障，包括就

圖 2-1　美國公立學校中三種不同學生身分的關係

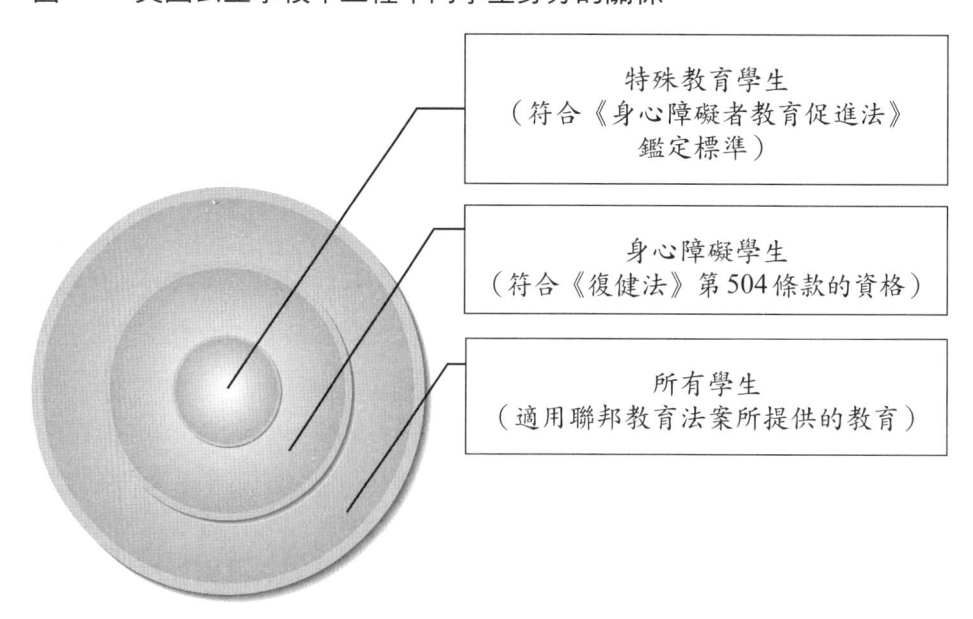

特殊教育學生
（符合《身心障礙者教育促進法》鑑定標準）

身心障礙學生
（符合《復健法》第 504 條款的資格）

所有學生
（適用聯邦教育法案所提供的教育）

業、使用公共建築、交通和教育。第504條款特別針對學校人員執行公平受教權的事項,主要採用概括性描述而非具體描述;也就是說,聯邦政府在1973年《復健法》第504條款的法規內容不多,也不強制要求執行的事項,所以學校因應此法規所提供的協助就很有限,僅針對通過《復健法》資格鑑定所稱的身心障礙學生,學校主要以普通教育即可執行的學習調整為主。

美國《復健法》的目的與性質相似於我國的《身心障礙者權益保障法》,此法乃為維護身心障礙者之權益,保障其平等參與社會、政治、經濟、文化等之機會,促進其自立及發展而設立,其中央主管機關為衛生福利部。此法所稱身心障礙者共有八類:(1)神經系統構造及精神、心智功能;(2)眼、耳及相關構造與感官功能及疼痛;(3)涉及聲音與言語構造及其功能;(4)循環、造血、免疫與呼吸系統構造及其功能;(5)消化、新陳代謝與內分泌系統相關構造及其功能;(6)泌尿與生殖系統相關構造及其功能;(7)神經、肌肉、骨骼之移動相關構造及其功能;(8)皮膚與相關構造及其功能(第5條)。適用此法的資格取得必須經由醫事、社會工作、特殊教育與職業輔導評量等相關專業人員組成之專業團隊的鑑定及評估,以發給「身心障礙證明」(衛生福利部,2015)。此法對於特殊教育的實施並無具體明確規範,教育事業主管機關的職責等同於其他十四類目的主管機關,例如:衛生、勞工、建設、工務、住宅、交通、金融等,因為此法著重在公民權的保障。

相較於《復健法》,美國《身心障礙者教育促進法》對於取得特殊教育學生身分的資格審查就非常嚴謹且具體,從鑑定到特殊教育的實施過程,在程序、時限、父母參與和正式文書資料上都非常明確且需強制執行,其中主要包含從學前到高中教育階段(3至21歲)的「個別化教育計畫」之實施。特殊教育學生乃因其身心障礙的因素,而需要有特別設計的教學介入,但若學生有身心障礙狀況但尚不需要特殊教育的介入時,這樣的學生就無法被鑑定為特殊教育學生,享有《身心障礙者教育促進法》的免費、適當的公立教育權益(NCLD, 2013)。

美國《身心障礙者教育促進法》約等同於我國的《特殊教育法》的目的與性質。我國《特殊教育法》的制定為使身心障礙及資賦優異之國民,均有接受適性教育之權利,充分發展身心潛能,培養健全人格,以增進服

務社會能力，其中央主管機關為教育部。此法所稱身心障礙學生共有十三類：(1)智能障礙；(2)視覺障礙；(3)聽覺障礙；(4)語言障礙；(5)肢體障礙；(6)腦性麻痺；(7)身體病弱；(8)情緒行為障礙；(9)學習障礙；(10)自閉症；(11)多重障礙；(12)發展遲緩；(13)其他障礙（第3條）。特殊教育學生的鑑定需由各級主管機關所設立的特殊教育學生鑑定及就學輔導會審核通過，此委員會的成員主要包含學者專家、教育行政人員、學校及幼兒園行政人員、同級教師及教保服務人員組織代表、特殊教育相關家長團體代表、身心障礙與資賦優異學生及幼兒家長代表、專業人員、同級衛生主管機關代表、相關機關（構）及團體代表（教育部，2023a）。我國《特殊教育法》是針對因為生理或心理之障礙，而具有學習特殊需求的學生而制定，在整體學校教育體制中，特殊教育學生都需要特殊教育及相關專業服務的協助，而所有的特殊教育服務皆導源自他們的學習特殊需求。《特殊教育法》以「個別化教育計畫」的具體明確程序和內容，作為保障身心障礙學生學習特殊需求的最佳利器。

特殊教育學生和身心障礙學生在美國高級中等以下學校所受到的教育保障不同，乃基於不同法規的立法目的和適用條件不同。此兩類學生都有生理或心理等的特殊性而需要學習上的協助，而兩種身分都需要經過鑑定審查的過程。基本上，1973年《復健法》對於身心障礙的資格審查標準較寬鬆，而《身心障礙者教育促進法》則對於身心障礙的資格審查標準非常嚴謹，所以每一位提出申請的學生不一定都能通過《身心障礙者教育促進法》的鑑定標準，而成為特殊教育學生，享有免費、適當的公立教育，以及「個別化教育計畫」的教育保障。因此，有些學生因為生理或心理等特殊性而導致學習上的困難，但是相關資料並未完全符合《身心障礙者教育促進法》的鑑定標準，這些學習上的困難可能透過學校行政和普通班教師實施學習調整（accommodation）即可解決，所以這些學生就不具有特殊教育學生的身分，而可能符合1973年《復健法》的鑑定資格，享有該法第504條款的普通教育之學習調整權利，所以僅符合1973年《復健法》的身心障礙學生，就沒有「個別化教育計畫」的介入與協助了。表2-1詳細比較對照說明美國《身心障礙者教育促進法》和1973年《復健法》第504條款在特殊教育服務上的差異。

表 2-1　美國《身心障礙者教育促進法》和 1973 年《復健法》第 504 條款的差異比較

| 內容 | 《身心障礙者教育促進法》 | 1973 年《復健法》第 504 條款 |
|---|---|---|
| 目的 | • 這是一項聯邦政府的教育法案，其宗旨是確保對符合法律規定的特定障礙類別身心障礙學生，提供免費、適當的公立教育服務。 | • 這是一項反歧視的聯邦民權法案，目的是保護身心障礙者在接受聯邦補助的任何機構、學校或機構的公平權利，相關單位需要盡最大可能提供身心障礙者與同年齡者一樣的參與機會。 |
| 適用對象 | • 所有學齡階段兒童，符合有一種或多種的特定身心障礙 13 種類別的鑑定標準，包含特定學習障礙、自閉症（autism）、說話及語言障礙、情緒障礙、創傷性腦傷（traumatic brain injury）、視障、全聾（deaf）、聽障、視障併聽障、認知障礙、多重障礙、肢體障礙、其他健康障礙等。<br>• 資格審核要求確認兒童的身心障礙會導致對其教育學習表現的不利影響，因此需要個別化的適當特殊教育介入。 | • 身心障礙者的定義，指現在或曾經有過生理或精神損害紀錄，此損傷嚴重限制了個人的主要生活活動，包括：走路、看、聽、說、呼吸、學習、工作、照顧自己，以及用手操作事務等，或被他人視為有身心障礙的人。<br>• 資格審核時不要求學生需要額外的特殊教育服務。 |
| 服務內容 | • 除了普通教育課程，還需要提供特殊教育學生額外的個別化教育方案，以確保特殊教育學生能夠從普通教育的課程學習中受益，而所有額外的特殊教育方案，家長皆不需要付費，費用完全由學校或學區（School District）負擔。 | • 學校要消除阻礙身心障礙學生充分參與普通教育課程和學校活動的障礙。 |

表 2-1　美國《身心障礙者教育促進法》和 1973 年《復健法》第 504 條款的差異比較（續）

| 內容 | 《身心障礙者教育促進法》 | 1973 年《復健法》第 504 條款 |
|---|---|---|
| 達成立法目的強制性執行措施 | • 「個別化教育計畫」規範其具體的內容項目、會議和內容文件，而且一定要有家長參與。計畫內容為具體且要能直接、客觀可以評量的教育目標，14 歲或 16 歲以上的學生要有「轉銜計畫」，以及針對任何有行為問題的身心障礙兒童制定「行為介入計畫」（Behavior Intervention Plan [BIP]）。通常各州會提供標準的計畫格式供學區採用。<br>• 「個別化教育計畫」是落實「適當教育」的工具，它被定義為一個合理的計畫，以利學生的教育成效，因此必須有特別設計的教學，其中包含相關專業服務，以協助學生從教育過程中可以學習所需要的服務，例如：心理諮詢、職能治療、物理治療和交通工具等。<br>• 聯邦政府對於「個別化教育計畫」有明確內容要求，所以州政府通常會設計「個別化教育計畫」標準格式，以利各學區遵循使用。 | • 1973 年《復健法》要求要對身心障礙學生提供學習調整，但是並沒有規範「504 計畫」的具體內容項目，也沒有規定一定要有書面的「504 計畫」文件，也沒有要求一定要有家長參與，也因此學校提供身心障礙學生時的「504 計畫」，並沒有標準或固定格式。<br>• 「適當教育」在此法規是指身心障礙學生要與普通學生一起學習，因此第 504 條款要求學校要為身心障礙學生提供合理的學習調整、支持和輔助用品等，以利身心障礙學生也可以有效學習普通教育課程。 |

表 2-1　美國《身心障礙者教育促進法》和 1973 年《復健法》第 504 條款的差異比較（續）

| 內容 | 《身心障礙者教育促進法》 | 1973 年《復健法》第 504 條款 |
|---|---|---|
| 經費預算 | ・聯邦政府將提供額外經費給各州政府，以對具備鑑定資格的特殊教育學生提供服務。 | ・聯邦政府不提供額外經費給各州政府；此外，《身心障礙者教育促進法》的經費不得使用於僅符合第 504 條款定義的身心障礙學 |
| 執行法規過程的評估方式 | ・必須全面採用「多向度評估」（multi-factored evaluation [MFE]）方式，包含使用各種評估工具和策略，蒐集學生相關的功能和發展資訊，例如：家長提供的資訊，這些資訊可能有助於評估團隊確定兒童是否有身心障礙，以及它如何影響其教育學習。<br>・必須使用多種評估工具對疑似身心障礙的各方面進行評估。在進行身心障礙的初步鑑定評估之前，必須獲得家長或監護人的書面同意。IEP 團隊必須每三年要重新評估一次，以確定是否仍需要特殊教育服務，以解決學生身心障礙問題，除非家長和 IEP 團隊成員都同意沒有必要。<br>・特殊教育學生若有需要改變教育安置場所，則不需要進行重新鑑定評估。 | ・評估需利用來自與身心障礙學生相關領域的各種資訊。評估工作需要由團隊進行，此團隊係由了解學生、評量資訊和教育資源的人員組成。在完成評估報告之前，不需要取得家長或監護人的書面同意，但是必須通知父母或監護人此事件。每年都需要重新評估或做定期審查。<br>・學生若有需要重新安置教育環境，不需要召開相關會議。 |

表 2-1　美國《身心障礙者教育促進法》和 1973 年《復健法》第 504 條款的差異比較（續）

| 內容 | 《身心障礙者教育促進法》 | 1973 年《復健法》第 504 條款 |
|---|---|---|
| 教育安置方式 | ・針對特殊教育學生的安置決定，要求學區和學校使用來自各種來源的資訊，考慮所有紀錄的資訊，並使用團隊方式做出決策。<br>・特殊教育團隊成員必須能了解學生、評估資料與適合此學生的特殊教育安置環境和服務。必須讓學生和非身心障礙學生一樣，能在最少限制的環境（least restrictive environment [LRE]）中接受免費和適當的教育。<br>・若有需要重新安置教育環境或改變特殊教育服務內容，都需要召開 IEP 會議以作討論。<br>・特殊教育學生有資格獲得完整的連續特殊教育服務之安置選項，包括普通教育和相關專業服務。 | ・針對身心障礙學生的安置決定，要求學區和學校使用來自各種來源的資訊，考慮所有紀錄的資訊，並使用團隊方式做出決策。<br>・評估團隊成員必須能了解學生、評估資料與適合此學生的特殊教育安置環境和服務。必須讓學生和非身心障礙學生一樣，能在最少限制的環境中接受免費和適當的教育。<br>・學生將在普通教育環境中學習，有些人會需要提供學習調整，有些人則完全不需要學習調整。<br>・適用「504 計畫」的學習調整，包含學校要提供結構化的學習環境；重複性或簡化的教學；行為管理或介入策略；調整考試歷程（以小組進行，口試，延長考試時間，報讀，以錄音方式記錄答題，可以使用拼字檢查軟體、計算機、電腦和文字處理器等）；調整回家作業；有第二套教科書、有聲教科書等。 |

## 第二章　美國的《特殊教育法》與「個別化教育計畫」

　　簡言之，「個別化教育計畫」和「504 計畫」的相同處有：(1)兩份內容文件都需要根據聯邦法律為學生提供學習調整；(2)兩份內容文件都有主責單位負責提供相關的教育服務；(3)聯邦政府和各州政府都需要執行這兩份內容文件。「個別化教育計畫」和「504 計畫」的相異處有：(1)「個別化教育計畫」是特殊教育學生的一份具體且詳實的特殊教育服務內容，它算是一份正式文件檔案；「504 計畫」是身心障礙學生在一般教育環境的學習調整敘述，它只能算是一份聲明；(2)適用「504 計畫」的學生並不需要特殊教育服務，申請資格也不需要學區層級的特殊教育法之診斷評估程序；(3)學校可以依據需要讓學生適用「504 計畫」，例如：臨時受傷的學生為了物理環境的調整，可以適用「504 計畫」，當此學生復原了，其「504 計畫」也就終止了；反之，「個別化教育計畫」則是不中斷提供特殊教育服務計畫，每學年都要更新一次，直到學生不再具備特殊教育的資格為止；(4)「504 計畫」包含的所有內容都會出現在「個別化教育計畫」中，但「個別化教育計畫」的內容不見得會包含在「504 計畫」中；(5)「個別化教育計畫」中會提供的特定課程教學、相關專業服務、轉銜服務等，「504 計畫」都沒有提供；(6)通常各州政府會依據《身心障礙者教育促進法》的規定，提供「個別化教育計畫」的標準格式，以利各學區的學校採用，然而各個學校所提供的「504 計畫」則沒有標準或固定格式，因為 1973 年《復健法》並無明確的規定與要求。

　　「個別化教育計畫」乃是依據《身心障礙者教育促進法》而產生，此法案對特殊教育的定義，乃是提供經過特別設計的教學（specially designed instruction），以符合身心障礙學生的獨特教育需求，於此家長不需要支付任何費用；而此經過特別設計的教學包含相關專業服務，就載明在學生的「個別化教育計畫」內容文件內。也就是說，符合《身心障礙者教育促進法》所定義的特殊教育學生，皆有需要特別設計的教學，如果沒有此需要，只需要普通教育的學習調整即可滿足學生的需求，那樣的學生就可能是 1973 年《復健法》第 504 條款所謂的身心障礙學生，將會由學校提供「504 計畫」，但無法被鑑定為特殊教育學生，也就沒有特殊教育的服務，以及擁有「個別化教育計畫」。

　　「個別化教育計畫」乃和《特殊教育法》所提供的特別設計之教學有

密切關係,「504計畫」則不額外提供身心障礙學生特別設計的教學,如特殊教育教師的教學介入,而是在一般教室內由普通教育實施學習調整,所以不會改變學生們學習的內容(what to learn),只是改變如何學習的方式(how to learn),因此也不會降低對身心障礙學生的學習及格標準。「504計畫」的目標是移除影響學生學習的障礙,讓學生可以獲得公平學習的機會;美國由學前到高中各級學校所提供的「504計畫」乃是一種學習調整計畫,通常包括:(1)環境調整,例如:學生可在安靜的空間進行考試,或是優先安排特定座位;(2)教學歷程調整,例如:教師在教學過程中不斷提示或檢視學生是否了解;(3)教材調整,例如:針對閱讀理解有些困難的學生,歷史課程老師讓學生使用有聲圖書的歷史教科書,這就是透過教材調整消除學生閱讀理解的障礙;或是讓學生能取得每一課的重點大綱;(4)學習反應調整,例如:調整學生回家作業的數量或形式,或者是評量方式的調整,以及讓寫字障礙學生,用電腦打字完成作業或考試、延長考試時間等(ADDitude, 2024; University of Washington, 2020)。

綜論之,「個別化教育計畫」和「504計畫」最大的差別,乃是「個別化教育計畫」一定會涉及特殊教育介入的特別教學設計,需要特殊教育教師所提供的課程與教學,以及可能的相關專業人員之服務,所以需要由國家編列特定的額外教育經費以支付所有支出。「504計畫」則沒有涉及特殊教育的教學介入或相關專業團隊服務,主要由學生的普通班任課教師做適當的學習調整,所以學校並不需要支付額外的教育經費支出。美國對「個別化教育計畫」和「504計畫」的實施差異,反映出教育現場並不是所有的身心障礙學生都需要被鑑定為特殊教育學生,有些學生的教育需求只要普通教育老師願意做學習調整,學生學習上的障礙即可消除與跨越,而不需要運用到特殊教育資源,此亦為美國1973年《復健法》第504條款的精髓:避免歧視和提供公平參與機會。在此同時,教育現場有些學生確實需要特教育的課程與教學之強力支持和協助,方能幫助他們消除與跨越學習上的嚴重障礙,這些特殊教育的具體內容即是規劃在特殊教育學生每一學期的「個別化教育計畫」裡,下一節的內容將以美國《身心障礙者教育促進法》的規定,詳細說明「個別化教育計畫」的由來、核心意義、內容和多年來的變化。

## 第二節 美國《特殊教育法》對「個別化教育計畫」規範的更迭

本節將從美國 1975 年第一次公告的《身心障礙兒童之教育法案》（EHA），及至 2004 年最近一次修訂的《身心障礙者教育促進法》（IDEIA），「個別化教育計畫」在每一次《特殊教育法》修訂中的更迭和轉變。

### 一、「個別化教育計畫」的初次起源

「個別化教育計畫」（IEP），乃源自於美國特殊教育法對身心障礙學生所提供免費、適當的公立教育（FAPE）之具體實施保障，透過落實每一位身心障礙學生的「個別化教育計畫」，特殊教育之目的得以實現完成。**免費**是指身心障礙兒童的特殊教育相關經費乃由政府提供，其父母不需要負擔任何費用支出；**適當**是指適合此身心障礙兒童之獨特需要的教學設計及措施；**公立教育**是指由政府經費所設立之學校系統和機構可涵蓋 3 至 21 歲之學生。美國《特殊教育法》的里程碑，即指 1975 年由美國國會所通過之《身心障礙兒童之教育法案》（EHA），亦稱《94-142 公法》（Public Law 94-142 [P.L. 94-142]），「94-142」意謂由美國第 94 屆國會呈送美國總統簽署頒布之第142號法案；此法案亦在美國法典編纂為「20號美國法典」之 1401～1468 條款（20 United States Code, Sections 1401-1468 [20 U.S.C.]，此部分條款從 1400 至 1468 條），而美國教育部為執行此《94-142 公法》所訂定之施行細則，則在美國聯邦法典編纂為「34 號美國聯邦法規彙編」之 300 篇和 303 篇（34 Code of Federal Regulations, Parts 300 and 303 [34 C.F.R.]）。之後，此美國之《特殊教育法》和聯邦法規雖然歷經四次修訂，但其在美國法典的編號卻一直沿用舊制。表 2-2 呈現美國《特殊教育法》歷經四次修訂的主要更迭內容。

### 表 2-2　美國《特殊教育法》的主要更迭內容

1975 年：《94-142 公法》，即《身心障礙兒童之教育法案》（EHA）
- 對 5 至 18 歲身心障礙兒童提供免費、適當的公立教育。

1986 年：《99-457 公法》，即《身心障礙兒童之教育法案修訂案》（Education of the Handicapped Act Amendments）
- 對 3 至 21 歲身心障礙兒童／個體提供免費、適當的公立教育。
- 對 0 至 2 歲嬰幼兒提供特殊教育學生之「個別化家庭支持計畫」（IFSP）。

1990 年：《101-476 公法》，即《身心障礙者教育法》（IDEA）
- 法案名稱由《身心障礙兒童之教育法案》更改為《身心障礙者教育法》。
- 增加自閉症和創傷性腦傷類別。
- 增加轉銜服務之內容。
- 更新輔助科技（assistive technology）器材設備之內容。

1997 年：《105-17 公法》，即《身心障礙者教育修正法》（Individuals with Disabilities Education Act Amendments of 1997 [IDEA 1997]）
- 強調讓身心障礙學生能完全融合於普通教育之中。

2004 年：《108-446 公法》，即《身心障礙者教育促進法》（IDEIA）
- 提升特殊教育教師的專業能力。

　　此外，針對美國《特殊教育法》中對「個別化教育計畫」的內容更動，也可以洞察出美國特殊教育理念與趨勢的改變，例如：早期介入的特教理念，反映在「個別化家庭支持計畫」（IFSP）的出現；特殊教育成效必須能延伸至成人生活的適應，就有「個別化轉銜計畫」（Individualized Transition Program [ITP]）的要求；當融合教育理念興起後，「個別化教育計畫」的規劃，就必須先考量以普通教育的安置和課程為優先的選擇，1997年的修訂已經要求大部分身心障礙學生都要參加全州或全學區的年級定期基本學力測驗，2004 年的修訂則要求將一般學生的各年級學年基本能力指標，納入身心障礙學生的長期目標之預期通過水準。這些不同的規定，也更驗證「個別化教育計畫」是美國《特殊教育法》的核心，同時也是實現特殊教育理想的最佳利器。

第二章　美國的《特殊教育法》與「個別化教育計畫」

## 二、美國《特殊教育法》第一次修訂

美國與「個別化教育計畫」有關的《特殊教育法》自 1975 年開始至 2004 年，共歷經了四次的修訂。第一次是 1986 年的修訂，即《身心障礙兒童之教育法案修訂案》，亦稱為《99-457 公法》（P.L. 99-457）。此修訂案主要是將《94-142 公法》所定義之 6 至 21 歲的特殊教育受益年齡向下延伸，包含了 3 至 5 歲的學前階段，以及出生至 2 歲的嬰幼兒期。在此修訂案中，對於 0 至 2 歲身心障礙兒童則是要求實施「個別化家庭支持計畫」（IFSP），即是根據早期介入的原則，對 0 至 3 歲身心障礙兒童的本身、父母和其他家庭成員，將提供與此身心障礙嬰幼兒發展有關的支援服務。以下介紹「個別化家庭支持計畫」（IFSP）。

---

**「個別化家庭支持計畫」（IFSP）**

美國 1986 年《身心障礙兒童之教育法案修訂案》（EHA）第 677 條款：

(a) 法定評量和計畫擬訂：每一位 0 至 2 歲身心障礙嬰幼兒及家庭應該接受：
　(1) 不同專業的評量，以診斷出其獨特需要，以及提出解決其獨特需要的建議服務。
　(2) 由不同專業團隊所共同擬訂的「個別化家庭支持計畫」。
(b) 階段性評估：「個別化家庭支持計畫」應該一年評估一次；而對 0 至 2 歲身心障礙嬰幼兒的家庭至少六個月要提供一次計畫的檢視。
(c) 評量後擬訂「個別化家庭支持計畫」的時效性：0 至 2 歲身心障礙嬰幼兒具有合法鑑定資格後，必須儘快開始實施「個別化家庭支持計畫」；在家長同意之下，早期介入服務（early intervention service）亦可以在法定評量程序完成之前提早實施。
(d) 「個別化家庭支持計畫」內容文件應該包含下列：
　(1) 0 至 2 歲身心障礙嬰幼兒的生理發展、認知發展、語言發展、心理—社交能力發展、自理能力發展等之具體可評量的行為現況之描述。

(2) 對增進此 0 至 2 歲身心障礙嬰幼兒發展有關的家庭之優點和需要協助的敘述。
(3) 此 0 至 2 歲身心障礙嬰幼兒及其家庭之預期達到的進步目標，此目標敘述需載明過程步驟、標準和時間表，以及實施過程中是否有需要修訂目標的可能性等。
(4) 對 0 至 2 歲身心障礙嬰幼兒早期介入服務的特別計畫敘述，包含頻率、程度和服務方式。
(5) 此「個別化家庭支持計畫」的服務起訖時間。
(6) 參與此「個別化家庭支持計畫」的相關人員名單，以及其和此份「個別化家庭支持計畫」的關係。
(7) 銜接此 0 至 2 歲身心障礙嬰幼兒至接受「個別化教育計畫」的適當步驟措施。

## 三、美國《特殊教育法》第二次修訂

1990 年，美國通過了《身心障礙兒童之教育法案》（EHA）第二次修訂，亦稱《101-476 公法》（P.L. 101-476）。此次修訂共有四項大改變：

1. 將《身心障礙兒童之教育法案》（EHA）更名為《身心障礙者教育法》（IDEA），即由「Individuals with Disabilities」替代原來的「Handicapped Children」。「Disabilities」之中文翻譯近於「缺陷」，但我認為中文之「障礙」一詞比「缺陷」更具正向積極之意義，故並未做中文翻譯之變更。此修訂案名稱上更改的精神是強調身心障礙者亦是一獨立自主之個體，身心障礙是由內在或外在因素所形成附加於個體的差異，並無損於個人存在的完整性。
2. 「自閉症」和「創傷性腦傷」新增加為身心障礙兒童的定義類別。
3. 在設計「個別化教育計畫」時，要求增列對身心障礙個體之「轉銜服務」的考量，亦即是當身心障礙學生已達 16 歲時，必須列入規劃此學生離校後的銜接發展方向；對於某些 16 歲以上的特殊個案，例如：在高二階段的個案已完全在職場實習，此時「個別化轉銜計

畫」（ITP）即可以取代「個別化教育計畫」。

4. 對「輔助科技」的重新定義。

1990 年《身心障礙者教育法》（IDEA）主要涵蓋五個部分：

1. 身心障礙者之診斷與鑑定：用以決定誰能符合法律定義之身心障礙的類別，以及決定何謂此身心障礙者的獨特之教育需要。
2. 「個別化教育計畫」與相關服務：必須依據此獨特之需求，以擬訂「個別化教育計畫」的內容和提供必要之相關服務，此部分的條文詳載了相關名詞的界定及實施的步驟。
3. 教育安置：強調必須以個體獨特之需要為原則，以貫徹執行「個別化教育計畫」的設計。
4. 經費：詳載美國教育部如何編列預算給各州，以協助各州執行對 3 至 21 歲身心障礙者提供免費、適當的公立教育和相關服務，因此各州之學區委員會〔相當於我國各縣市之教育局（處）〕得以負擔轄區內所有「個別化教育計畫」的相關經費支出；此經費條文亦因此得以監控各州對「個別化教育計畫」之執行成效，倘若有州政府或地方教育機構未能遵守執行《身心障礙者教育法》規定時，翌年美國聯邦政府教育部就會刪減對此州之特殊教育經費預算之補助。
5. 法定訴訟過程之權利保障：指從診斷與鑑定到「個別化教育計畫」的執行，身心障礙者之父母或監護人都享有接到有關單位的診斷或開會通知、紀錄；參與會議；要求聽證會等權利。

在 1990 年《身心障礙者教育法》（IDEA）的「34 號美國聯邦法規彙編」中，與「個別化教育計畫」相關的條款包括：管理條例 300.5 條（Regulations 300.5）規範「輔助性科技設備」；管理條例 300.6 條規範「輔助性科技服務」；管理條例 300.7 條規範「身心障礙兒童」；管理條例 300.8 條規範「免費、適當之公立學校教育」；管理條例 300.13 條規範「家長」；管理條例 300.16 條規範「相關服務」；管理條例 300.17 條規範「特殊教育」；管理條例 300.18 條規範「轉銜服務」。此 1990 年的特殊教育管理條例之中的第 300.340 至 300.350 條款（Regulations 300.340-300.350），則直接規範「個別化教育計畫」之施行，為使讀者了解「個別化教育計畫」的內涵，將其條文內容詳述如下。

## 美國 1990 年《身心障礙者教育法》（IDEA）之「34 號美國聯邦法規彙編」：「個別化教育計畫」

300.340 條：定義

(a) 此條文中，個別化教育計畫係指根據 300.341 至 300.350 等條文針對障礙兒童所發展與實施之書面說明。

(b) 在 300.346 與 300.347 等條文中，「參與機構」係指除了負責學生教育之公立機構以外之州立或地方機構，其在財政與法律上必須負責提供學生轉銜服務。

（根據：20 U.S.C. 1401(a)(20)）

320.341 條：州立教育機構之責任

(a) 公立機構：州教育局必須確保各公立機構針對每一位障礙學生發展和實施個別化教育計畫。

(b) 私立學校和機構：州教育局必須確保個別化教育計畫能夠發展並實施於下列障礙兒童：

   (1) 經由公立機構安置或轉介到私立學校或機構者。

   (2) 於教會附屬學校或其他私立學校註冊，以及於公立機構接受特殊教育或相關服務者。

（根據：20 U.S.C. 1412(4)和(6)、1413(a)(4)）

註：此條文適用於所有公立機構，包括直接藉由契約或其他安排等方式提供障礙兒童特殊教育之其他州立機構（如智力健康與福利部門）。因此，州立福利機構與提供障礙兒童特殊教育之私立學校或機構簽定契約，則該機構必須負責確保為兒童發展其個別化教育計畫。

300.342 條：個別化教育計畫實施時間

(a) 每學年開學，各公立機構必須針對該機構接受特殊教育之障礙兒童，實施個別化教育計畫。

(b) 個別化教育計畫必須：

   (1) 在提供兒童特殊教育或相關服務之前實施。

   (2) 儘可能在 300.343 條文規定之會議後執行。

註：在此條文(b)(2)項，障礙兒童之個別化教育計畫應在 300.343 條文規定之會議後立刻執行。例外之狀況可為：(1)會議於暑假或寒假期間舉行；

或(2)因特殊狀況而有短暫延遲（如交通運輸之安排）。然而，在提供兒童特殊教育或相關服務上，絕不可有過度之延遲。

**300.343 條：會議**

(a) 一般性：各公立機構必須負責發起和舉辦會議，其目的在發展、審查和修訂障礙兒童之個別化教學計畫（抑若與州政策一致，在地方教育局之決定下，並獲得家長同意，亦可針對3至5歲障礙兒童舉辦會議，商討此條例677條文(d)所描述之個別化家庭支持計畫）。

(b) 保留。

(c) 時間表：針對發展兒童個別化教育計畫之會議必須在三十天之內舉行，並裁定該兒童需要接受特殊教育與相關服務。

(d) 審查：各公立機構必須發起和舉辦會議，以定期審查兒童之個別化教育計畫，必要時，可修訂其條款。針對審查所舉行之會議，每年至少一次。

（根據：20 U.S.C. 1412(2)(b)和(6)、1414(a)(5)）

註：各機構實施個別化教育計畫之日期在300.342條文中有詳細列舉（每學年開）。然而，除了新進之障礙學生（亦即第一次接受評估且被鑑定需要接受特殊教育和相關服務者）之外，針對發展、審查和修訂個別化教育計畫之會議時間安排由各機構自由決定。

為了使個別化教育計畫能夠在每學年一開始即可實施，各機構可在前一學年期末或該學年前一暑假期間舉行會議。個別化教育計畫一旦在每學年初實施，會議可在學年中的任何時間舉行。

此條例規定各機構每年至少舉辦一次會議，其目的在審查以及在必要時修訂兒童之個別化教育計畫。會議之時間安排可為前一年兒童個別化教育計畫會議之相同日期，亦可由各機構自行決定。

**300.344 條：會議之成員**

(a) 一般性：各公立機構須確保每次會議皆包括下列成員：

(1) 公立機構代表一名，具有提供或修訂特殊教育條款資格者，而非兒童之教師。

(2) 兒童之教師。

(3) 兒童之家長，一位或兩位，其定義參照300.345條條文。

(4) 必要時，兒童本身。

(5)經由家長或機構決定之其他人員。
(b)評估人員:針對第一次接受評估之障礙兒童,各公立機構須確保:
   (1)評估小組中有一位成員參與會議,或
   (2)公立機構之代表、兒童之教師或會議中出席之其他人員,必須對施用於兒童之評估程序有所了解,並且相當清楚評估之結果。
(c)轉銜服務成員
   (1)若會議之目的以學生轉銜服務為考量,公立機構必須邀請下列成員:
      (I)學生本人。
      (II)任何可能提供轉銜服務或支付轉銜服務費用之機構代表一名。
   (2)若學生未出席,公立機構必須採取其他措施,以確保學生之喜愛和興趣皆列入考量。
   (3)若受邀參加會議之機構,未依規定行事,公立機構應採取其他措施,務必在計畫任何轉銜服務時,有其他機構參與。
(根據:20 U.S.C. 1401(a)(19)和(a)(20)、1412(2)(b)和(4)、1414(a)(5))
註1:在決定參加兒童個別化教育計畫會議之教師人選前,各機構可將下列情況列入考量:
   (a)針對正在接受特殊教育之障礙兒童,參加會議之教師可為兒童之特殊教育教師,若兒童之障礙為語言障礙,參加會議之教師可為語言治療師。
   (b)針對正被列入考慮安置於特殊班之障礙兒童,參加會議之教師可為兒童之普通班教師或符合學生之教學方案所需資格之教師,亦可為兩者。
   (c)若學生不在校內或有一位以上之老師,其機構可指派老師參加會議。
   教師代表或機構代表應具有兒童可能障礙項目的專業知識。
   針對以語言障礙為主要障礙之兒童,根據此條文(b)(1)項之規定,參與評估之人員通常為語言治療師。
註2:根據此條文(c)項之規定,若會議之目的為考慮提供學生轉銜服務,則公立機構應該邀請學生參加自己之個別化教育計畫會議。對於年滿16歲或16歲以上之學生,轉銜服務為其個別化教育計畫中之必要項目,所以年度會議的目的之一即是轉銜服務之計畫。對於未滿16歲之學生,若在學生未出席會議之情況下討論轉銜服務,則公立機構應負責保證,在為學生決定轉銜服務之前,有針對此目的再舉辦一次個別化

教育計畫會議，並邀請學生本人參加會議。

**300.345 條：家長參與**

(a) 各公立機構應採取措施，以確保障礙兒童家長的其中一位或兩位皆出席會議，或者是由公立機構提供家長參與會議之機會。包括下列：

　　(1) 儘早通知家長，以確保家長有出席會議之機會。

　　(2) 會議時間和地點之安排皆由雙方同意。

(b)(1) 根據此條文(a)(1)項之規定，會議通知書應詳述會議之目的、時間、地點和出席人員。

　　(2) 若會議之目的為考慮提供學生轉銜服務，則會議通知書必須：

　　　(I) 說明此目的。

　　　(II) 說明公立機構將邀請學生參加會議。

　　　(III) 列舉受邀並派代表出席之其他機構。

(c) 若家長皆無法出席，公立機構應以其他方法確保家長參與會議，包括個人或團體會議電話通訊等方式。

(d) 若公立機構無法說服家長參與，會議可在無家長出席之情況下舉行。在此狀況下，公立機構必須保留安排雙方同意的時間和地點之紀錄，例如：

　　(1) 詳細之電話訪談紀錄以及通話結果。

　　(2) 郵寄家長之文件影印本以及任何回函。

　　(3) 家訪或至家長工作地點訪視之詳細紀錄及結果。

(e) 公立機構應採取必要措施，以確保家長了解整個會議之進行方式，包括為聽障家長或母語非英語之家長安排翻譯人員。

(f) 公立機構應免費提供家長其子女的個別化教育計畫副本。

（根據：20 U.S.C. 1404(a)(20)、1412(2)(b)和(4)和(6)、1414(a)(5)）

註：此條文(b)項中之會議通知書亦可告知家長得以在他人陪伴下參加會議。如同此條文(d)項所規定，通知家長之程序（不論口頭、書面或兩者）皆由機構自行決定，但機構必須將聯繫家長之努力過程記錄下來（在 1820-0030 號監督下，由管理及預算處核准）。

## 四、美國《特殊教育法》第三次修訂

1997 年,美國又完成了《特殊教育法》第三次修訂,此次修訂仍保留《身心障礙者教育法》(IDEA)之舊名,稱為《身心障礙者教育修正法》,亦稱《105-17 公法》(P.L. 105-17);其中 B 篇:所有身心障礙兒童的教育協助(Part B-Assistance for Education of All Children with Disabilities)共涵蓋五個部分:(1)診斷與鑑定;(2)「個別化教育計畫」與相關服務;(3)教育安置;(4)經費;(5)訴訟程序的安全保證(Procedural Safeguards)。「個別化教育計畫」即載於 B 篇的第 614 條款(Section 614)。

因應特殊教育之融合教育理念的發展成熟,「個別化教育計畫」在此次修訂中的兩個主要改變是:(1)「個別化教育計畫」內容文件將更具實用性和強調教育成效;(2)強調讓身心障礙學生參與於完全融合之普通教育的教學環境。此修訂法的七個特色是:(1)增強父母在「個別化教育計畫」中的分量;(2)強調特殊教育仍以採用普通教育課程或調整普通教育課程為主;(3)儘量減少教師不必要的文件作業,而將心力著重在實際的教學活動;(4)協助教育機構降低因提供特殊教育和其相關服務的經費成本;(5)加強預防由種族、語言之差異所造成不當之鑑定和標記;(6)確保學校是一個安全且學習資源豐富的場所;(7)鼓勵家長和教育人員以非敵對方式來共謀身心障礙者的教育福祉(Bateman & Linden, 1998; CEC, 1998)。以下為 1997 年《身心障礙者教育修正法》(IDEA 1997)之「個別化教育計畫」條文規定。

---

**美國 1997 年《身心障礙者教育修正法》(IDEA 1997):**
**「個別化教育計畫」**

一、定義
1. 「個別化教育計畫」(IEP)是指為身心障礙兒童所設計或修訂的內容文件,此內容文件須涵蓋下列內容:
    (1)此兒童目前的教育成就表現,包括:(a)此兒童的障礙狀況,其參與普通教育情形的敘述;(b)對學前階段兒童而言,他/她的障礙

狀況如何影響此兒童參與某些活動的敘述。

(2) 長程教育目標和短程教學目標，包括：(a)在普通教育的範圍內，可配合此兒童障礙狀況的教育目標；(b)適合此身心障礙兒童需要的相關教育目標。

(3) 對此兒童所提供的特殊教育、相關服務、支持性服務、輔助器材，以及學校行政人員在校內所必須提供的協助等，必須考量：(a)如何盡力配合，以達成長程教育目標；(b)如何讓此兒童融入校內的普通教育之課程活動、課間活動及非學科性活動的安排；(c)如何協調及安排讓身心障礙與非身心障礙兒童共同參與於同一活動之中。

(4) 必須對此兒童不能參與普通教育的活動提出具體說明。

(5) 對於州政府或學區固定舉辦的在校學生之成就評量，州政府或學區的行政人員必須適當調整評量方式，以讓此身心障礙兒童得以參加此類的成就評量。此外，倘若個別化教育計畫委員會決定此兒童不需要參加此類評量，則必須提出不克參加的理由或其替代方案。

(6) 此個別化教育計畫之不同內容的實施起訖時間、預定的次數／頻率和實施地點。

(7) 對滿14歲的身心障礙學生，個別化教育計畫必須做轉銜服務的有關課程規劃（如參加職業教育的進階課程等），其中包含：(a)滿16歲以上學生，未來「轉銜計畫」的機構該何時介入，以及應該承擔多少的責任等；(b)在此身心障礙個體，屆滿各州法定成年年齡的至少前一年，此個別化教育計畫必須提出此聲明記載。

(8) 敘述長程教育目標和短程教學目標的評量方式，以及身心障礙兒童家長將如何定期的收到其子女的各項評量結果，如同非身心障礙兒童定期收到的成績單，此評量結果包括：(a)此兒童的學習進步狀況；和(2)說明此階段的狀況是否足夠讓此兒童達成其預定之年度長程目標。

2. 個別化教育計畫委員會是指參與個別化教育計畫的組成人員，包括：

(1) 此身心障礙兒童之家長。

(2)至少一位之普通班教師（如果此兒童有參與普通教育）。
(3)至少一位之特殊教育教師。
(4)地方教育主管機關之代表，此代表必須具備下列資格：(a)能提供或督導特殊教育之教學設計；(b)能了解普通教育之課程；(c)能熟悉地方教育機構的各種資源狀況。
(5)能解釋和說明此兒童之診斷鑑定結果的專業人員代表。
(6)其他相關人員，例如：相關服務之專業人員等。
(7)如果有需要，身心障礙兒童本人亦可加入此委員會。

## 二、個別化教育計畫實施之必備條件

1. 每一學年之開始，負責特殊教育之主管單位（涵蓋地方教育局、州教育局或有關單位），都必須為每一位身心障礙兒童擬訂及執行個別化教育計畫。
2. 對 3 至 5 歲身心障礙兒童之家庭所提供的個別化家庭支持計畫（IFSP），亦可代表此兒童之個別化教育計畫，如果其符合下列條件：(1)符合州政府的規定；(2)此兒童的父母和主管單位皆同意此決定。

## 三、個別化教育計畫之擬訂

1. 個別化教育計畫委員會在設計此兒童之個別化教育計畫時需考量：
   (1)此兒童之長處和其父母對此兒童的期望。
   (2)此兒童最初或近期內所做過的教育評量或診斷結果。
2. 在特殊教育需求的考量上，個別化教育計畫委員會必須參考下列四點：
   (1)如果此兒童的行為會妨礙其學習，則針對此行為的輔導策略必須列入此兒童之個別化教育計畫。
   (2)如果此兒童的母語不是英語，因而影響其使用英語的能力，則英語的語文訓練也必須列入此兒童之個別化教育計畫。
   (3)對於視覺障礙或全盲的兒童，除非是經過整體性評估後，個別化教育計畫委員會認為有必要，否則不可以直接提供點字書或點字教學給此兒童。
   (4)對於聽覺障礙兒童的語言發展和溝通模式，個別化教育計畫應該考量儘量提供此兒童與非聽覺障礙者的溝通機會與學習環境，此外亦應評估此兒童是否需要輔助器具或他人的協助服務。

### 四、評估與修訂個別化教育計畫

1. 地方教育主管機構應該責成個別化教育計畫委員會,至少一年做一次個別化教育計畫的評估,評估的內容包括:
   (1) 哪些項目未達其預期的年度長程教育目標。
   (2) 上一次未達預期目標而此次實施後再重新評估的結果。
   (3) 父母對此個別化教育計畫的看法。
   (4) 此兒童的未來需要。
   (5) 其他。
2. 參與此兒童之個別化教育計畫擬訂的普通班教師,也必須參與其年度之個別化教育計畫的評估與修訂。

### 五、重新召開個別化教育計畫委員會會議

如果轉銜服務的規劃中,非教育體系的其他機構無法配合,導致轉銜服務的目標無法達成時,地方教育主管機構須重新召開個別化教育計畫委員會會議,尋求替代方案,以達到相同目標。

### 六、例外

對於服刑於成人監獄的成人身心障礙者,除非州政府提出安全上的保證與教學意義,個別化教育計畫才可調整實施。此外,下列規定並不適用服刑於成人監獄中的身心障礙者:(1)身心障礙者必須能參與普通教育的定期性評量;(2)轉銜服務的規定。

根據上述之條文,「個別化教育計畫」必須達到下列五項要求:

1. 敘述兒童的障礙如何影響其參與普通教育課程的情形,以及學前階段兒童的障礙狀況如何影響其接受應有發展性活動的情形。
2. 強調長程教育目標的可評量性及其如何適合個體獨特之需要,而不再過分強調敘述繁瑣的短程教學目標。
3. 加強行政支援與長程教育目標達成的合作關係。
4. 儘量讓身心障礙兒童也接受各州或學區內,普通兒童必須接受的定期全年級基本學力測驗,但是必須在試題形式或答題方式上做調整,而身心障礙兒童家長也要定期的收到其子女進步狀況的報告通知。

5. 從 14 歲開始,「個別化教育計畫」就必須開始列入轉銜服務的規劃,以促使 16 歲以後的轉銜服務更易見成效。

## 五、美國《特殊教育法》第四次修訂

2004 年 12 月 3 日,美國第 108 屆國會通過第四次修訂的《特殊教育法》,美國總統布希(George W. Bush)即於同年簽署公布此《108-446 公法》(P.L. 108- 446),亦稱《身心障礙者教育促進法》(IDEIA)。此修訂法於 2005 年 7 月 1 日起開始生效,其管理條例亦於 2006 年 10 月開始全面執行。

2004 年新修訂的美國《特殊教育法》和其管理條例內容大致依循舊例,但仍有下列幾項更新主張:(1)預防與減低來自不同文化兒童在身心障礙兒童中所占的異常比例;(2)「個別化教育計畫」中列入可評量的長程目標,例如:參考普通教育法案(如 NCLB)的全州學科成就標準測驗中各年級的應通過標準,以取代短程目標的敘述;(3)減少繁文縟節的文書或文件;(4)減少學校必須通知家長的各項法定通告次數;(5)強化高品質的特殊教育師資水準和更嚴格的教師換證程序;(6)實驗三年才檢核成效一次的「個別化教育計畫」(CEC, 2007a, 2007b; Klotz & Nealis, 2005)。此外,此次新修訂法規中出現了一些新名詞,或是更新某些名詞的定義,簡述如下(CEC, 2007a):

1. 核心學科(core academic subjects)指語文、英文、數學、科學、外國語、公民與政府(civics and government)、經濟學、藝術、歷史和地理。
2. 外科移植手術的設備不符合特殊教育輔助性科技設備(assistive technology devices)定義,但學校需要保障及協助此設備的正常運作。
3. 妥瑞氏症(Tourette syndrome)歸屬於身心障礙定義之「其他健康受損」(Other Health Impairment)類別下的慢性或急性健康問題(chronic or acute health problem)。
4. 家長的定義也包含身心障礙學生的收養父母、寄養父母、監護人或法律責任歸屬人。

# 第二章 美國的《特殊教育法》與「個別化教育計畫」

5. 相關專業服務（related services）也包含手語翻譯員和學校護理師的服務。
6. 補助性協助與服務（supplementary aids and services）包含提供普通教育以外的學科能力，以加強課程和非學科性活動。

基於上述的主張，新修訂的《特殊教育法》和其管理條例對各州或各學區乃有下列幾項重要變革要求（CEC, 2007b; Klotz & Nealis, 2005; Siegel, 2007）：

1. 各學區對學習障礙學生的鑑定方式（methods to identify students with learning disabilities）必須多元化，採用有研究成果支持的鑑定方式，若採用普通教育教學介入成效（response to intervention [RTI]）的鑑定方式時，也必須遵循上述原則。

2. 為了避免鑑定時間過長而延宕疑似身心障礙學生接受及時特殊教育介入的時機，各學區可以自行規劃強調其幼兒園至三年級（K-3）的早期介入服務，此早期介入服務方案包含提供學科學習協助，以及行為輔導給普通班中尚未被鑑定為身心障礙者的學生，但是此項方案的所需經費不可超過各學區全年度特殊教育經費總預算的 15%，並且各學區每年必須提出人數比例報告給州政府，即是多少學生在被鑑定確認為身心障礙學生之前曾經接受過此項早期介入服務。

3. 為了提升特殊教育教學成效、強化高品質的教師（highly qualified teachers），各州政府要求擔任公立學校核心學科教學的特殊教育教師，必須具備學士學位以上、特殊教育教師證照，以及該學科的職前訓練或任教資格證明。此外，各州政府必須要求在職教師接受階段性密集的實務導向在職訓練，以提升教師的教學專業能力。基本上，教師的專業能力以三年為有效期，三年後必須申請重新換證。

4. 各學區將授予學校層級較多的權限（discipline），例如：學校可以個案性處理有嚴重傷人行為問題學生的暫時性教育安置，但此暫時性安置不可以超過 45 個上課日，此段期間「個別化教育計畫」仍必須做出暫時性的規劃和處理；加強學校對疑似身心障礙學生的輔導，或是家長拒絕接受鑑定或安置的疑似身心障礙學生之各項處理措施，以及對於身心障礙學生各項行為表現及其障礙本身因素的直

接關係認定（manifestation determination）。
5. 各州政府必須訂定實施時程（timely access），針對身心障礙學生的課程與教學，2006年7月以後必須逐漸採用國訂教材標準（National Instructional Materials Accessibility Standards），此階段性實施時程的時間長短規範，可以視學生的身心障礙狀況而定，以確保身心障礙學生和非身心障礙學生皆可以接受一樣的課程之學習內容。

針對「個別化教育計畫」的各項規定，目前所適用的美國2004年《特殊教育法》和其管理條例乃有下列幾項新的措施（CEC, 2007b; Klotz & Nealis, 2005; Siegel, 2007; The GreatSchools Editorial Team, 2023）：

1. 擬訂學生的「個別化教育計畫」時，除了原有的考量（學生的優勢能力、家長對其子女的期待、學生的最初和最近的評量結果）以外，新的法規要求增加對學生之學科性、發展性和功能性學習課程的考量。

2. 「個別化教育計畫」中只需要列出可以評量的年度教育目標（measurable annual IEP）即可，不必強制寫出短程教學目標的敘述（short-term objectives），但是此年度教育目標必須參考普通教育法案——《帶起每一位學生法案》（NCLB）的要求，亦即是達成各年級學生每學年主要學科的成就標準要求，有的學生可以申請採用替代性成就標準（alternate achievement standards），僅有少數重度或極重度認知障礙學生，可以不施行學科要求的年度目標成就標準，取代採用短程教學目標的敘述；但是，縱使法律不再強制要求「個別化教育計畫」要列出短程教學目標，如果家長認為短程教學目標有助於了解孩子的進步狀況，仍然可以要求於其子女的「個別化教育計畫」要列出短程教學目標。

3. 在每個學年結束時，「個別化教育計畫」必須對家長提出孩子的學習進展報告，以及其符合預設之年度初期教育目標的情形。

4. 「個別化教育計畫」開始考量孩子轉銜計畫的年齡，從原來的14歲可以延後至16歲以後，但是家長仍然可以要求學校要在14歲時開始規劃孩子的「轉銜計畫」。

5. 當新的「個別化教育計畫」內容並無新的變更，或是家長和教育人員在「個別化教育計畫」會議之前已達成協議，則此些法定的「個別化教育計畫」必要成員，可不必再親自出席參加此次會議。
6. 如果家長和教育單位彼此都了解和同意孩子新的「個別化教育計畫」內容，在取得家長的書面同意後，可以不必再召開「個別化教育計畫」會議。
7. 如果「個別化教育計畫」的內容變動很小，在取得家長的書面同意後，可藉由電話討論、視訊會議或信件方式討論，以取代原有大家必須親自出席會議的形式。
8. 當身心障礙學生轉學時，新的學校仍必須繼續提供「相當」於此學生原有「個別化教育計畫」的服務內容。
9. 美國教育部將選定15個州實驗一次設計三年期的學生「個別化教育計畫」，以取代原有最少一年要重新擬訂一次「個別化教育計畫」的方式，此項設計是響應減少文書或文件工作的具體方案之一，實驗期最長為四年；但是即使在實驗期間，此15個州內的身心障礙學生家長，仍有權要求一年至少要重新評估和設計一次「個別化教育計畫」。

## 第三節 美國「個別化教育計畫」的本質與內涵

從1975年《身心障礙兒童之教育法案》（EHA）到現行2004年《身心障礙者教育促進法》（IDEIA），美國的《特殊教育法》有許多的變革，此些變革也顯示了各界對於特殊教育理念的轉變和要求。但是，不管法規條款的變化如何，美國《特殊教育法》的精髓仍是在於要求必須為每一位身心障礙個體設計適性的「個別化教育計畫」；藉著「個別化教育計畫」的擬訂與執行，以提供身心障礙者免費、適當的公立教育服務，因為「個別化教育計畫」最能闡釋與發揮其中「適當」（appropriate）一詞的精神。「適當」一詞的相等意義就是「適合個體獨特之需要」，但並不代表是最

好的（Siegel, 2007）；因為教育介入所牽涉的因素很多，有時候受限於各項資源的提供不能立即呈現，所以將以當時客觀環境所能提供的最佳資源及服務為準則。對身心障礙者而言，不同的障礙類別之間，其需要的特殊教育服務是不一樣的，所以「適當」一詞就沒有標準答案，因各種狀況而異，例如：中重度智能障礙者需要以生活自理能力或社會適應能力為主的教育，而聽覺障礙者則強調溝通能力的培養。另一方面，同一障礙類別的不同個體之間，其差異性依舊存在，例如：兩位國小一年級具有相同殘餘聽力的聽覺障礙學生，一位曾接受學前的聽能溝通訓練，另一位則未曾接受過任何特殊教育，假若此兩位學生同時進入國小一年級就讀，他們所需要的特殊教育內容及項目將會有所不同。

不論是不同障礙類別間的差異，或是不同個體間的獨特性，「個別化教育計畫」即是考量其獨特需要之適性教育的權利保障。美國高等法院於1982年曾在一件訴訟案中對《特殊教育法》之「適當的計畫」（appropriate program）一詞提出解釋（Bateman, 1996）：

> 「個別化教育計畫」是執行一項法定要求，以讓身心障礙兒童能合理平等的享有教育的福澤（載於 Hendrick Hudson Bd. Of Ed v. Rowley, 458 U.S. 176），所以「合法」正是「個別化教育計畫」的基本原則。

「個別化教育計畫」是為特殊教育學生所提供的「適當的計畫」，而此「適當」的定義必須以符合法律的規定為準，美國的《身心障礙者教育法》因此對「個別化教育計畫」有非常明確的實施歷程和內容的規範，分述如下。

## 一、美國「個別化教育計畫」的 5W

「特殊教育」的基本定義是設計特定的教育計畫，以迎合特殊教育學生之獨特教育需求，而「個別化教育計畫」即是用以協助身心障礙兒童，得以滿足其獨特教育需要的過程和契約，也因此「個別化教育計畫」涵蓋了「個別化教育計畫」委員會的討論過程和其執行結果之書面契約。2004年《身心障礙者教育促進法》（IDEIA）對於「個別化教育計畫」有些重大

## 第二章　美國的《特殊教育法》與「個別化教育計畫」

的改變，尤其是三年期年度長程目標的設計實驗，以及採用普通教育的年級成就水準來預期同年級各類身心障礙學生的表現等，此些變革成效似乎仍有待實驗結果，以驗證其適用性。多年來，美國「個別化教育計畫」的相關條文規定，詳盡分散於《身心障礙者教育法》（IDEA）的不同條款當中，Bateman（1992）將其歸納整理成 5W（how、who、what、when、where），協助相關人員得以一窺「個別化教育計畫」法律條文規定之全貌，此「個別化教育計畫」的 5W 分述如下。

How 是指「個別化教育計畫」會議，以及「個別化教育計畫」委員會如何擬訂出「個別化教育計畫」。在召開第一次「個別化教育計畫」委員會會議前，所有相關人員就應該準備好個案的「個別化教育計畫」規劃草案，在會議中進行討論和協商，以達成適合此個案之教育獨特需要的共識。

Who 是指誰是「個別化教育計畫」委員會的成員。根據美國《特殊教育法》的規定，委員會的成員應涵蓋：

1. 學區的行政人員代表：他們的功能是用以提供或監督特殊教育的服務，例如：經費的支出、交通車的提供、相關服務的資源調配、校外行政資源的協調等。
2. 此身心障礙者的普通班教師、特殊教育教師或相關服務的專業人員：他們的任務是藉著對此學生的了解，而提出什麼是這個學生的獨特需要。但是，法律並未強制要求相關服務的專業人員，必須出席「個別化教育計畫」委員會會議，但他們必須提交書面報告給委員會做裁決，此書面報告主要是此個案將接受相關服務的項目內容和時間安排等。
3. 此身心障礙者的父母或監護人：他們將審核此「個別化教育計畫」是否適合此身心障礙學生的真正需要，最後亦必須簽名以示同意或不同意這份「個別化教育計畫」的設計。
4. 跨專業診斷或評量人員：此部分人員乃必須能對此身心障礙者所做多種的診斷評量結果提出說明，以協助委員會成員了解此個案之狀況，而決定何者是此個案的獨特性之需要。
5. 如果有需要且狀況允許，此身心障礙者本身亦可列席參加此「個別化教育計畫」會議的討論與擬訂：此條款是希望讓此身心障礙者亦

可參與和其切身有關之教育計畫的規劃,有些學區尤其鼓勵 16 歲及其以上的個案,參與其中轉銜服務的規劃。

What 是指「個別化教育計畫」內容文件之內容項目。綜論之,美國《特殊教育法》雖然幾經修訂,「個別化教育計畫」內容文件項目大致如下所述:

1. 兒童現階段教育表現之敘述。
2. 可評量的年度目標和短程目標之敘述,2004 年修訂短程目標為非必要內容。
3. 特殊教育提供和相關服務的敘述。
4. 參與普通教育的狀況,以及不能接受普通教育課程的理由說明。
5. 16 歲及其以上之個案則須加入「轉銜服務」的敘述。
6. 此份「個別化教育計畫」實施的起訖時間。
7. 年度長程目標和短程目標的評量方式、評量標準和評量結果。

When 是指何時召開「個別化教育計畫」委員會會議。法律規定當個案被鑑定確認為身心障礙者的三十天內,就必須舉行第一次委員會會議,再者至少一年內必須再召開委員會會議,以評估此計畫的實施成效。此外,當「個別化教育計畫」必須做重大改變,或者是家長或學區行政單位提出要求時,「個別化教育計畫」委員會都必須隨時再召開會議。

Where 是指在何處舉行「個別化教育計畫」委員會會議。通常此會議會在此個案就讀的學校召開,理由是大部分的委員會成員都是學校的相關人士。

上述 5W 乃用以協助相關專業人員了解「個別化教育計畫」的相關內容,而家長則需要更淺顯的說明,才能了解法規對個別化教育的相關規定。本書也蒐集到美國俄亥俄州針對 2004 年《身心障礙者教育促進法》所設計的「個別化教育計畫」家長指南,此份資料說明了「個別化教育計畫」會議的責任和開會方式、誰應該出席會議、「個別化教育計畫」內容必須考慮的面向,以及可以如何變更「個別化教育計畫」的內容等,這份指南的大部分內容也適用於臺灣的家長或相關教育人員,詳述如下。

第二章　美國的《特殊教育法》與「個別化教育計畫」

**「俄亥俄州教育局個別化教育計畫」家長指南**

**一、「個別化教育計畫」（IEP）會議的責任是什麼？**
　　「個別化教育計畫」會議的參加者必須依照順序完成下列的活動：

**第 1 步：討論孩子未來的計畫**
　　每個人都對未來懷有夢想，這個夢想引導行動、思想和計畫。把夢想化為文字，是為您有身心障礙的孩子所做之持續的、長程的計畫之一。身為該努力的部分人員，IEP 小組將討論您孩子的喜好和興趣，以及您家人為孩子所設立的長程目標。這些可能包括您孩子的職業生涯發展、生活安排和特殊專長訓練。

**第 2 步：討論孩子目前的學業水準和日常生活技能**
　　IEP 小組將審閱您孩子的相關資訊，包括您孩子目前的學業成績和日常生活技能。此資訊包括您孩子在目前的 IEP 中所獲得的進步、評估小組報告、您孩子的老師和參與支援您孩子的學校職員之意見，以及您和您孩子的意見（如果有需要）。這些資訊提供一幅您孩子的「願景」，包括您孩子的長處和特殊教育需求。

**第 3 步：設定年度目標，包括學業和生活技能的目標、可測量的標準或短程目標**
　　IEP 小組將設定可測量的年度目標，包括學業和生活技能的目標，以及有相應評估程序的標準或短程目標，這些將使您的孩子能夠參與普通教育課程並獲得進步。然後，小組會確定哪些必要的服務可以滿足您孩子的需求。

**第 4 步：確定需要的特殊教育服務**
　　IEP 小組將決定本學區會提供哪些特殊教育及相關專業服務給您的孩子、提供的時間或頻率，以及由誰來提供。這部分的 IEP 可能包括住宿、課程調整、輔助性科技設備和服務，以及一份學校將提供什麼行政支援的聲明。IEP 中所列的支援和服務應該基於研究的實證報告，顯示哪種支援和服務可以有效幫助身心障礙孩子參與普通課程和其他課堂外的活動，以獲得明顯的進步。

### 第 5 步：確定孩子的安置是最少限制的環境（LRE）

特殊教育要求您孩子的學習地點以普通教育的教室或其他普通教育環境為第一優先。假如 IEP 小組確定您的孩子需要一個不同的教育環境以接受特殊教育服務，他們將告訴您為什麼您的孩子不能參與普通教育的課程和環境，以及您孩子的環境和活動跟其他沒有身心障礙孩子將會有什麼不同。

### 二、我孩子的 IEP 是如何被檢核或修訂？

IEP 小組必須定期回顧檢核您孩子的 IEP（至少一年一次），以確定您孩子確實達成年度的目標。此外，IEP 小組必須因為下列理由而重新修訂 IEP：

1. 孩子沒有呈現預期的進步以達成年度目標，或是沒有在普通課程中呈現進步狀況。
2. 任何再評估的結果。
3. 提供給您或由您提供之關於您孩子的相關資料。
4. 您孩子預期的需求。
5. 任何其他可能出現的特殊事件。

### 三、在設計孩子的 IEP 時，IEP 小組必須考慮哪些方面？

1. 您孩子的長處。
2. 您對改善您孩子教育的關切。
3. 您孩子的第一次或最近一次評估之結果。
4. 您孩子在任何全州或全學區的學科評量表現。
5. 您孩子需要些什麼協助，以幫助他／她能適當學習、發展和活動。

### 四、IEP 小組還必須考慮哪些方面？

1. 您的孩子從學齡前特殊教育服務（3 至 5 歲）過渡或轉移到學齡階段的特殊教育服務（6 至 21 歲）。
2. 從 14 歲開始（或更早一點，假如「個別化教育計畫」小組認為有需要的話），一份您孩子從高中轉銜到成人生活所需服務的說明。這份 14 歲的轉銜規劃集中於您孩子的學習課程（諸如高等課程或職業教育課程）。這份規劃必須每年更新內容。
3. 從 16 歲開始，一份每年需要更新的內容說明：
   (1) 基於評量結果而設定的合適目標，這跟您孩子準備未來就業及畢

業後獨立生活（如適用）的訓練和教育有關。
  (2)協助您的孩子達到這些目標所需的轉銜服務（包括學科學習課程）。
4. 假如您的孩子之行為干擾其學習或其他人的學習，使用正向的方法來鼓勵良好的行為，以及其他的策略來糾正該行為。
5. 滿足您的孩子個別需求之體育課程。
6. 您的孩子需要延長之修業時限服務（提供超過傳統的一學年 180 天的服務）。
7. 假如您的孩子有視力障礙需要布萊爾點字法（Braille）教學。
8. 您孩子的溝通需求，包括聽、說、讀和寫。假如您的孩子全聾或有聽障，IEP 小組必須考慮您孩子的語言和溝通需求；您孩子在什麼情況下有機會以您孩子的語言和溝通方式來跟同學、老師和治療師進行直接溝通；您孩子的學業程度和各種需求，這包括用您孩子的語言和溝通方式來進行一對一的教學機會。
9. 假如您的孩子不太會使用英語，語言教學需求可以列入「個別化教育計畫」。
10. 您的孩子有輔助性科技設備和服務的需求。

### 五、IEP 會議是如何安排的？

1. 您和／或您的孩子將會儘早收到召開會議通知，以確保您有機會出席。
2. 會議的時間和地點將由雙方同意。
3. 會議通知應該包括會議的目的、時間和地點，以及誰會出席會議。
4. 假如您無法出席，學區必須用其他方法來讓您參加會議，諸如個別電話聯絡或是視訊會議。
5. 假如學區無法說服您出席，會議仍然可以在您缺席的狀況下召開。
6. 學區和學校必須要有嘗試要聯絡到您的紀錄。
7. 學區必須採取任何必要的行動，來確保您了解 IEP 會議中的情況，包括假如您有聽障或假如您聽不懂英語，他們要安排口譯員或手語翻譯員。
8. 學區必須在「個別化教育計畫」會議結束後的三十天之內，免費給您一份您孩子的完整 IEP 內容文件。

9. 如果學區與家長不同意「個別化教育計畫」的內容時，怎麼辦？如果您不同意學區設計的 IEP 內容時，您可以申請「促進 IEP」（individualized education program facilitation）要求調解，或者採取其他解決衝突的方法。

六、IEP 小組的成員怎麼樣才可以不必出席 IEP 小組會議？

1. 假如家長和學區以書面同意不需要成員出席時，IEP 小組的成員就沒有必要出席 IEP 小組的任何一部分會議。這只有在成員所負責的課程領域（科目）或相關服務不會在會議中受到變更或討論的時候才會發生。

2. 在下列情況下，即使會議確實涉及變更或者討論成員所負責的課程領域或相關服務，但 IEP 小組的成員可以不必出席 IEP 小組的任何會議：
   (1) 家長和學區分別以書面同意某些成員可以不必出席會議。
   (2) IEP 小組的成員在會議前預先為 IEP 的設計提供意見，這個意見必須以書面的形式提供給家長和 IEP 小組。
   (3) 假如您的孩子之前依照《身心障礙者教育促進法》的 C 篇（Part C of IDEA，適用出生至 2 歲的孩童），已經接受特殊教育服務，則初次「個別化教育計畫」的會議邀請函必須在您的要求之下，寄給 C 篇的服務協調人或 C 篇系統的其他代表，以協助服務的順利轉移銜接。

七、如何處理 IEP 內容和「個別化教育計畫」相關會議的變更？

　　IEP 內容的變更和為變更而召開的必要會議，可用下列方式處理：

1. 當在一學年的年度 IEP 小組會議後，欲對您孩子的 IEP 進行變更時，您和學區可以同意不召開 IEP 小組會議來進行變更。取而代之的方法是您和學區可以確定需要哪些變更，並以書面方式寫下來。假如您以這個方式進行變更，學區必須確定您孩子的 IEP 小組獲知這些變更。

2. 在儘可能的情況下，學區必須嘗試結合您孩子的再評估會議和其他類型的 IEP 會議。

3. 一旦 IEP 小組或者家長和學區同意對「個別化教育計畫」進行變更時，這些變更可以用三種方式被納入 IEP：
   (1) 可以在原始的 IEP 文件上做標記，寫上同意的變更。

(2) 變更可以用附件的方式，附加在原始的 IEP 文件中。

(3) 重新撰寫新的 IEP，並把變更納入其中。

若在您的要求之下，學區必須執行此第 3 選項，則學區必須在修訂後的 30 天之內，把 IEP 的任何修訂版本寄給您。

**八、當學區和我需要開會的時候，我們一定要面對面開會嗎？**

不必。您和學區可以同意用不同的方法和在不同的地方開會。比如說，您可以選擇邀請各方召開視訊會議或電話會議。下列的任何項目都可以用這些方法討論：

1. 相關評估。
2. 確定您的孩子是否符合障礙類別的法定資格。
3. 「個別化教育計畫」（IEP）。
4. 教育安置（您孩子將進行學習的地點）。
5. 諸如調解和解決會議的程序。
6. 在《身心障礙者教育促進法》的程序保障下，執行行政事務，例如：安排時間表、交換參與人員名單和各項進度的會議等。

## 二、美國「個別化教育計畫」內容之名詞解釋

上述「個別化教育計畫」的 5W 和俄亥俄州的家長指南已經大概說明了「個別化教育計畫」的實施程序與內容重點，以下再針對「個別化教育計畫」內容文件所用之專有名詞，根據美國法律規定翻譯解釋說明如下。

### （一）兒童現階段教育表現之敘述

此部分之敘述包括個案之學業性（如語文、數學等）和非學業性（如行動能力、社交技巧等）的表現情形，此等表現情形必須使用可以評量的行為目標方式敘述，而且直接連結到長程教育目標的擬訂，以及相關服務的提供。

## (二)年度目標和短程目標之敘述

此部分的擬訂僅針對特殊教育的執行部分,亦必須與兒童現階段之教育表現緊密銜接,其目的是以評估個案的進步狀況和特殊教育服務的成效。年度目標亦可解釋為長程教育目標,通常為一概括性的學習目標之敘述;而短程教學目標則將長程教育大目標細分成若干教學目標。

## (三)相關專業服務

根據美國《身心障礙者教育法》的規定,相關服務的專業人員並非一定要出席接受服務個案的「個別化教育計畫」會議,然而一定要提出書面報告,報告的內容要陳述個案的狀況、接受專業服務的頻率和項目內容等,但是可以不需要擬訂出年度教育目標和短程教學目標。相關專業服務指校內外交通工具的提供、醫療的提供與費用支出、校內醫護人員的支援、專業的心理諮商與輔導、聽能訓練、語言治療、物理治療、職能治療、休閒能力之培養、親職教育和社會工作人員的協助等。

## (四)轉銜服務

「轉銜」是指銜接14歲或16歲以上之學生而設計,針對他們畢業離開學校後的可能發展之規劃和適應能力的訓練。身心障礙學生從中等學校畢業後,可能會繼續進入高等教育或職業訓練機構、直接就業等,因此高中畢業水準的學科學習能力、獨立生活的能力、職業知能,以及參與社會活動的能力都屬於轉銜服務的定義,必須因應個案狀況而列入教育目標。在「個別化教育計畫」會議中,與此個案有關的未來轉銜規劃之機構或協調者(如職場負責人),也必須有代表出席會議,以共同決定個案離校前後之教育規劃。

以上僅就美國《身心障礙者教育法》和管理條例中對「個別化教育計畫」的相關規定提出介紹與說明,以協助我國參與身心障礙教育之相關人員真正了解「個別化教育計畫」的緣由和全貌。表2-3乃將美國《特殊教育

法》從 1975 年的初訂到 2004 年之修訂過程中，對「個別化教育計畫」的主要內容之新增和變更做簡要說明。

表 2-3　美國《特殊教育法》中「個別化教育計畫」的主要更迭內容

1975 年：《94-142 公法》，即《身心障礙兒童之教育法案》（EHA）
・對 5 至 18 歲身心障礙兒童提供免費、適當的公立教育。

1986 年：《99-457 公法》，即《身心障礙兒童之教育法案修訂案》
・對 3 至 21 歲身心障礙兒童／個體提供免費、適當的公立教育。
・對 0 至 2 歲嬰幼兒提供特殊教育學生之「個別化家庭支持計畫」（IFSP）。

1990 年：《101-476 公法》，即《身心障礙者教育法》（IDEA）
・增加轉銜服務之內容，對 14 歲以上身心障礙學生提供「個別化轉銜計畫」（ITP）。
・增加提供輔助性科技設備與服務的內容。

1997 年：《105-17 公法》，即《身心障礙者教育修正法》（IDEA 1997）
・「個別化教育計畫」內容文件將更具實用性、具體評估性和成效性。

2004 年：《108-446 公法》，即《身心障礙者教育促進法》（IDEIA）
・提升特殊教育教師的專業能力。
・實驗「個別化教育計畫」三年期的長程目標設計。
・彈性調整「個別化教育計畫」會議的形式和必要出席人員，以及目標敘述形式。

## 第四節　美國「個別化教育計畫」三種相關文件之說明

美國《身心障礙者教育法》對「個別化教育計畫」有非常明確的實施歷程和內容的規範，包含特殊教育學生不同年齡期間所實施的「個別化教育計畫」之內容不同，主要有三種變化式。美國從 1975 年的《身心障礙兒童之教育法案》至 2004 年的《身心障礙者教育促進法》（IDEIA），此特殊

教育法案的主體乃是以 3 至 21 歲身心障礙學生之「個別化教育計畫」（IEP）、0 至 3 歲是為身心障礙嬰幼兒設計「個別化家庭支持計畫」（IFSP），以及 14 至 16 歲以上身心障礙學生需加入「轉銜計畫」（TP）。如此三種教育計畫的轉換仍然可以有某種程度的彈性空間，主要以身心障礙學生的需求為主，例如：3 至 5 歲之間的身心障礙幼兒，則依個案狀況，「個別化教育計畫」團隊可以選擇採用 IEP 或 IFSP。IFSP、IEP 或 TP 之間的主要差別乃是以年齡做區隔（如圖 2-2 所示），此三種不同個別化計畫的差異形成乃是考量身心障礙者在不同階段的主要和優先需求。嬰幼兒階段之特殊教育介入主軸是協助家長如何照顧身心障礙嬰幼兒，學齡階段是以直接提供身心障礙學生教學介入或相關專業服務，14 至 16 歲以上的身心障礙學生則以協助他們為下一階段升學或就業預做準備與調適。基本上，此三種「個別化教育計畫」的過程都一樣，只是不同階段的重點強調和介入團隊不同罷了。

　　「個別化家庭支持計畫」（IFSP）目前列在美國 2004 年《身心障礙者教育促進法》（IDEIA）的 C 篇。《特殊教育法》是屬於聯邦法規，其要求「個別化家庭支持計畫」適用年齡是 0 至 2 歲身心障礙嬰幼兒，但是許多州則延長「個別化家庭支持計畫」，其適用年齡為 0 至 3 歲或者 0 至 5 歲，3 至 5 歲之間的身心障礙嬰幼兒到底適合採用「個別化教育計畫」或「個別化家庭支持計畫」，原則上各州授予個案的「個別化教育計畫」團隊視個案的狀況做決定。「個別化家庭支持計畫」是結合社區資源和身心障礙嬰幼

圖 2-2　IEP、IFSP 及 TP 三者之關係

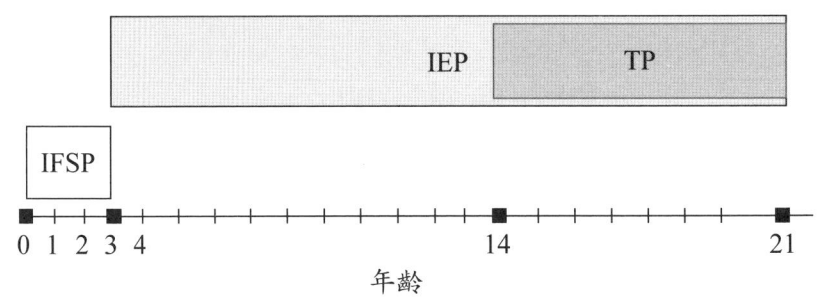

兒之家庭，以協助身心障礙嬰幼兒身心發展的教育方案。「個別化家庭支持計畫」是「個別化教育計畫」的年齡向下延伸，所以它和「個別化教育計畫」一樣，都要包含會議和會議決議後的內容文件兩部分。「個別化家庭支持計畫」強調此階段對身心障礙嬰幼兒之家庭協助和協助嬰幼兒本身的發展同樣重要，兩者同樣要提供個別化的服務，此時的服務提供者傾向是醫療單位、社會福利單位和早期療育單位。

我從網站上蒐集到美國奧瑞崗州教育局所提供的「個別化家庭支持計畫」之相關資料，其實施流程如圖 2-3 所示，可以提供國內相關人員做參考（網址 http://oregonfamilyei.weebly.com/ifsp-process.html）。依據奧瑞崗州的規定，疑似身心障礙嬰幼兒被轉介出來後，從個案轉介出來做鑑定評估到召開第一次「個別化家庭支持計畫」會議，乃必須在 45 個工作天內完成任務，這些時限的規定，都是在掌握及時轉介與鑑定和早期介入的原則。當轉介個案符合《特殊教育法》的身心障礙鑑定標準，經跨專業團隊研判為特殊教育嬰幼兒後，才可以進行特殊教育早期介入的需求評估和召開 IFSP 會議，以及提供以家庭為主要對象的特殊教育早期療育服務。在上述美國奧瑞崗州教育局所提供的「個別化家庭支持計畫」網頁中，亦提供「個別化家庭支持計畫」內容文件參考格式，有興趣者可至上述網站中搜尋參考。

圖 2-3　美國奧瑞崗州「個別化家庭支持計畫」實施流程

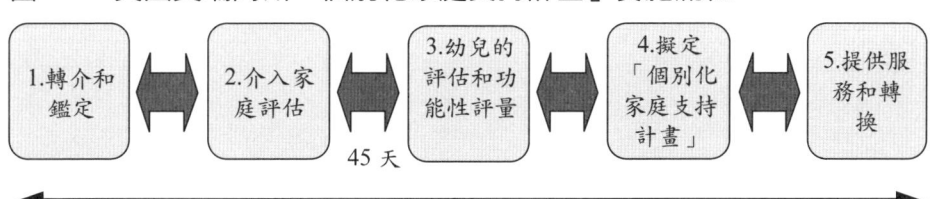

當一位身心障礙幼兒進入 3 至 5 歲的學前教育階段或是 6 至 21 歲的學校教育階段，特殊教育係繼續以「個別化教育計畫」的形式整合各項資源的介入。「個別化教育計畫」強調學齡階段身心障礙學生的學習需求，服務提供者以學齡階段的教育單位和相關專業服務人員為主，本書於第四章將會詳細討論其相關內容。然而，當 14 至 16 歲以上的身心障礙學生，大約屬於國中到高中階段，每一位學生開始要考量下一階段是繼續升學大專校院，或是進入就業職場，或是進入庇護工廠和職業訓練場所，為了協助身心障礙學生高中畢業以後的繼續升學或就業的良好適應，美國《特殊教育法》要求最慢不得晚於 16 歲，必須在「個別化教育計畫」中加入「轉銜計畫」（TP）的考量，所以這時候的「個別化教育計畫」也必須加入「轉銜計畫」，包括從系列性課程和教學到相關活動的規劃。「轉銜計畫」第一次出現在美國 1990 年《身心障礙者教育法》（IDEA）（《101-476 公法》）的規定中，其要求對 14 歲以上之身心障礙學生納入轉銜服務的考量，其內容包括獨立生活的訓練與協助、社區生活參與的訓練與協助、教育和／或相關服務、中等學校教育以後的升學輔導、成人教育的提供、職業訓練的提供、就業輔導等；「轉銜計畫」的參與人員可能包含身心障礙學生本人、家長、學校人員、下一階段之機構人員或雇主等。表 2-4 乃從十二個不同的項目，分析比較「個別化家庭支持計畫」、「個別化教育計畫」和「轉銜計畫」之間的異同，如圖 2-2 所示，此三者之間確實有重疊適用期，在此模糊地帶時期，個案到底適合採用哪一種計畫方案，「個別化教育計畫」團隊應該視個案的特殊教育需求搭配不同計畫方案的特質做最佳抉擇。

表2-4 美國「個別化家庭支持計畫」、「個別化教育計畫」和「轉銜計畫」比較表

| 項目＼類別 | 「個別化家庭支持計畫」（IFSP） | 「個別化教育計畫」（IEP） | 轉銜計畫（TP） |
|---|---|---|---|
| 適用年齡 | ・0至2歲 | ・3至21歲 | ・14至16歲以上 |
| 優先需求考量 | ・家庭與孩子的優勢及需求。<br>・社區資源運用。 | ・學生的特殊教育需求。 | ・學生的特殊教育需求。<br>・學生中等學校畢業後的能力準備。 |
| 獨特教育需求重點 | ・陳述孩子在各領域的發展水準。 | ・陳述學生現階段的發展水準及教育成就。<br>・學生的障礙如何影響其在普通教育課程中的參與和進步。<br>・相關專業服務。 | ・發展性和功能性能力的現有水準。<br>・學生的興趣、偏好、優勢能力，以及適合年齡的轉銜需求。 |
| 長程和短程教育目標的內容 | ・說明在未來的6或12個月後這個孩子預期達到的成效。<br>・家人以功能性標準來評估每一過程的成效。 | ・學生預期達成的年度教育目標或短程教學目標內容。<br>・評量標準。<br>・評量方式。<br>・檢核目標是否達成。 | ・獨立生活的訓練與協助。<br>・社區生活參與的訓練與協助。<br>・教育和／或相關服務。<br>・中等學校教育以後的升學輔導。<br>・成人教育的提供。<br>・職業訓練的提供。<br>・就業輔導。 |

表2-4 美國「個別化家庭支持計畫」、「個別化教育計畫」和「轉銜計畫」比較表（續）

| 類別<br>項目 | 「個別化家庭支持計畫」（IFSP） | 「個別化教育計畫」（IEP） | 轉銜計畫（TP） |
|---|---|---|---|
| 主要服務提供者 | ・早期療育教育人員。<br>・醫療人員。<br>・社會福利機構人員。<br>・民間服務團體人員。 | ・學校教育人員。<br>・相關專業服務人員。 | ・學校人員。<br>・相關專業服務人員。<br>・轉銜機構代表。 |
| 提供服務期間和服務頻率 | ・每一機構的服務開始與結束時間和頻率。<br>・每一提供服務的所在地與組織名稱。 | ・計畫開始的時間與頻率。<br>・學校及相關服務的期限。 | ・計畫開始的時間與頻率。<br>・學校及相關服務的期限。<br>・轉銜服務的期限。 |
| 特殊教育相關資源運用的必要性 | ・說明除了「原生家庭環境」之外，需要使用其他醫療或教育機構的必要性。 | ・說明除了普通教育之外，使用特殊教育服務的必要性。 | ・說明除了普通教育之外，使用特殊教育服務及轉銜機構的必要性。 |
| 提供服務的負責單位和人員 | ・提供個案服務的人員以及所屬單位或費用支出所屬單位名單。 | ・列出需要執行IEP服務的人員及所屬單位。 | ・列出需要執行IEP及轉銜服務的人員及所屬單位。 |
| 個案各項資源協調整合者 | ・個案管理員的姓名。 | ・學校內的導師或是特殊教育主要負責老師的姓名。 | ・個案管理員的姓名。 |

表2-4　美國「個別化家庭支持計畫」、「個別化教育計畫」和「轉銜計畫」比較表（續）

| 項目＼類別 | 「個別化家庭支持計畫」（IFSP） | 「個別化教育計畫」（IEP） | 轉銜計畫（TP） |
|---|---|---|---|
| 轉銜服務規劃 | ・協助個案能順利轉銜至學前幼兒園的步驟或細節計畫。 | ・協助個案能順利轉銜至大專校院。<br>・離開學校系統以後的就業、職業訓練或是社會福利機構。 | ・離開學校系統以後的就業、職業訓練或是社會福利機構。 |
| 「個別化教育計畫」會議參加人員 | ・家長。<br>・家長要求陪同參加的家庭其他成員。<br>・家長要求陪同參加的律師。<br>・個案管理員。<br>・跨專業評估小組成員至少一名。<br>・學區中具有服務和經費提供決定權的代表人員。<br>・其他相關服務提供者。 | ・家長。<br>・跨專業評估小組成員至少一名。<br>・個案本身（如果需要及適合）。<br>・學區中具有服務提供決定權或督導的代表人員<br>・學生的普通教育和特殊教育教師。<br>・私立學校或機構代表（如果需要）。<br>・其他由家長或學區所邀請出席的代表。 | ・家長。<br>・跨專業評估小組成員至少一名。<br>・個案本身（如果需要及適合）。<br>・學區中具有服務提供決定權或督導的代表人員。<br>・學生的普通教育和特殊教育教師。<br>・私立學校或機構代表（如果需要）。<br>・其他由家長或學區所邀請出席的代表。<br>・轉銜機構人員。 |
| 強調重點 | ・善用此家庭的優勢條件或資源。<br>・重視家長的考量。<br>・強調家庭的需求和嬰幼兒的需求一樣重要。 | ・各項特殊教育介入。<br>・確保家長能參與此個案各項教育介入的決定。 | ・為學生離開中等教育階段預做準備。<br>・高中畢業後的成人生活能力的訓練。 |

# 個別化教育計畫之擬訂：從特殊教育課程和幼兒園教保活動課程導入

本章一開始先闡述美國身心障礙學生和特殊教育學生的法定資格之差別，以及其所適用的教育服務之不同，確實需要特殊教育服務的學生才能通過《身心障礙者教育法》的鑑定標準，《身心障礙者教育法》再運用「個別化教育計畫」的設計，以確保這些學生可以擁有適性的教育。因此，「個別化教育計畫」正是美國《身心障礙者教育法》的核心重點，因為它以完整的法規程序方式，確保身心障礙學生可以獲得適性教育的公平機會；也因此《身心障礙者教育法》對「個別化教育計畫」的敘述規範乃非常詳盡明確，以做為各州政府和各級學校、早期療育機構實施之依據，也明確建構身心障礙學生家長和特殊教育團隊人員的溝通管道與平臺。透過「個別化教育計畫」的內容擬訂與個案會議討論，特殊教育團隊人員和家長可以清楚溝通如何滿足身心障礙學生的特殊需求，教育人員也必須擬訂出具體、客觀、可評量的教育目標，規劃以學生高中畢業後發展方向而設定的學校教育目標之「轉銜計畫」，以及視學生需要而提供的相關專業服務與輔助科技等。《特殊教育法》乃透過「個別化教育計畫」，讓身心障礙學生的個別化教育之理想得以實現。

反觀我國對於符合《特殊教育法》鑑定資格的身心障礙學生，以及具有《身心障礙者權益保障法》身分的身心障礙學生，兩者之間的關係有高度重疊，也就是公民權和教育權之間的權益混淆。我國《身心障礙者權益保障法》與《特殊教育法》顯而易見，從立法目的、適用對象到主管機關都不相同；但我國教育機關對於僅取得《身心障礙者權益保障法》的身分者，似乎等同取得《特殊教育法》的身心障礙學生，造成不需要特殊教育服務的身心障礙者，也可以享有《特殊教育法》的所有權益，包含就學輔導、升學保障、教育補助等，當然也包含了「個別化教育計畫」的實施。長久以來，我國的校園裡會出現安置於普通班級，不需要任何特殊教育服務的身心障礙學生，也就是不需要「個別化教育計畫」的身心障礙學生，亦即是這位學生並沒有**學習的特殊需求**，應該不符合《特殊教育法》的適用對象。此適法性現象確實值得我國教育主管相關單位正視之，從法源釐清《特殊教育法》與《身心障礙者權益保障法》的權益區隔，以落實特殊教育的本質和立法精神與目的，以利特殊教育資源能充分妥善運用，保障特殊教育學生之完整權益。

# 第三章

# 我國的《特殊教育法》與「個別化教育計畫」

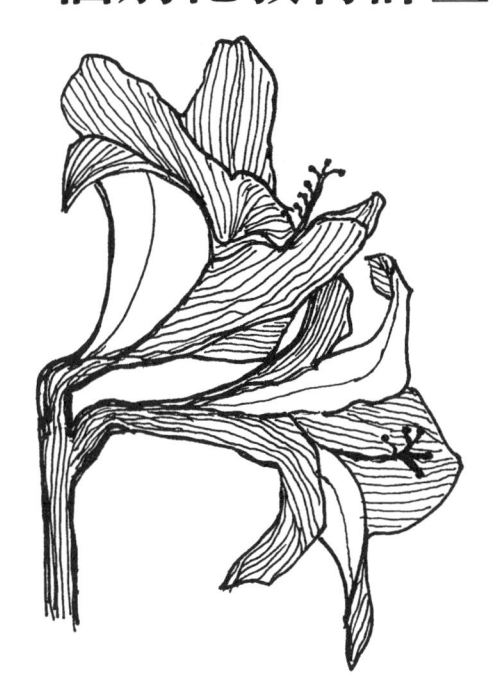

- **重點提要** -

1. 我國「個別化教育計畫」的法源依據為何?
2. 我國《特殊教育法》中與「個別化教育計畫」有關的條文為何?
3. 我國《特殊教育法》對「個別化教育計畫」規定的更迭為何?
4. 我國「個別化教育計畫」的 4W 為何?
5. 我國「個別化支持計畫」的 3W 為何?
6. 我國現階段「個別化教育計畫」之內容項目和實施方式的法規規範為何?
7. 我國在「個別化教育計畫」、「個別化支持計畫」與「個別輔導計畫」的差別為何?
8. 我國與美國的「個別化教育計畫」主要差別為何?

「個別化教育計畫」即是保障身心障礙學生可以獲得個別化的教育，這些流程和內容都規範於《特殊教育法》中，本章將探討《特殊教育法》對「個別化教育計畫」的規範，同時分析比較我國和美國在「個別化教育計畫」的差異。美國的「個別化教育計畫」乃終止於特殊教育學生高中畢業時，或是延長高中修業年限至 21 歲，反觀我國的「個別化教育計畫」乃延伸至大專校院階段，但是以「個別化支持計畫」稱之。本章亦說明我國「個別化教育計畫」與「個別化支持計畫」的異同，並且述及我國「個別化支持計畫」與美國 1973 年《復健法》「504 計畫」的異同。

## 第一節　我國《特殊教育法》在「個別化教育計畫」規範的更迭

我國於 1984 年首次公布施行《特殊教育法》，此法之頒行得使我國身心障礙及資賦優異學生的教育權益受到具體之保障，然而此時「個別化教育計畫」之專有名詞及具體內容並未出現。此後，我國由於社會的變遷、特殊教育思潮的發展趨勢，以及國家教育決策的調整等因素，《特殊教育法》於 1997 年由總統公布頒行《特殊教育法》的修訂，其中第 27 條乃為新增之條款是舊法所沒有，此第 27 條為：「各級學校應對每位身心障礙學生擬定個別化教育計畫，並應邀請身心障礙學生家長參與其擬定與教育安置。」此條款即為我國身心障礙學生「個別化教育計畫」的實施創立了法源依據，也是我國「個別化教育計畫」的創生元年。

從 1997 年開始，臺灣通過《特殊教育法》鑑定資格的身心障礙學生，皆可依法享有其「個別化教育計畫」；也就是說，特殊教育主管機構必須監督其所屬人員，為每一位身心障礙學生設計符合其獨特教育需要之「個別化教育計畫」。具體而言，「個別化教育計畫」將得以實踐我國《特殊教育法》之精神，亦即是《特殊教育法》第 1 條：「為使身心障礙及資賦優異之國民，均有接受適性教育之權利，充分發揮身心潛能，培養健全人格，增進服務社會能力，特制定本法。」我國身心障礙學生之適性教育的意義，應如美國《身心障礙者教育法》中的「適當」（appropriate）──

「適合個體獨特之需要」之教育精神，而此權利的具體保障即有待「個別化教育計畫」的實施與執行。本節將藉由我國《特殊教育法》的兩次修訂歷程，說明我國「個別化教育計畫」內容的演變。

## 一、1997年《特殊教育法》第一次全文修訂

具體而言，我國於1997年公布的《特殊教育法》第27條之「個別化教育計畫」，乃整合落實了《特殊教育法》第5條、第19條、第22條、第24條之規定，具體提供對身心障礙學生之特殊教育服務項目及內容：

> 第5條：「特殊教育之課程、教材及教法，應保持彈性，適合學生身心特性及需要；……對身心障礙學生，應配合其需要，進行有關復健、訓練治療。」
>
> 第19條：「……身心障礙學生於接受國民教育時，無法自行上下學者，由各級政府免費提供交通工具；確有困難，無法提供者，補助其交通費。……」
>
> 第22條：「身心障礙教育之診斷與教學工作，應以專業團隊合作進行為原則，集合衛生醫療、教育、社會福利、就業服務等專業，共同提供課業學習、生活、就業轉銜等協助；……」
>
> 第24條：「就讀特殊學校（班）及一般學校普通班之身心障礙者，學校應依據其學習及生活需要，提供無障礙環境、資源教室、錄音及報讀服務、提醒、手語翻譯、調頻助聽器、代抄筆記、盲用電腦、擴視鏡、放大鏡、點字書籍、生活協助、復健治療、家庭支援、家長諮詢等必要之教育輔助器材及相關支持服務；……」

《特殊教育法》第5條強調課程和教材教法的適性調整，以及醫療復健和訓練的提供；第19條提出了教育單位必須對有特別需要的身心障礙學生，提供上下學有關的交通工具及交通費補助；第22條指出對身心障礙學生的診斷和教育，都必須整合衛生醫療、教育、社會福利、就業服務等相關服務合作進行之；第24條更明確列出身心障礙學生的教育輔助器材及相

關支持服務，包含了手語翻譯、代抄筆記、點字書籍、家庭支援和家長諮詢等。綜論之，上述四條法規的內容明確列出《特殊教育法》必須對身心障礙學生提供哪些教育服務，而其中已蘊含了「個別化教育計畫」的設計參與人員、相關服務的範圍，以及「個別化教育計畫」的內容。

但 1997 年公布之《特殊教育法》並未詳述「個別化教育計畫」的內容，而是由 1998 年公告的《特殊教育法施行細則》，以執行《特殊教育法》的原則性條款。《特殊教育法施行細則》第 18 條和第 19 條，即是首次具體明定我國「個別化教育計畫」的實施方式及內容。

第 18 條：「本法第二十七條所稱個別化教育計畫，指運用專業團隊合作方式，針對身心障礙學生個別特性所擬定之特殊教育及相關服務計畫，其內容應包括下列事項：
一、學生認知能力、溝通能力、行動能力、情緒、人際關係、感官功能、健康狀況、生活自理能力、國文、數學等學業能力之現況。
二、學生家庭狀況。
三、學生身心障礙狀況對其在普通班上課及生活之影響。
四、適合學生之評量方式。
五、學生因行為問題影響學習者，其行政支援及處理方式。
六、學年教育目標及學期教育目標。
七、學生所需要之特殊教育及相關專業服務。
八、學生能參與普通學校（班）之時間及項目。
九、學期教育目標是否達成之評量日期及標準。
十、學前教育大班、國小六年級、國中三年級及高中（職）三年級學生之轉銜服務內容。

前項第十款所稱轉銜服務，應依據各教育階段之需要，包括升學輔導、生活、就業、心理輔導、福利服務及其他相關專業服務等項目。

參與擬定個別化教育計畫之人員，應包括學校行政人員、教師、學生家長、相關專業人員等，並得邀請學生參與；必要時，

學生家長得邀請相關人員陪同。」

第 19 條：「前條個別化教育計畫，學校應於身心障礙學生開學後一個月內訂定，每學期至少檢討一次。」

## 二、2009 年《特殊教育法》第二次全文修訂

因社會環境的變遷，我國於 1997 年公布的《特殊教育法》，乃於 2009 年再做全文修訂，而於 1998 年公布之《特殊教育法施行細則》，亦於 2002 年全文修訂公告。2009 年公布之《特殊教育法》，再經 2013 年做部分條文增修，其中第 28 條及第 30-1 條第 2 款為我國實行「個別化教育計畫」的法源依據：

第 28 條：「高級中等以下各教育階段學校，應以團隊合作方式對身心障礙學生訂定個別化教育計畫，訂定時應邀請身心障礙學生家長參與，必要時家長得邀請相關人員陪同參與。」

第 30-1 條第 2 款：「高等教育階段之身心障礙教育，應符合學生需求，訂定個別化支持計畫，協助學生學習及發展；訂定時應邀請相關教學人員、身心障礙學生或家長參與。」

此外，2009 年公布之《特殊教育法》中與「個別化教育計畫」有關的五個相關條文，則修訂如下：

第 19 條：「特殊教育之課程、教材、教法及評量方式，應保持彈性，適合特殊教育學生身心特性及需求；其辦法，由中央主管機關定之。」

第 23 條：「身心障礙教育之實施，各級主管機關應依專業評估之結果，結合醫療相關資源，對身心障礙學生進行有關復健、訓練治療。為推展身心障礙兒童之早期療育，其特殊教育之實施，應自三歲開始。」

第 24 條：「各級主管機關應提供學校輔導身心障礙學生有關評量、教學及行政等支援服務。各級學校對於身心障礙學生之評

量、教學及輔導工作，應以專業團隊合作進行為原則，並得視需要結合衛生醫療、教育、社會工作、獨立生活、職業重建相關等專業人員，共同提供學習、生活、心理、復健訓練、職業輔導評量及轉銜輔導與服務等協助。前二項之支援服務與專業團隊設置及實施辦法，由中央主管機關定之。」

第 31 條：「為使各教育階段身心障礙學生服務需求得以銜接，各級學校應提供整體性與持續性轉銜輔導及服務；其轉銜輔導及服務之辦法，由中央主管機關定之。」

第 33 條：「學校、幼稚園、托兒所及社會福利機構應依身心障礙學生在校（園、所）學習及生活需求，提供必要之教育輔助器材及相關支持服務；其辦法，由中央主管機關定之。身心障礙學生無法自行上下學者，由各主管機關免費提供交通工具；確有困難提供者，補助其交通費；其實施辦法及自治法規，由各主管機關定之。各主管機關應優先編列預算，推動前二項之服務。」

我國「個別化教育計畫」的內容，向來皆載明於《特殊教育法施行細則》，2012年公布之《特殊教育法施行細則》，經2013年與2020年部分條文修正後，其中第 9 條、第 10 條及第 12 條，即是我國目前實施「個別化教育計畫」的方式及內容。

第 9 條：「本法第二十八條所稱個別化教育計畫，指運用團隊合作方式，針對身心障礙學生個別特性所訂定之特殊教育及相關服務計畫；其內容包括下列事項：

一、學生能力現況、家庭狀況及需求評估。
二、學生所需特殊教育、相關服務及支持策略。
三、學年與學期教育目標、達成學期教育目標之評量方式、日期及標準。
四、具情緒與行為問題學生所需之行為功能介入方案及行政支援。
五、學生之轉銜輔導及服務內容。

前項第五款所定轉銜輔導及服務，包括升學輔導、生活、就

業、心理輔導、福利服務及其他相關專業服務等項目。

參與訂定個別化教育計畫之人員，應包括學校行政人員、特殊教育與相關教師，並應邀請學生家長及學生本人參與；必要時，得邀請相關專業人員參與，學生家長亦得邀請相關人員陪同。」

第 10 條：「前條身心障礙學生個別化教育計畫，學校應於新生及轉學生入學後一個月內訂定；其餘在學學生之個別化教育計畫，應於開學前訂定。前項計畫，每學期應至少檢討一次。」

第 12 條：「前條特殊教育方案，學校應運用團隊合作方式，整合相關資源，針對身心障礙學生個別特性及需求，訂定個別化支持計畫；其內容包括下列事項：

一、學生能力現況、家庭狀況及需求評估。

二、學生所需特殊教育、支持服務及策略。

三、學生之轉銜輔導及服務內容。」

我國 2009 年修正公告之《特殊教育法》提到的「個別化教育計畫」與「個別化支持計畫」，乃均以身心障礙學生為主體。相似於身心障礙學生的「個別化教育計畫」之意義和功能，該法第 36 條則是我國首次於法律中明定需提供「個別輔導計畫」給資賦優異學生：「高級中等以下各教育階段學校應以協同教學方式，考量資賦優異學生性向、優勢能力、學習特質及特殊教育需求，訂定資賦優異學生個別輔導計畫，必要時得邀請資賦優異學生家長參與。」然而，該法及其相關法規仍尚未對「個別輔導計畫」的內容項目有詳細具體規範，可做為學校教育工作者實施之依據。

## 三、2023 年《特殊教育法》第三次全文修訂

我國為因應《身心障礙者權利公約》及融合教育之推動，《特殊教育法》於 2023 年再次完成全文修訂之公告，同年亦全文修訂公告《特殊教育法施行細則》。此次修訂的《特殊教育法》與「個別化教育計畫」直接相關的共有 3 條，簡述如下：

第 31 條：「高級中等以下學校應以團隊合作方式對身心障礙學生訂定個別化教育計畫，訂定時應邀請身心障礙學生本人，以及學生之法定代理人或實際照顧者參與；必要時，法定代理人或實際照顧者得邀請相關人員陪同參與。經學校評估學生有需求時，應邀請特殊教育相關專業人員參與個別化教育計畫討論，提供合作諮詢，協助教師掌握學生特質，發展合宜教學策略，提升教學效能。

身心障礙學生個別化教育計畫，應於開學前訂定；轉學生應於入學後一個月內訂定；新生應於開學前訂定初步個別化教育計畫，並於開學後一個月內檢討修正。

前項個別化教育計畫，每學期至少應檢討一次。

為使身心障礙學生有效參與個別化教育計畫之訂定，中央主管機關應訂定相關指引，供各級學校參考；指引之研擬過程，應邀請身心障礙者及其代表性組織參與。

幼兒園應準用前四項規定，為身心障礙幼兒訂定個別化教育計畫。」

第 31 條的修訂包含：(1)增訂在進行「個別化教育計畫」時，應將學生本人納入邀請參與的對象；(2)將「家長」修正為「法定代理人」，並增訂「實際照顧者」；(3)增訂學校應邀請特殊教育相關專業人員共同討論「個別化教育計畫」；(4)增訂新生應於開學前訂定初步的「個別化教育計畫」，並於開學後一個月內檢討修正；(5)明定身心障礙學生的「個別化教育計畫」，每學期應至少檢討一次；(6)增訂中央主管機關應就身心障礙學生參與「個別化教育計畫」之部分擬定指引，供各級學校參考運用；(7)明定幼兒園應為身心障礙幼兒訂定「個別化教育計畫」。

第 35 條：「……高等教育階段之身心障礙教育，應符合學生需求，訂定個別化支持計畫，協助學生學習及發展；訂定時應邀請相關教學人員、行政人員、身心障礙學生本人、學生之法定代理人或實際照顧者參與。

身心障礙學生個別化支持計畫,至遲應於完成課程加退選後一個月內訂定。

前項個別化支持計畫,每學期至少應檢討一次。……」

第 35 條的修訂包含:(1)增列行政人員應參與訂定「個別化支持計畫」;(2)明定在進行「個別化支持計畫」時,應將學生本人納入邀請參與的對象;(3)將「家長」修正為「法定代理人」,並增訂「實際照顧者」;(4)明定大專校院至遲應於身心障礙學生加退選課程後一個月內完成「個別化支持計畫」,保障學生學習權益;(5)增訂「個別化支持計畫」每學期至少應檢討一次。

第 42 條:「高級中等以下學校應以團隊合作方式,考量資賦優異學生身心特質、性向、優勢能力、學習特質及特殊教育需求,訂定資賦優異學生個別輔導計畫,並應邀請資賦優異學生本人、學生之法定代理人或實際照顧者參與。」

第 42 條的修訂包含:(1)修訂「個別輔導計畫」之訂定方式為團隊合作方式;(2)增訂在進行「個別輔導計畫」時,應邀請學生本人參與;(3)將「家長」修正為「法定代理人」,並增訂「實際照顧者」。

對應《特殊教育法》的修訂,《特殊教育法施行細則》亦作全文修訂之公告,直接與「個別化教育計畫」相關者共有 4 條,其中第 12 條並無修訂,其餘 3 條的修訂說明如下。此次修訂亦是我國首次對資賦優異學生的「個別輔導計畫」明定出三項具體項目內容。

第 10 條:「本法第三十一條所稱個別化教育計畫,指運用團隊合作方式,針對身心障礙學生個別特性所訂定之特殊教育及相關服務計畫;其內容包括下列事項:

一、學生能力現況、家庭狀況及需求評估。
二、學生所需特殊教育、相關服務及支持策略。
三、學年與學期教育目標、達成學期教育目標之評量方式、日期及標準。
四、具情緒與行為問題學生所需之行為功能介入方案及行政

支援。
五、學生之轉銜輔導及服務內容。

學校應將身心障礙且資賦優異學生之個別輔導計畫內容，併入個別化教育計畫規劃。

幼兒園為身心障礙幼兒訂定個別化教育計畫時，應準用第一項規定。」

第10條的修訂包含：(1)轉銜輔導及服務內容已移由《各教育階段身心障礙學生與幼兒轉銜輔導及服務辦法》訂定，故施行細則爰予刪除；(2)增列學生若同時具有身心障礙及資賦優異特質時，明定應將「個別輔導計畫」內容，併入「個別化教育計畫」二者合併訂定；(3)明定幼兒園應為身心障礙幼兒訂定「個別化教育計畫」。

第12條：「前條特殊教育方案，學校應運用團隊合作方式，整合相關資源，針對身心障礙學生個別特性及需求，訂定個別化支持計畫；其內容包括下列事項：
一、學生能力現況、家庭狀況及需求評估。
二、學生所需特殊教育、支持服務及策略。
三、學生之轉銜輔導及服務內容。」

第13條：「本法第四十二條所定資賦優異學生個別輔導計畫，學校應以團隊合作方式訂定，訂定之人員應包括學校行政人員、特殊教育與相關教師、學生本人及學生之法定代理人或實際照顧者參與；必要時，得邀請相關專業人員參與。

個別輔導計畫內容應包括下列事項：
一、學生能力現況、家庭狀況及教育需求評估。
二、學生所需特殊教育、相關服務與支持策略。
三、教育目標與輔導重點。

資賦優異學生個別輔導計畫，應於開學前訂定，新生及轉學生應於入學後一個月內訂定初步個別輔導計畫，且每學期應至少檢討一次。」

第 13 條的修訂包含：(1)明定「個別輔導計畫」之內容；(2)明定「個別輔導計畫」的訂定期程。

　　第 17 條：「學校依本法第三十一條、第三十五條、第三十六條及第四十二條訂定之個別化教育計畫、個別化支持計畫、生涯轉銜計畫或資賦優異學生個別輔導計畫等特殊教育學生資料，應指定適當場所及人員保管，以書面或電子儲存媒體保存之，並應自學生畢業或離校後，保存十年。……」

第 17 條的修訂包含：有關特殊教育學生及幼兒資料之保存及銷毀規定應有明確規範，因此新增此條款。

## 四、我國「個別化教育計畫」相關法規內容之變更比較

　　從 1997 年到 2023 年，我國的《特殊教育法》與《特殊教育法施行細則》歷經了三次的全文修訂，「個別化教育計畫」的內容與規範亦隨之有所變更。為了解「個別化教育計畫」的演變，本節以表 3-1 和表 3-2 比較我國三次《特殊教育法》與《特殊教育法施行細則》全文修訂的法條比較，表 3-3 則比較三次修訂有關「個別化教育計畫」的內容差異與改變。最後，本節參考美國「個別化教育計畫」的名詞解釋，以及我國教育現場的實際運作，將「個別化教育計畫」的五大項內容再逐細項分解成 13 項，對照做為「個別化教育計畫」內容項目的意義和說明詳見表 3-4，以提供計畫團隊人員擬訂「個別化教育計畫」或「個別化支持計畫」之參考。

　　《特殊教育法》與《特殊教育法施行細則》為直接規範「個別化教育計畫」之定義、內容和實施的最重要法規，目前和「個別化教育計畫」密切相關的尚有《特殊教育學生及幼兒鑑定辦法》第 24 條和第 25 條，以及《各教育階段身心障礙學生與幼兒轉銜輔導及服務辦法》，針對「個別化教育計畫」內容第五項「轉銜輔導與服務」的細部規範，相關內容將於本章第三節做詳細論述。

　　我國針對特殊教育學生確認法定資格之鑑定安置實施，乃於 2002 年在《身心障礙及資賦優異學生鑑定標準》訂定相關規範，此鑑定標準於 2012

表 3-1　我國 1997 年、2009 年及 2023 年修正公告《特殊教育法》有關「個別化教育計畫」之比較

| 年度 | 1997 年 | 2009 年 | 2023 年 |
| --- | --- | --- | --- |
| 條文數量 | 共 1 條 | 共 2 條 | 共 3 條 |
| 條款內容 | 第 27 條：規定「個別化教育計畫」之執行及需要家長參與。 | 第 28 條：規定「個別化教育計畫」之執行及需要家長參與。<br>第 30-1 條第 2 款：規定「個別化支持計畫」之執行及需相關人員參與（2013 年增訂）。 | 第 31 條：高級中等以下學校暨幼兒園身心障礙學生的「個別化教育計畫」相關規定。<br>第 35 條：高等教育階段學校身心障礙學生的「個別化支持計畫」相關規定。<br>第 42 條：高級中等以下學校資賦優異學生的「個別輔導計畫」相關規定。 |

註：1. 1997 年全文修正後，2001、2004 年修正部分條文。
　　2. 2009 年全文修正後，2013、2014、2019 年修正部分條文。

年修正更名為《身心障礙及資賦優異學生鑑定辦法》。因應 2023 年《特殊教育法》的全文修訂，此鑑定辦法於 2024 年亦修正為《特殊教育學生及幼兒鑑定辦法》。該法第 24 條提到：

「身心障礙學生及幼兒之教育需求評估，應包括健康狀況、感官功能、知覺動作、生活自理、認知、溝通、情緒、社會行為、領域（科目）學習等。

資賦優異學生之教育需求評估，應包括認知或情意特質、社會適應、性向、專長領域（科目）學習等。

前二項教育需求評估，應依學生或幼兒之需求選擇必要之評

表 3-2　我國 1998 年、2012 年及 2023 年修正公告《特殊教育法施行細則》有關「個別化教育計畫」之比較

| 年度 | 1998 年 | 2012 年 | 2023 年 |
| --- | --- | --- | --- |
| 條文數量 | 共 2 條。 | 共 3 條。 | 共 4 條 |
| 條款內容 | 第 18 條：「個別化教育計畫」及其內容項目。<br>第 19 條：擬訂和修訂「個別化教育計畫」之時間。 | 第 9 條：「個別化教育計畫」及其內容項目。<br>第 10 條：擬訂和修訂「個別化教育計畫」之時間。<br>第 12 條：定義「個別化支持計畫」內容文件。 | 第 10 條：高級中等以下學校暨幼兒園身心障礙學生的「個別化教育計畫」訂定方式和內容項目。<br>第 12 條：高等教育階段學校身心障礙學生的「個別化支持計畫」訂定方式和內容項目。<br>第 13 條：資賦優異學生的「個別輔導計畫」訂定方式和內容項目。<br>第 17 條：學校為學生所訂定之「個別化教育計畫」、「個別化支持計畫」、「生涯轉銜計畫」或「個別輔導計畫」等特殊教育學生資料，應自學生畢業或離校後保存十年。 |

註：1. 1998 年全文修正後，1999、2002、2003 年修正部分條文。

　　2. 2012 年全文修正後，2013、2020 年修正部分條文。

表 3-3 我國《特殊教育法》與《特殊教育法施行細則》三次全文修訂之「個別化教育計畫」相關內容比較

| 年度 | 1997/1998 | 2009/2012 | 2023 |
|---|---|---|---|
| 訂定團隊人員 | 「個別化教育計畫」：學校行政人員、教師、學生家長、相關專業人員、個案本人、家長邀請的相關人員。 | 「個別化教育計畫」：學校行政人員、特殊教育與相關教師、學生家長、相關專業人員、個案本人、家長邀請的相關人員。<br>「個別化支持計畫」：相關教學人員、身心障礙學生或家長。 | 「個別化教育計畫」：身心障礙學生本人、學生之法定代理人或實際照顧者，法定代理人或實際照顧者得邀請相關人員陪同參與。<br>「個別化支持計畫」：相關教學人員、行政人員、身心障礙學生本人、學生之法定代理人或實際照顧者。<br>「個別輔導計畫」：學校行政人員、特殊教育與相關教師、學生本人及學生之法定代理人或實際照顧者；必要時，得邀請相關專業人員。 |
| 訂定完成時限 | 「個別化教育計畫」：在學學生與新生均於開學後一個月內訂定；每學期至少檢討一次。 | 「個別化教育計畫」：在學學生於開學前訂定，新生與轉學生於入學後一個月內訂定；每學期至少檢討一次。<br>「個別化支持計畫」：未明確指出時限規定。 | 「個別化教育計畫」：在學學生於開學前訂定；轉學生於入學後一個月內訂定；新生於開學前訂定初步計畫，並於開學後一個月內檢討修正；每學期至少應檢討一次。<br>「個別化支持計畫」：至遲應於完成課程加退選後一個月內訂定；每學期至少應檢討一次。<br>「個別輔導計畫」：在學學生應於開學前訂定，新生及轉學生應於入學後一個月內訂定初步個別輔導計畫，且每學期應至少檢討一次。 |

表 3-3　我國《特殊教育法》與《特殊教育法施行細則》三次全文修訂之「個別化教育計畫」相關內容比較（續）

| 年度 | 1997/1998 | 2009/2012 | 2023 |
|---|---|---|---|
| 內容項目 | 「個別化教育計畫」：<br>1. 現況。<br>2. 家庭狀況。<br>3. 障礙狀況。<br>4. 評量方式之調整。<br>5. 學年目標和學期目標內容。<br>6. 學期目標的評量方式和標準。<br>7. 參與普通教育之時間和項目。<br>8. 特殊教育和相關服務的內容。<br>9. 行為問題之行政支援和處理方式。<br>10. 轉銜服務。 | 「個別化教育計畫」：<br>1. 學生能力現況、家庭狀況及需求評估。<br>2. 學生所需特殊教育、相關服務及支持策略。<br>3. 學年與學期教育目標、達成學期教育目標之評量方式、日期及標準。<br>4. 具情緒與行為問題學生所需之行為功能介入方案及行政支援。<br>5. 學生之轉銜輔導及服務內容。<br>「個別化支持計畫」：<br>1. 學生能力現況、家庭狀況及需求評估。<br>2. 學生所需特殊教育、支持服務及策略。<br>3. 學生之轉銜輔導及服務內容。 | 「個別化教育計畫」：<br>1. 學生能力現況、家庭狀況及需求評估。<br>2. 學生所需特殊教育、相關服務及支持策略。<br>3. 學年與學期教育目標、達成學期教育目標之評量方式、日期及標準。<br>4. 具情緒與行為問題學生所需之行為功能介入方案及行政支援。<br>5. 學生之轉銜輔導及服務內容。<br>「個別化支持計畫」：<br>1. 學生能力現況、家庭狀況及需求評估。<br>2. 學生所需特殊教育、支持服務及策略。<br>3. 學生之轉銜輔導及服務內容。<br>「個別輔導計畫」：<br>1. 學生能力現況、家庭狀況及教育需求評估。<br>2. 學生所需特殊教育、相關服務與支持策略。<br>3. 教育目標與輔導重點。 |

表 3-3 我國《特殊教育法》與《特殊教育法施行細則》三次全文修訂之「個別化教育計畫」相關內容比較（續）

| 年度 | 1997/1998 | 2009/2012 | 2023 |
| --- | --- | --- | --- |
| 學生現況之描述 | 「個別化教育計畫」：認知能力、溝通能力、行動能力、情緒、人際關係、感官功能、健康狀況、生活自理能力、國文、數學等學業能力。 | 「個別化教育計畫」：無規範。「個別化支持計畫」：無規範。＊特殊教育需求內容可參考《身心障礙及資賦優異學生鑑定標準》第22條 | 「個別化教育計畫」：無規範。「個別化支持計畫」：無規範。「個別輔導計畫」：無規範。＊特殊教育需求內容可參考《特殊教育學生及幼兒鑑定辦法》第24條 |
| 轉銜服務之定義 | 「個別化教育計畫」：學前教育大班、國小六年級、國中三年級及高中（職）三年級學生之升學輔導、生活、就業、心理輔導、福利服務及其他相關專業服務等項目。 | 「個別化教育計畫」：包括升學輔導、生活、就業、心理輔導、福利服務及其他相關專業服務等項目。「個別化支持計畫」：無規範。 | 「個別化教育計畫」：轉銜輔導及服務內容已移由《各教育階段身心障礙學生與幼兒轉銜輔導及服務辦法》訂定之，主要依學生及幼兒個別需求建議提供學習、生活必要之相關支持服務。「個別化支持計畫」：依據《各教育階段身心障礙學生與幼兒轉銜輔導及服務辦法》，高級中等以上學校之轉銜服務，得依教育階段及學生個別需求提供；其內容包括生涯試探、生涯定向、實習職場支持、訓練及職業教育與輔導。「個別輔導計畫」：無規範。 |

表 3-3 我國《特殊教育法》與《特殊教育法施行細則》三次全文修訂之「個別化教育計畫」相關內容比較（續）

| 年度 | 1997/1998 | 2009/2012 | 2023 |
|---|---|---|---|
| 資料保存期限 | 無規範。 | 無規範。 | 「個別化教育計畫」、「個別化支持計畫」、「生涯轉銜計畫」或「個別輔導計畫」等學生資料，學校應自學生畢業或離校後保存十年。 |

表 3-4 「個別化教育計畫」之項目內容的意義與範例說明一覽表

| 法定項目 | 意義 | 參考內容 |
|---|---|---|
| 一-1 學生能力現況 | 一-1 以了解學生在此「個別化教育計畫」擬訂之時的學習起點行為。 | 一-1 整體可以包含學生之學科領域表現、認知能力、溝通能力、行動能力、生活自理能力、感官功能、社交／情緒行為、社區活動能力等。 |
| 一-2 學生家庭狀況 | 一-2 以了解學生家庭的資源及限制。 | 一-2 包含學生之家庭結構等。 |
| 一-3 學生需求評估 | 一-3 以了解學生在教育或相關專業服務和支持策略的需求。 | 一-3 包含特殊教育、相關專業服務及轉銜服務等需求評估等。 |
| 二-1 學生所需特殊教育 | 二-1 本學期／學年學生所需要的特殊教育整體規劃。 | 二-1 可以學生課表（註明特殊教育的時間、地點、分組）及說明課程內容（外加或抽離課程）。 |

表 3-4 「個別化教育計畫」之項目內容的意義與範例說明一覽表（續）

| 法定項目 | 意義 | 參考內容 |
|---|---|---|
| 二-2 學生所需相關服務 | 二-2 本學期／學年學生所需要的相關專業服務的介入。 | 二-2 包含語言治療、職能治療、物理治療、心理諮商、特教學生助理人員等相關專業服務。 |
| 二-3 學生所需支持策略 | 二-3 本學期／學年學生所需要的教學和專業團隊以外的支持策略。 | 二-3 包含交通車（復康巴士）提供、輔助科技與服務、無障礙空間之環境調整、特殊教育入班宣導等支持。 |
| 三-1 學年教育目標 | 三-1 設計學生整學年預定最後達成的教育總目標。學年教育目標乃為一學年的長程教育目標，是根據學生現況學習能力所規劃之一年後教育目標。 | 三-1 學年教育目標，可以領域／科目在「十二年國民基本教育課程綱要」之調整後的學習重點分別敘述，例如：國語文科可分聆聽、口語表達、標音符號與運用、識字與寫字、閱讀、寫作分別敘述之。 |
| 三-2 學期教育目標 | 三-2 學期教育目標乃為短程教育目標，將一整學年的目標分解成上下兩學期設計，再以「週」進度的內容規劃之。 | 三-2 可以將整學期分解為週的單位，再依據學科領域和學生的學習能力調整為一學期的一週或數週之週進度內容描述。 |
| 三-3 達成學期教育目標之評量方式 | 三-3 調整教育目標成多元評量，再選擇學生優勢能力（學生可以做得到的方式）評量，宜避開學生因其障礙而無法評量的狀況，以評估學生該學期各項學習成效。 | 三-3 以學生的優勢能力設計評量的方式，例如：學生能指認出、說出、配對出、選出、寫出、數出、做出、畫出等。 |

表 3-4 「個別化教育計畫」之項目內容的意義與範例說明一覽表（續）

| 法定項目 | 意義 | 參考內容 |
| --- | --- | --- |
| 三-4 達成學期教育目標的標準 | 三-4 透過多元評量，預定學生可以達成的該學期各項教育目標的精熟水準。 | 三-4 當教育目標的內容已經依據學生的現況和障礙狀況做過調整，其實學生每一個短程教育目標就可以預期達到完全精熟水準。 |
| 三-5 達成學期教育目標的評量日期 | 三-5 教學後記錄學生達成預期學期教育目標的日期，用以評估學生的學習是否在合理的時間內完成，通常在學期初「個別化教育計畫」會議時，它是空白資料，因為這是未來式。 | 三-5 記錄最終達到的「週」教學目標的年月日。 |
| 四-1 具情緒與行為問題學生所需之行為功能介入方案及行政支援 | 四-1 只針對有情緒行為問題的學生才要設計的正向行為支持方案，以及以全校性介入的行政支援內容。 | 四-1 包含目標行為、行為功能、介入方案和行政支援。 |
| 五-1 學生之轉銜輔導及服務內容 | 五-1 協助身心障礙學生跨階段的提早規劃，以做到良好的銜接，此些教育目標或活動將連結呈現在此學期的學習目標。 | 五-1 高級中等以下學校包含學生下一個階段與學習、生活必要的相關支持服務。高等教育階段學生則包括生涯試探、生涯定向、實習職場支持、訓練及職業教育與輔導。 |

083

估項目，並於評估報告中註明優弱勢能力，所需之教育安置、課程調整、支持服務及轉銜輔導等建議。」

此條款是規範特殊教育學生於申請身心障礙或資賦優異法定資格時，學校所必須進行的教育需求評估項目內容，以確認學生是否符合《特殊教育法》第 3 條（身心障礙）和第 4 條（資賦優異）所規範的學生必須「具學習特殊需求」，而此鑑定時所做的評估資料，亦可運用作為學生在第一份「個別化教育計畫」的內容項目一「學生能力現況、家庭狀況及教育需求評估」，以及後續各學期的「個別化教育計畫」內容之持續評估。每一學期的特殊教育需求評估內容，在其後教育階段內的重新鑑定或跨教育階段的重新評估，都必須被重新檢視，此即第 25 條之規定。

《特殊教育學生及幼兒鑑定辦法》的所有主要條文都在規範學生是否符合各類別特殊教育學生的鑑定基準，以取得特殊教育學生之身分，惟有第 25 條則是規範特殊教育學生是否仍可持續其法定資格，亦即是時限性的重新評估法定資格之規範：

「各級主管機關辦理特殊教育學生及幼兒之重新評估，以跨教育階段為原則。

經鑑輔會鑑定安置之特殊教育學生及幼兒，遇障礙情形改變、優弱勢能力改變、適應不良或其他特殊需求時，得由教師、法定代理人、實際照顧者或學生本人向學校、幼兒園或主管機關提出重新評估之申請；其鑑定程序，依第二十三條第一項規定辦理。主管機關並得視需要主動辦理重新評估。

前二項重新評估，應註明重新評估之原因；身心障礙學生或幼兒應檢附個別化教育（支持）計畫，資賦優異學生應檢附個別輔導計畫。」

在重新評估時，需要檢視學生接受特殊教育服務期間的「個別化教育計畫」內容，確認學生是否仍符合《特殊教育法》的「具學習特殊需求」，以作為保留或撤除特殊教育法定資格之依據。此條款內容為針對先前《身心障礙及資賦優異學生鑑定辦法》第 23 條所新增的條款，其包含兩

項內容：第一項明定特殊教育學生提出重新評估申請之要件，應包括校內所實施之特殊教育工作與成效，以提供縣市鑑輔會判斷其重新評估之原因與再安置之必要性；第二項明定提出特殊教育學生重新評估時，除了依第一項提供資料之外，身心障礙學生應另檢附「個別化教育計畫」和「個別化支持計畫」，資賦優異學生應另檢附「個別輔導計畫」，《特殊教育學生及幼兒鑑定辦法》修訂時仍保留此條款的內容規範。

## 第二節　我國在高等教育的「個別化支持計畫」與美國「504計畫」之差異

　　美國的特殊教育服務會因身心障礙學生年齡和需求的變化，而有「個別化家庭支持計畫」、「個別化教育計畫」和「轉銜計畫」三種形式；反觀我國則以教育階段別劃分為兩種形式：「個別化教育計畫」及「個別化支持計畫」。我國《特殊教育法》的起始年齡為2歲起，所以實踐適性教育之「個別化教育計畫」，乃適用從2歲到高中階段的身心障礙學生。若身心障礙學生得以升學大專校院，則大專校院就必須提供身心障礙學生「個別化支持計畫」。基本上，兩國的計畫內涵相似，僅是適用對象的教育階段不同以及項目內容多寡差異。圖3-1即以學生的年齡或教育階段說明我國「個別化教育計畫」與「個別化支持計畫」的差異。

圖3-1　我國「個別化教育計畫」與「個別化支持計畫」之區別

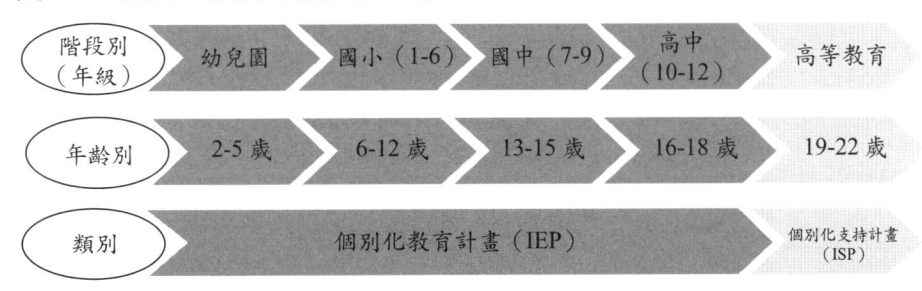

| 階段別（年級） | 幼兒園 | 國小（1-6） | 國中（7-9） | 高中（10-12） | 高等教育 |
|---|---|---|---|---|---|
| 年齡別 | 2-5歲 | 6-12歲 | 13-15歲 | 16-18歲 | 19-22歲 |
| 類別 | 個別化教育計畫（IEP） | | | | 個別化支持計畫（ISP） |

整體而言，我國的「個別化教育計畫」及「個別化支持計畫」有兩項差別：一是學生適用的教育階段不同，前者適用在學前教育到高中階段，後者適用在高等教育階段；另一是內容項目不同，前者有五項內容，後者有三項內容，高等教育階段不再列入的兩項內容是：「學年與學期教育目標、達成學期教育目標之評量方式、日期及標準」，以及「具情緒與行為問題學生所需之行為功能介入方案及行政支援」；其餘有關「個別化教育計畫」的會議程序和參與人員等皆相同。

我國對高等教育階段身心障礙學生實施「個別化支持計畫」，乃起始於2013年修訂的《特殊教育法》第30-1條第2款：「高等教育階段之身心障礙教育，應符合學生需求，訂定個別化支持計畫，協助學生學習及發展；訂定時應邀請相關教學人員、身心障礙學生或家長參與。」高等教育階段實施「個別化支持計畫」，相較於高級中等以下學校實施的「個別化教育計畫」確實有較高難度，因為高等教育的大專校院不是義務教育階段，各大學與科系的課程規劃與教學是由各大學自主，不像高級中等以下學校必須遵循「十二年國民基本教育課程綱要」的規範，針對身心障礙學生的獨特教育需求，也有「十二年國民基本教育特殊教育課程實施規範」，可供教育工作者做參考，以利特殊教育教師提供「特殊設計的教學」給學生。然而，各大專校院各科系的課程與教學，皆由授課教授自行決定，也因此在高等教育的課程型式運作之下，特殊教育的學習輔導介入，主要依賴大學教授是否願意提供給特殊教育學生的學習調整，包含學習方式和評量的調整；而資源教室輔導人員的協助，則以規劃活動、學習科技輔助的提供、翻譯員的提供、校內無障礙行動協助、非營利組織提供的獎助學金申請或就業等相關資訊為主（林月仙、何明珠，2013；林素貞，2014；許雅惠，2011；陳秀芬、張正芬，2013）。簡言之，我國的大學教育階段並無提供身心障礙學生量身訂做的課程與教學介入，而以支持性的課業協助為主。

我國在大專校院實施「個別化支持計畫」，此乃和美國的狀況不同。依據美國《身心障礙者教育法》（IDEA）的規定，「個別化教育計畫」乃適用3至21歲的特殊教育學生，也就是學前教育到高中階段畢業，因為有一些特殊教育學生並無法在18歲時可以如期順利高中畢業，所以他們可以

申請延長修業年限,繼續接受高中教育至 21 歲,此時他們仍能有「個別化教育計畫」支持他們的學習,但延長修業年限最終也只能到 21 歲。美國的特殊教育學生或身心障礙學生若繼續升學高等教育,包含兩年制(四年制)社區學院或四年制大學,此階段即不再提供「個別化教育計畫」,因為《身心障礙者教育法》終止於高中階段。事實上,這也是回應了美國《身心障礙者教育法》之特殊教育的基本核心價值,即是提供身心障礙學生免費、適當的公立教育(FAPE)。就此觀點而言,高等教育階段並無法實踐其中兩項的重要原則:一是**免費**,指身心障礙兒童的教育相關經費乃由政府提供,其父母不需要負擔任何費用支出;二是**適當教育**,指適合此身心障礙學生之獨特需要的教學設計。

　　大專校院的高等教育本質上和高級中等以下的國民基本教育就不同,也因此特殊教育的介入與服務也會跟著變動(林素貞等人,2010)。臺灣幾乎所有的大專校院皆設有「資源教室」,以提供特殊教育學生和身心障礙學生的特殊教育服務(林月仙、何明珠,2013;林素貞,2014;教育部,2014a;陳秀芬、張正芬,2013),2013 年起也由《特殊教育法》規範要提供大專校院身心障礙學生「個別化支持計畫」。反觀之,美國《身心障礙者教育法》對特殊教育學生的教育保障,乃終止於義務教育的高中階段;然而,各大專校院都會設立一個提供特殊教育服務的單位,以協助特殊教育學生和身心障礙學生的學習,各大專校院的名稱不一,但大都以「身心障礙服務」(disabilities service)或是「學習支持服務」(learning support service)稱之(林素貞,2014)。美國的特殊教育學生或身心障礙學生進入大專校院就讀時,他們都必須先**主動**到這個特殊教育服務單位提出資格審查申請,該單位確認他們具有《身心障礙者教育法》或《復健法》的法定身分之後,才會協助他們在大學校園的學習(林素貞,2014;Shaw et al., 2010)。

　　美國在大專校院不再持續提供身心障礙學生依據特殊教育法所提出的免費、適當的公立教育保障,也就是「個別化教育計畫」;事實上,還有一項影響因素,即是美國高等教育的正式學生入學,並沒有為身心障礙學生提供特殊升學管道,而是比照一般學生的入學學科等標準,也因此美國的身心障礙學生或特殊教育學生進入大專校院之後,其學科能力等基本上

和非身心障礙學生相當,學校也因此不需要為特殊教育學生提供特殊設計的課程與教學,而此正是「個別化教育計畫」的核心內容。美國的大專校院會依據學生的主動申請而提供「504計畫」,以保障身心障礙學生或特殊教育學生可以有公平的受教育機會,主要是以學習方式和評量的調整為主,避免因學生的障礙而影響其學習方式,此亦正是《復健法》的核心精神。

我國在大專校院所提供的「個別化支持計畫」,內容包括學生能力現況、家庭狀況及需求評估;學生所需特殊教育、支持服務及策略;學生之轉銜輔導及服務內容;這些內容比較相似於美國從學前到大專校院所實施的「504計畫」,而不是「個別化教育計畫」。「504計畫」強調由學校行政和普通班教師所提供的學習調整與輔助,而沒有提供特殊教育教師的「特殊設計的教學」教育介入;長期以來,我國大專校院的「個別化支持計畫」中,特殊教育學生的學習協助,主要還是以大學教授所願意提供的學習調整為主。然而,我國「個別化支持計畫」和美國「504計畫」最大的差別,乃是我國「個別化支持計畫」有特殊教育相關法規的強制規範,包含實施時程、召開「個別化支持計畫」會議、參與人員的規定等,而美國《復健法》的身心障礙學生「504計畫」,則一直未有強制性的細節、標準與作業流程,實施方式各大學和學院皆不相同。

我國自2013年開始在大專校院實施「個別化支持計畫」至今,目前相關的研究不多,偏屬經驗與實務探討的發表,大多針對「個別化支持計畫」的理念與執行層面提出問題與建議(王瓊珠,2015;林月仙、何明珠,2013),未來我國針對大專校院執行「個別化支持計畫」宜再進行更多的研究與討論。

## 第三節　我國和美國的「個別化教育計畫」之比較

我國和美國針對「個別化教育計畫」的實施,都是遵循該國《特殊教育法》的相關規定,包含內容項目以及實施程序,以保障特殊教育學生的

獨特特殊教育需求，符合每一位身心障礙學生的個別差異之教育品質，然而國情不同，規定自然有所差異。本節將以表3-5對照美國2004年《身心障礙者教育促進法》（IDEIA）和我國2023年修訂的《特殊教育法》與《特殊教育法施行細則》，比較我國和美國對於「個別化教育計畫」的法律規範之差別。此外，因美國的特殊教育法規並未涵蓋高等教育階段的身心障礙學生以及資賦優異學生適用的「個別化教育計畫」，故表3-5主要以兩國的「個別化教育計畫」之內容作對照比較。

表 3-5　美國和臺灣有關「個別化教育計畫」現行相關法規之比較

|  | 美國（2004） | 臺灣（2023）及相關法規 |
| --- | --- | --- |
| 法規來源 | ・全部規範於美國《身心障礙者教育促進法》（IDEIA）。 | ・《特殊教育法》。<br>・《特殊教育法施行細則》。<br>・《特殊教育支持服務及專業團隊運作辦法》。<br>・《各教育階段身心障礙學生與幼兒轉銜輔導及服務辦法》。<br>・《高級中等以下學校特殊教育課程教材教法及評量實施辦法》。<br>・《特殊教育學生及幼兒支持服務辦法》。 |
| 適用對象 | ・採用年齡別<br>1. IFSP：0至2歲。<br>2. IEP：3至21歲（就讀幼兒園到高中畢業學生，含延長修業年限至21歲的高中生，14歲以上最晚不能大於16歲的學生，必須內含轉銜計畫）。 | ・採用教育階段別、身心障礙和資賦優異類別共三種<br>1. IEP：學前教育階段、國民教育階段、高級中等教育階段。<br>2. ISP：高等教育階段（內容項目比IEP少兩項）。<br>3.「個別輔導計畫」：適用資賦優異學生。 |

表 3-5　美國和臺灣有關「個別化教育計畫」現行相關法規之比較（續）

| | 美國（2004） | 臺灣（2023）及相關法規 |
|---|---|---|
| 條文分量 | ・共 6 條及各條之下的小節。 | ・主要載於《特殊教育法》與《特殊教育法施行細則》，共 7 條。 |
| 條款內容 | ・定義「個別化教育計畫」委員會、會議和內容文件。<br>・實施之必要條件。<br>・擬訂之過程和必要之考量。<br>・評估與修訂之方式和時間。<br>・轉銜服務的替代方案。<br>・服刑於監獄之「個別化教育計畫」的執行。 | ・定義訂定與參與「個別化教育計畫」之人員。<br>・定義「個別化支持計畫」之文件內容項目。<br>・訂定完成和檢討「個別化教育計畫」之時間。<br>・學校對三類學生之教育計畫的畢業或離校後保存期限。 |
| 「個別化教育計畫」委員會 | ・具體明確訂出委員會成員：家長、普通班教師、特殊班教師、地方教育主管機關代表、診斷鑑定人員、相關專業人員、個案本人。<br>・詳列實施過程和程序。<br>・任務含擬訂、修訂和評估「個別化教育計畫」。 | ・參與訂定「個別化教育計畫」之人員為：身心障礙學生本人、學生之法定代理人或實際照顧者、法定代理人或實際照顧者邀請之相關人員或特殊教育相關專業人員，但未言及實施程序和任務。 |
| 時限規定 | ・被鑑定為身心障礙學生之三十天內召開第一次 IEP 會議，與學期的前後無關。<br>・至少一年做一次評估，或是三年做一次評估。 | ・在學學生開學前訂定、轉學生入學後一個月內訂定、新生開學前訂定初步計畫，開學後一個月內檢討修正；每學期至少應檢討一次。 |

表 3-5　美國和臺灣有關「個別化教育計畫」現行相關法規之比較（續）

| | 美國（2004） | 臺灣（2023）及相關法規 |
|---|---|---|
| 「個別化教育計畫」內容文件 | ・孩子目前的學習和活動狀況。<br>・長程和短程教育目標內容。<br>・達成年度目標的進展。<br>・長程和短程教育目標的評量方式和結果。<br>・特殊教育和相關服務的實施時間、方式和地點。<br>・孩子的身心障礙如何影響其在普通課程的參與和進步。<br>・如何參與普通教育之課程、活動和學科成就評量。<br>・無法參與普通課程之理由。<br>・轉銜服務。 | ・學生能力現況、家庭狀況及需求評估。<br>・學生所需特殊教育、相關服務及支持策略。<br>・學年與學期教育目標、達成學期教育目標之評量方式、日期及標準。<br>・具情緒與行為問題學生所需之行為功能介入方案及行政支援。<br>・學生之轉銜輔導及服務內容。 |
| 學生現況之描述 | ・參與普通教育或一般活動之概括性敘述。<br>・學生在學科性、發展性和功能性課程學習之能力。 | ・無特別規範。 |
| 轉銜服務之內容 | ・學生最遲於 14 歲或 16 歲之後，需為高中畢業之後續的升學、就業、職業訓練或成人獨立生活提供教育上的準備。 | ・高級中等以下學校學生的下一個階段與學習、生活必要的相關支持服務。 |

綜合上述美國《身心障礙者教育促進法》（IDEIA）和我國《特殊教育法》對「個別化教育計畫」之種種規定，顯而易見，美國歷經四十多年的執行驗證和不斷修訂，其「個別化教育計畫」確實已建立完整之規模；而我國對於「個別化教育計畫」的規劃則因發展時間較短，有關條文的規定仍有待更精確定位。以下試著從「個別化教育計畫」的實施歷程、項目內容、轉銜輔導與服務、輔助科技與服務，以及家長和學生本人參與等五個議題，分析說明兩國差異及我國在「個別化教育計畫」的實施狀況。

## 一、「個別化教育計畫」的實施歷程議題

### （一）訂定「個別化教育計畫」團隊之必要性和職責

美國對「個別化教育計畫」的定義即涵蓋「個別化教育計畫」委員會和「個別化教育計畫」內容文件，並且對其成員、任務和實施步驟皆有所規範；而我國並未明確指出「個別化教育計畫」團隊地位與權責，僅說明運用專業團隊合作方式進行特殊教育和相關服務的計畫擬訂和列出成員類別。此差異可能造成國內在進行擬訂「個別化教育計畫」時的兩個問題：一是，應該由哪個單位或誰來負責統籌規劃此工作？二是，跨專業合作該如何來進行？如前所述，「個別化教育計畫」是由與執行此學生的特殊教育工作相關人員組成的團隊共同設計之實施計畫，假若這一群相關人員不能做面對面的溝通與討論，以設計出符合此學生之獨特需要的教育計畫，結果將造成由教師們各自獨立編寫出的內容，此缺乏共識之內容文件其實已失去「個別化教育計畫」的基本意義和價值。

### （二）地方教育主管機關代表參與「個別化教育計畫」擬訂之必要性

美國「個別化教育計畫」委員會的成員含有地方教育主管機關代表，其職務相當於我國之縣／市特殊教育主管人員，此些代表人員最主要的功能是提供地方層級的特殊教育相關資源，例如：相關專業人員的提供、輔

助科技的提供、交通車的提供，或是不同學校間的行政協調等；然而，我國相關法規並未將縣市教育行政人員（如各縣市特教資源中心人員）列入參與訂定「個別化教育計畫」之成員，因此假若當某些身心障礙學生需要校外相關專業人員的協助、輔具申請、無障礙交通車申請等，或是跨校際間的協調合作時，也就是目前我國「個別化教育計畫」的擬訂較侷限在一個學校內部或特殊教育人員之間的運作，尚有待提升至地方層級的特殊教育資源整合運用之功能。

## （三）時限之明確規範考量

根據美國「34 號美國聯邦法規彙編」之管理條例，地方教育主管機構必須在身心障礙學生被鑑定後的三十天內，召開第一次「個別化教育計畫」會議，以協調出家長同意簽名之「個別化教育計畫」內容文件，此意謂如果家長對會議決議之設計不滿意時，可能需要再舉行第二次、第三次不等之會議。美國《身心障礙者教育促進法》（IDEIA）則規定每學年一開始，每一位身心障礙學生即應有開始生效之「個別化教育計畫」。然而，根據我國 2023 年公告之《特殊教育法》，分別就新生、轉學生及在學學生訂定「個別化教育計畫」的完成期程：在學學生需於開學前訂定，轉學生於入學後一個月內訂定，此兩項規定較無爭議；但新生應於開學前訂定初步的「個別化教育計畫」，並於開學後一個月內檢討修正，此期限可能仍會有疑義。因為各級學校的新學年開始於 8 月 1 日，但是新生通常尚未入學，因此若能載明為「開學正式上課前」，可能可以更具體而明確；如何讓學校在上課第一週之前就能完成新生初步的「個別化教育計畫」，仍有待教育行政單位更明確的行政規範與說明。此外，針對「學期中」通過特殊教育身分資格審查的學生，其亦為特殊教育的「新生」，但是並無法適用「個別化教育計畫」對「新生」的完成計畫之期限規範。

## 二、項目內容的適用性議題

每一學期「個別化教育計畫」的內容，應以每一學期會變動的內容為核心，方能看出學生學習的發展與檢核達成狀況。然而，我國「個別化教

育計畫」的內容項目包含學生之家庭狀況，其作用較有疑義。基本上，「個別化教育計畫」是一學年或一學期擬訂一次，而個案的家庭狀況和障礙狀況都屬於比較固定性之資料，家庭狀況確實應該列入考量個案的「個別化教育計畫」內容設計，但非必要載入相同個案之每一次「個別化教育計畫」內容，其主體應是此個案每學期或每學年變動性的資料，而非較固定不變之內容。個案之固定性基本資料本來就會呈現在其基本資料內，「個別化教育計畫」團隊應該都已經是熟悉學生的教師或專業團隊人員，設計前應要檢視學生的基本資料，但不必要重複出現在每一學期的「個別化教育計畫」內容之中。學生之家庭狀況可比照「學生所需之行為功能介入方案及行政支援」項目內容，有必要時再列入做說明。

## 三、「轉銜輔導與服務」的內容議題

美國「個別化教育計畫」對於轉銜計畫的提供，乃是針對 14 或 16 歲以上之身心障礙學生高中畢業後的適應預作準備，而我國 2012 年修訂公告之《特殊教育法施行細則》第 9 條所規範「個別化教育計畫」的轉銜輔導及服務之內容，包括升學輔導、生活、就業、心理輔導、福利服務及其他相關專業服務。然而，在 2023 年修訂公告之《特殊教育法施行細則》第 10 條，則將「個別化教育計畫」的轉銜輔導及服務內容刪除，另移由《各教育階段身心障礙學生與幼兒轉銜輔導及服務辦法》訂定。

依據 2023 年公告之《各教育階段身心障礙學生與幼兒轉銜輔導及服務辦法》，此為我國身心障礙學生轉銜輔導與服務的最重要之實施法規，其中提到：

> 第 2 條：「為使身心障礙學生（以下簡稱學生）及幼兒服務需求得以銜接，各級學校、幼兒園及其他實施特殊教育之場所應評估學生個別能力與轉銜需求，依本辦法規定訂定適切之生涯轉銜計畫，並協調社政、勞工及衛生主管機關，提供學生及幼兒整體性與持續性轉銜輔導及服務。
>
> 前項生涯轉銜計畫應記載轉銜原因、各階段專業服務資料、輔導重點、轉銜服務內容、受理轉銜單位及其他特殊記載事項。

高級中等以上學校之轉銜服務，得依教育階段及學生個別需求提供；其內容包括生涯試探、生涯定向、實習職場支持、訓練及職業教育與輔導。」

第6條：「學生或幼兒進入國民小學、特殊教育學校國小部、國民中學或特殊教育學校國中部之轉銜，原安置場所或就讀學校應依第四條規定於安置前一個月召開轉銜會議，……」

這兩個條款明確揭櫫：轉銜輔導與服務之目的是為使各教育階段身心障礙學生在跨越不同教育階段時，特殊教育服務亦能順利銜接，以確保身心障礙學生及幼兒的特殊教育服務之整體性與持續性，亦有明確定位「生涯轉銜計畫」與「轉銜會議」的實施，以及「生涯轉銜計畫」的內容包含轉銜原因、各階段專業服務資料、輔導重點、轉銜服務內容、受理轉銜單位及其他特殊記載事項。

此辦法第3條亦規範：「……高級中等以下學校及幼兒園應將生涯轉銜計畫納入學生及幼兒個別化教育計畫，專科以上學校應納入學生個別化支持計畫，協助學生達成獨立生活、社會適應與參與、升學或就業等轉銜目標。」此即是將「生涯轉銜計畫」直接整合進入「個別化教育計畫」和「個別化支持計畫」的第五項目內容。

綜觀我國對於身心障礙學生的轉銜輔導與服務之規範和實施，首先是啟動時間上的差異。相較於美國係針對14或16歲以上（即中等教育階段）的身心障礙學生開始要做轉銜教育的設計，我國在時間上則包含從幼兒園到高等教育階段，故學生在跨越不同教育階段的「個別化教育計畫」內容上，都必須要有轉銜輔導與服務內容，亦即是幼兒園大班學生在「個別化教育計畫」上就必須載明轉銜輔導與服務的內容。

其次是內容方面，美國要求身心障礙學生14至16歲之後，學校教育就必須開始實施學生的轉銜規劃評估，再以學生高中畢業後可能銜接發展的升學高等教育、就業、職業訓練，以及成人獨立生活技能等，依此設計出學生的「轉銜計畫」，再列入14或16歲以後的「個別化教育計畫」之中。反觀我國的《各教育階段身心障礙學生與幼兒轉銜輔導及服務辦法》，係以第3條針對專科以上學校學生的轉銜目標，乃為協助學生達成獨立生活、

社會適應與參與、升學或就業等較為明確，而幼兒園到高中階段的轉銜輔導與服務內容似未見明確說明；但若參考上述表 3-3 我國過去針對轉銜輔導與服務的內容，幼兒園到高中階段的轉銜輔導與服務內容應以協助學生轉銜至下一階段的「升學輔導」為主。幼兒園升國小、國小升國中都是直線發展並無差異性，但國中畢業後可以有一般高中和技術型高中的不同升學選擇，而技術型高中又有科別的選擇，也就是國中階段的「個別化教育計畫」之「轉銜輔導與服務」，教師應該協助學生開始做生涯覺知和生涯探索的轉銜評估與規劃，以利學生能選擇適合自己生涯發展的高中教育。身心障礙學生的高中「個別化教育計畫」之「轉銜輔導與服務」除了升學高等教育的選擇，還有就業、職業訓練的生涯抉擇，除此之外成人獨立生活技能更需要納入高中學生的「轉銜輔導與服務」之項目內容。

最後是轉銜輔導與服務的運作方式，美國對於 14 或 16 歲以上的身心障礙學生，就讀學校要規劃其轉銜教育實施；我國則較強調跨階段時轉銜會議的實施。事實上，目前我國身心障礙學生跨階段的轉銜會議確實有落實執行，對於學生轉換教育階段時的學校適應非常有幫助；但若能將轉銜目標納入學生在此教育階段的課程教學與輔導，包含普通教育課程和特殊需求領域課程等，將對學生的特殊教育服務之整體性與持續性成效更佳。現階段我國轉銜教育的實施，比較像學生在每一次轉換教育階段，學校就會舉行一場慎重歡樂的婚禮——轉銜會議。隆重的婚禮當然是好事，但更期待除了婚禮之外，學校更能重視和實施學生在學期間的各項能力訓練，如同我國過去傳統嫁娶時的一箱箱嫁妝，那是在新娘子婚前就在準備的物品，而這些嫁妝代表她們對未來生活的準備，可以讓她們在新一階段的生活適應得更好。轉銜教育實質上更像為新娘子下一階段生活所準備的嫁妝——預備各項能力與做好心理調適。

美國的「個別化教育計畫」因為對轉銜目標之定義非常明確，所以在啟動時間與內容項目和實施上非常具體；我國則是目標和內容實施較廣泛性規範，期待未來我國在轉銜輔導與服務的內容項目與啟動時間上可以有更具體明確之作法。

## 四、輔助科技與服務歸屬哪一項目內容的議題

隨著融合教育的普及和科技的突破性發展，輔助科技與服務便成為特殊教育實施在教學現場中不可或缺的助力，甚至是大幅依賴的主力。「輔助科技」一詞的英文「assistive technology」是一個統稱名詞，它代表身心障礙者的使用輔助、調整和復健等器材。運用輔助科技可幫助身心障礙者做到原本無法達成的任務或活動，或是透過輔助科技可讓原本非常困難的任務或活動，能夠較容易達成目標。輔助科技這個名詞在 1988 年首次出現於美國《科技輔助障礙者法案》（Technology-Related Assistance for Individuals with Disabilities Act）當中；然而，若追溯輔助科技的發展歷史，1874 年所發明的擴音型助聽器可算是最早的輔助科技輔具，隨後的點字打字機、有聲書、電腦、溝通圖卡、語音輸入軟體系統、電動輪椅、電腦觸控桌等，以至於後來的電腦拼字檢查軟體、iPad、智慧型手機等都可算是輔助科技的器材應用（林素貞等人，2016）。然而，若依據 2004 年美國《身心障礙者教育促進法》（IDEIA）的定義解釋，輔助科技實際上包含輔助性科技設備和輔助性科技服務兩個部分，法規上的定義如下：

「輔助性科技設備指任何東西、器具，或是產品系統，不管是直接由商店購買、改裝或是量身訂做，它們乃可用來增加、維持或增進身心障礙孩童實用技能的能力，然而這個專門名詞不包括經由手術植入的醫學設備，或是上述設備的更替。」（Authority 20 U.S.C 1401(1)）

「輔助性科技服務指任何直接幫助身心障礙孩童選擇、獲得，或是使用輔助性科技設備的行為。這個名詞包含：

(a)評量身心障礙孩童的需求，包括在孩童的自然環境中進行功能性評量。

(b)購買、租借，或是其他為身心障礙孩童取得輔助性科技設備的行為。

(c)選擇、設計、調整、訂製、改造、應用、維護、修理或更換輔助性科技設備。

(d)協調並運用輔助性科技設備於其他治療方式、介入方案或服務之中，例如：將輔助性科技和現存的教育與復健計畫或機構做結合。

(e)提供訓練或技術支援給身心障礙孩童，如果需要的話，也包含該孩童之家庭。

(f)提供訓練及技術支援給專業人員（包含提供教育與復健服務的人員）、雇主，或是其他提供服務、被僱用者，或是在該孩童生活中擔任不可或缺角色的重要人員。」（34 C.F.R. 300.6 輔助性科技服務）

依據 2004 年美國《身心障礙者教育促進法》（IDEIA）的規定，「個別化教育計畫」團隊皆必須考量學生的輔助科技設備和服務之需求評估，若學生有此需求，則必須列入學生的「個別化教育計畫」內容。我國特殊教育相關法規所載的「個別化教育計畫」內容，並沒有直接載明要納入輔助性科技設備和服務，然而依據我國 2024 年公告的《特殊教育學生及幼兒支持服務辦法》第 19 條所規範：「學校（園）提供……之支持服務，應於特殊教育學生及幼兒個別化教育計畫、個別輔導計畫或個別化支持計畫中載明。……」針對支持服務的內容，主要可依據此辦法第 8 條規定：

「學校（園）應依本法第三十八條第一項第一款規定，視身心障礙學生及幼兒教育需求，提供可改善其學習能力之教育及運動輔具服務。

前項教育輔具服務，包括視覺輔具、聽覺輔具、行動移位與擺位輔具、閱讀與書寫輔具、溝通輔具、電腦輔具及其他輔具之服務。

第一項所稱運動輔具服務，指身心障礙學生及幼兒參與學校（園）體育課程或活動，應提供運動參與所需之相關輔具，或調整運動設施、設備及器材服務。

亦即是我國《特殊教育學生及幼兒支持服務辦法》內容和美國《身心障礙者教育促進法》（IDEIA）的「輔助性科技服務」之意義大致相同。

綜合言之，可改善身心障礙學生學習能力的教育及運動輔具運用與訓練使用（含維護）之服務，皆是屬於身心障礙教育的輔助性科技與服務範疇，特殊教育相關人員皆有責任提供此服務給有需要的學生，同時必須列入學生每學期的「個別化教育計畫」、「個別輔導計畫」或「個別化支持計畫」之中；若參照我國在前述三種教育計畫的項目內容，身心障礙學生的輔助科技設備與服務，應該可以載明於內容項目二「學生所需特殊教育、相關服務及支持策略」之「學生所需支持策略」之中。

## 五、家長角色與學生本人參加「個別化教育計畫」會議的議題

美國對於「個別化教育計畫」之擬訂，明確訂出家長的參與過程與同意權之行使，1997 年以後的特殊教育法規，更強調與加重家長對其子女之特殊教育計畫的督導權限。我國的特殊教育法規對於「個別化教育計畫」，也一直重視家長的參與權。然而，比較我國三次《特殊教育法》全文修訂中，針對「個別化教育計畫」的家長參與規範也有重大改變。1997 年和 2009 年的規範都是用「學生家長」，但 2023 年則更改為「學生之法定代理人或實際照顧者」，此為本次修法非常值得肯定的變革，因其呼應了教育實務在執行邀請家長參加「個別化教育計畫」會議的困境。許多身心障礙學生的家長會有許多種可能，當法規要求「學生家長」出席會議和簽署同意「個別化教育計畫」內容文件時，學校卻可能聯繫不到此法定角色，因此「學生之法定代理人或實際照顧者」將有利於落實執行「個別化教育計畫」之家長角色的功能。

2023 年《特殊教育法》對於「個別化教育計畫」的另一項改變，乃是要求「身心障礙學生本人」參與其「個別化教育計畫」會議。此項新規定可能造成另一項值得探討的議題，原因是此項規定包含從幼兒園到高等教育的各類身心障礙學生，也就是從幼兒到大學生都包含在內。反觀美國的經驗，長期以來均在「個別化教育計畫」中明定「如果有需要且狀況許可，身心障礙學生本人亦可參加其個別化教育計畫會議參與訂定」，有些學區尤其鼓勵 16 歲以上的身心障礙學生參加自己的轉銜計畫討論。身心障礙學生參加自己的「個別化教育計畫」會議與討論，可屬於身心障礙學生

展現自我決策（self-determination）的能力與訓練活動之一。Serna（2022）指出，自我決策是指決定自己的人生命運，並能為自己的決定而努力付諸行動。自我決策通常包含四個關鍵能力：自主行動、自我管理行為、自我賦權、執行自我實現的能力，學生參加自己的「個別化教育計畫」的擬定，能強化學生做出符合個人最佳利益的抉擇能力，亦是特殊教育的長期努力目標（Wehmeyer、趙本強，2020）。

然而，美國關於青少年學生參加自己「個別化教育計畫」會議的研究仍非常有限。Kurth等人（2019）的研究發現，智能障礙青少年參加自己的「個別化教育計畫」成效尚不足以下定論；Hawbaker（2007）以及Mason等人（2002）的研究也發現，儘管大多數身心障礙學生會參加自己的「個別化教育計畫」會議，但實際上只有少數學生在會議中發揮自我倡議等教育成效。相關研究指出，學生通常缺乏對「個別化教育計畫」會議目的之了解，且未接受足夠的準備和支持，導致他們在會議中的參與度有限。因此，相關研究建議教師應提供適當的培訓和資源，方能幫助身心障礙學生有效參與自己的「個別化教育計畫」之擬定。

因應法規與學理的需求，美國對於上述議題相關研究的學生年齡都在14歲或16歲以上，針對此規範的實施仍尚有許多值得討論的議題。反觀我國的規範卻是從幼兒開始就要參加自己的「個別化教育計畫」會議，然而青少年以下學生在自己的「個別化教育計畫」會議可以發揮的成效為何？學校是否皆能進行學生參加會議前的訓練？尤其是重度多重障礙學生的實際參與可行性等，都值得研究與實務的密切關注。自我決策是身心障礙教育的核心目標，但無年齡差別一律要求學生本人要參加自己的「個別化教育計畫」會議，確實值得探討。因為「個別化教育計畫」從一開始執行即有家長代表學生參與會議的規範，青少年以下學生或是重度、極重度障礙學生的出席參加會議，但是其已經有法定代理人或實際照顧者出席參與，兩者之間的實質意義差別確實值得再探究。當學校實際執行上有明顯困難的結果，是否會演變成：學生本人無法出席，全權委由法定代理人或實際照顧者代理的現象？

綜合而言，「個別化教育計畫」乃是《特殊教育法》的核心，以保障身心障礙學生可以獲得個別化教育的權益。美國只有通過《身心障礙者教

育法》（IDEA）所定義的特殊教育學生，才能享有「個別化教育計畫」，美國校園中的身心障礙學生不等於特殊教育學生，特殊教育學生是需要特殊設計的課程與教學需求之學生，他們都因障礙而影響其在學校教育的學習成效，故需特殊教育教師、普通教育教師、相關專業人員等的介入協助。我國則是通過《特殊教育法》的鑑定標準之身心障礙學生，才能享有「個別化教育計畫」，特殊教育團隊將提供調整普通教育課程或特殊需求領域的課程與教學，此即是「個別化教育計畫」的主要內容。

從《特殊教育法》到「個別化教育計畫」的觀點論述，另一個學校體系會出現的混淆現象，即是特殊教育行政主管機關會期待或要求學校，對疑似某一類別的身心障礙學生提供特殊教育服務，包含課程教學與輔導等，然而許多第一線特殊教育教師所面臨的問題是：對疑似某一類別的身心障礙學生要不要擬定「個別化教育計畫」？從適法性而言，疑似身心障礙學生並無法適用於《特殊教育法》的所有保障權益，所以特殊教育團隊依法就不需為其擬定「個別化教育計畫」。我們為了實現對身心障礙學生實施個別化教育的理想，所以制定了《特殊教育法》，其中再透過對「個別化教育計畫」的實施，期待每一位身心障礙學生都可以滿足其學習上的獨特需求，這是一個邏輯關係。然而，長期以來，我國的學校校園中似乎會出現著不需要「個別化教育計畫」的身心障礙學生，或是需要或已經具有「個別化教育計畫」的疑似身心障礙學生。以適法性而言，這些亂象確實是值得深思和以研究進行探討的議題。

多年來，我國推行「個別化教育計畫」面臨的挑戰與待解決的議題一直被討論與研究（林金瑩，2015；林晨華，2015），以上針對「個別化教育計畫」的相關問題探討，或許凸顯出我國推行「個別化教育計畫」的挑戰與需要解決的議題。然而可喜的是，我們仍可以借鏡參考美國施行了四十多年的豐富經驗，美國《身心障礙者教育促進法》（IDEIA）和「個別化教育計畫」之各項規範，自有其社會文化背景與教育體制等因素之獨特性；因此，我國在推行「個別化教育計畫」之際，也必須逐漸建構出以我國的特殊教育課程模式和學校教學實務為導向之「個別化教育計畫」，植基於我國國情和教育體制特性的基礎，發展出適合我國文化教育體制的「個別化教育計畫」模式，以達到發揮適合個體獨特特殊教育需求之適性教育的精髓。

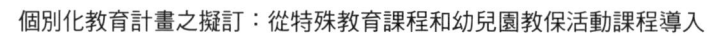

# 第四章

# 普通教育、特殊教育課程與「個別化教育計畫」

---

### ・重點提要・

1. 課程的定義和分類為何？
2. 臺灣普通教育課程綱要的重要轉變為何？
3. 臺灣特殊教育課程綱要的重要轉變為何？
4. 「十二年國民基本教育課程綱要」針對特殊教育的重要規範為何？
5. 調整普通教育課程與差異化教學的異同為何？
6. 「個別化教育計畫」和調整普通教育課程／差異化教學的關係為何？
7. 「個別化教育計畫」和學校／幼兒園課程計畫的關係為何？
8. 特殊教育課程實施規範和「個別化教育計畫」的內容有何關係？

個別化教育計畫之擬訂：從特殊教育課程和幼兒園教保活動課程導入

「個別化教育計畫」是特殊教育團隊因應身心障礙學生特殊教育需求，所擬訂的特殊教育課程與教學或行為輔導的計畫，其內容也因此必須結合特殊教育的課程規劃此一實務，這也是所有的教育工作者都必須面對的兩個專業課題，即是：「我要教給學生什麼？」接下來是「我要如何教會學生這些內容？」第一個課題：教師教導給學生的內容即稱之為「課程」（what to teach），最常見的課程常以正式課程內容和教學目標之方式呈現；第二個課題：教師如何教導這些內容，也就是所謂的「教學」（how to teach）的歷程（施良方，1997；Algozzine & Ysseldyke, 2006; Wiles et al., 2002），通常我們可以將教學歷程區分為教學前、教學中和教學後三個階段（Ysseldyke, 2001）。特殊教育和普通教育在教育的實施上有一項最大的差別，即是普通教育基本上是以整體班級學生的需求做教學計畫，而特殊教育對身心障礙學生都會有「個別化教育計畫」，它是針對每一位身心障礙學生的特殊教育需求，在「教學前」擬訂的教育目標計畫，以及在「教學後」對教育計畫的成效進行檢核和評估之管理機制，所以「個別化教育計畫」基本上並不涉及「教學中」的教學實施過程。

本章將以普通教育和特殊教育正式課程的演變、身心障礙教育的課程發展、特殊教育課程調整與差異化教學的演變，以及分析差異化教學、普通教育課程調整、學校／幼兒園課程計畫與「個別化教育計畫」四者的關係，來解析特殊教育課程實施和「個別化教育計畫」之前後相依關係，以協助教師了解「個別化教育計畫」乃和特殊教育課程息息相關，它和實際的差異化教學活動密不可分，同時分析學校／幼兒園課程計畫和「個別化教育計畫」的關係，以及如何運用我國現行特殊教育課程實施，以擬訂學生的「個別化教育計畫」之教育目標。

## 第一節　我國高級中等以下學校普通教育和特殊教育正式課程的演變

本節將探討「課程」的定義和分類，以及其在不同層級的差異，接下來說明自 1960 年代至今，臺灣普通教育和特殊教育的正式課程演變歷程，以闡述特殊教育和普通教育課程由分流走向合流的歷史淵源。

## 一、課程的定義和內容

課程（curriculum）一詞乃來自於拉丁文「currere」，意指奔跑或跑馬場，引申為學習的進程或軌道，也就是現今大家更常用的定義：教學的內容（what to teach）。課程的定義隨著不同時代的變遷，或是不同學者的論述，長久以來呈現出下列的多種詮釋（McCormick, 1995）：課程即科目、課程即有計畫的教學活動、課程即預期的學習成果、課程即學習者欲學會的經驗、課程要傳遞基本或永恆的知識、課程即是為學習者設計之學習機會、課程即是學習者適應未來成人生活的目標與成果、課程即是社會改造的方式等（歐用生，1993；羅厚輝，2002；Lau, 2001; Nolet & McLaughlin, 2000）。亦即，課程的狹義定義包含：教學的內容、傳遞的知識和技能、教學的目標、學習者的經驗、學習的成果等；而廣義定義課程時，課程會涵蓋教學的歷程：有計畫的教學活動、為學習者設計之學習機會等，更有以目的論及課程為達成社會改造的方式。也就是說，課程可以有其多元的定義，端視研究者或教育工作者從哪一個角度欲探討或運用課程此議題（歐用生，1993；Nolet & McLaughlin, 2000）。

隨著課程定義的多元化，課程也會和下列議題產生密切關聯，有時甚至會產生混淆概念，例如：課程領域（area）或科目（subject、course）、學習方案或學程（program）、學習經驗（experience）、教科書（textbook）、教學單元（unit）或一節課（lesson）、教學單元主題、教材內容（teaching materials）和教學活動等。事實上，課程領域、科目、學習方案、學程或學習經驗偏屬於某一個完整課程的名稱，教學單元、教學單元主題和教學活動則用以敘述完成課程的歷程規劃，教科書和教材內容屬於完成一個課程所使用的材料。整體而言，上述大家習慣使用的概念或用詞確實屬於「課程」此一概念的大傘之下，但是為了達成相互的溝通和確立明確的目標，教育工作者或研究者宜確實掌握其欲達成的課程之目的。

依據 J. Goodlad 對課程的分類，課程可以區分成五種範疇，分別是：意識型態型課程（ideological curriculum）、正式型課程（formal curriculum）、知覺型課程（perceived curriculum）、運作型課程（operational curriculum），以及經驗型課程（experience curriculum）（歐用生，1993），不

同範疇的課程各自有其課程的定義。Nolet 與 McLaughlin（2000）將課程分為三種類型：目標的課程（intended curriculum）、教導的課程（taught curriculum）、學習的課程（learned curriculum）。「目標的課程」通常是由政府部門所公告，有正式文件做為學校實施教學的依據；「教導的課程」則是指目標課程的實際運作，亦即是在學校教室內每天在進行的教學活動和教材等；「學習的課程」則是指從目標的課程設定到教導的課程運作之後，學生在學校的所學成果，此成果通常包含知識、技能和態度。基本上，各國政府的教育部門所規劃和採用的即是屬於「正式型課程」，或是所謂的明確之「目標的課程」。

各國對於其所採用的正式課程，皆有其教育理論的基礎，且會不斷修正其正式課程的模式與內容。Wiles 與 Bondi（2002/2003）即呈現美國學者所提出之三種不同層級課程目標的特徵和形成方式（如表 4-1 所示），該表呈現之三種層次的課程目標，若依據此區分方式確實可以清楚呈現三種課程目標的關係。表 4-2 則對照表 4-1 整理出臺灣三種層次的課程目標，我國目前所實施的教育部頒布之「十二年國民基本教育課程綱要」，類似於美國由各州╱學區層級或學校董事會層級所制定之中央層級的課程目標，第二層次則是美國和我國皆相似，屬於各個學校自主性所制定的校訂課程，第三層次的課程目標，即為所有教師皆會觸及的教室內所舉行的各領域╱科目之教學目標。

表 4-1 美國三種層次的課程目標

| 層次 | 類型 | 特徵 | 主導者 |
|---|---|---|---|
| 第一層次 | 廣泛的目標或目的。 | 不常修訂。 | 由各州╱學區層級或學校董事會制定。 |
| 第二層次 | 比第一層次較具一般性，且更明確。 | 包含實踐第一層次目標的過程綱要。 | 由學校或各部門層級制定。 |
| 第三層次 | 學生具體學習行為的敘述。 | 描述對學生學習後的期望結果，評估結果的證據，表現的層次。 | 由教師團隊或個別教師制定。 |

註：引自 Wiles 與 Bondi（2002/2003, p. 142）。

表 4-2 臺灣三種層次的課程目標

| 層次 | 類型 | 特徵 | 主導者與內容 |
| --- | --- | --- | --- |
| 第一層次 | 廣泛的目標或目的。 | 不常修訂。 | 教育部頒定課程綱要總綱和各領域／科目的課程綱要之<u>學習重點</u>（學習內容＋學習表現）。 |
| 第二層次 | 比第一層次較具一般性，且更明確。 | 包含實踐第一層次目標的過程綱要。 | 教育部授權各級學校自訂的「校訂課程」。 |
| 第三層次 | 學生具體學習行為的敘述。 | 描述對學生學習後的期望結果、評估結果的證據、表現的層次。 | 教師依據<u>學習重點和學生現況</u>所設計之各領域／科目的教學目標，包含內容、評量方式、通過標準。 |

註：引自 Wiles 與 Bondi（2002/2003, p. 142）。

　　以第一層次的國民基本教育之課程目標訂定者而言，臺灣屬於由國家統一制定國民基本教育課程綱要的中央模式，國立學校和各縣市政府所屬的各級學校都必須共同遵守和實施；而美國的聯邦政府並未制定各州必須共同遵守的國民基本教育課程綱要，所以美國的國民基本教育課程綱要的最高單位是各州政府，各州政府也可授權由其轄屬各學區做決定；所以就高級中等以下學校所採用的課程來說，美國基本上是來自各州學區層級的會議或學校董事會，而臺灣則來自於教育部所頒布的課程綱要。

　　以第二層次的國民基本教育之課程目標制定者而言，美國的學校層級要直接自主承擔課程目標的責任，但是臺灣的各級學校仍需要遵守教育部頒布的課程綱要，以「十二年國民基本教育課程綱要」而言，即是「部定課程」的各領域／科目的課程綱要內容，以及各級學校對課程實施自主性的「校訂課程」：在國民中小學階段是「彈性學習課程」，在高級中等學校階段是「校定必修課程」、「選修課程」、「團體活動時間」和「彈性

學習時間」。由此可見，臺灣在中央規範的國民基本學力的課程基礎之下，仍然讓各學校有因應個別差異和願景，以及強化其學生適性發展的課程。

## 二、臺灣普通教育一至十二年級正式課程的演變

臺灣在普通教育的正式課程發展上，若從 1967 年政府開始積極籌畫的九年國民教育而論，1968 年教育部首先發布「國民小學暫行課程標準」和「國民中學暫行課程標準」，接著 1972 年先公告「國民中學課程標準」，1975 年再公告「國民小學課程標準」（劉俊庚，邱美虹，2012a，2012b）。1982 年修正公布「強迫入學條例」，使臺灣正式進入九年國民義務教育的新里程。此後因應九年一貫教育制度的實施，1996 年公告「國民中小學九年一貫課程綱要總綱」，確立七大學習領域名稱及課程架構，並決定以四年為期，自 2001 年的新學年度開始，逐步實施銜接整合一至九年級的九年一貫課程，2003 年教育部公告實施「國民中小學九年一貫課程綱要」。高中和高職部分，對應九年一貫國民教育課程的實施，高級職業學校之「職業學校群科課程綱要」於 2005 年先行公告，2006 年則公告「普通高級中學課程暫行綱要」，2010 年再正式公告「普通高級中學課程綱要」。

2000 年以前，我國國民教育階段的課程是依「課程標準」方式實施，九年一貫課程公告以後，則以「課程綱要」取代了課程標準的設計。課程標準傾向將課程定義為學生學習的學科或科目，課程綱要則傾向將課程定義為學生的學習經驗加上部分的學科或科目特徵；課程標準通常採用由上（中央行政、學術、專家等）而下（學校、教師等）的模式形成，著重學術導向的學科科目和內容的制定，課程綱要則通常會重視執行層面的意見，例如：學校本位課程的發展、教師與學生的參與等，再提供中央行政、學術、專家等的意見作為課程研發的參考；課程綱要重視學習者的動機、學習特質、個別差異、學習環境，以及全方位學習設計等因素（黃顯華、徐慧璇，2006）。從課程標準到課程綱要是我國國家層級課程決策的重要變革，此變革確實適時反映人類知識體系的快速發展和社會日趨多元

化的需求,因應國家發展之需求以及對社會期待的回應。此一課程發展的變革不僅降低教育部對國民教育階段課程實施的規範與限制、鬆綁教科書的編輯,並且給予學校和教師在課程實施上的較大自主性。

晚近,因應十二年國民基本教育之實施,教育部於 2014 年發布「十二年國民基本教育課程綱要總綱」,以整合連貫高級中等以下學校課程(教育部國民中小學課程與教學資源整合平臺,2019)。經過多年的課程研發和試行,2019 年教育部正式公告實施各領域/科目的「十二年國民基本教育課程綱要」。目前,我國的課程綱要乃包含總綱和各領域/科目的課程綱要兩部分,此兩部分的相屬關係,如何將課程的核心素養轉化發展成各領域科目的教學重點,乃如圖 4-1 所示。

在教育部 2003 年公告的「國民中小學九年一貫課程綱要」中,為了落實課程鬆綁以及各級學校在課程實施上的責任,首次在我國的正式課程綱要中,出現「學校課程計畫」一詞。此理念的運作乃出現於「國民中小學九年一貫課程綱要總綱」之「實施要點」的「課程實施」之「課程計畫」,學校課程計畫主要包含:(1)學校課程發展委員會應充分考量學校條件、社區特性、家長期望、學生需要等相關因素,結合全體教師及社區資源,發展學校本位課程,並審慎規劃全校課程計畫;(2)學校課程計畫應含

圖 4-1 十二年國民基本教育課程之總綱與課程綱要之關係

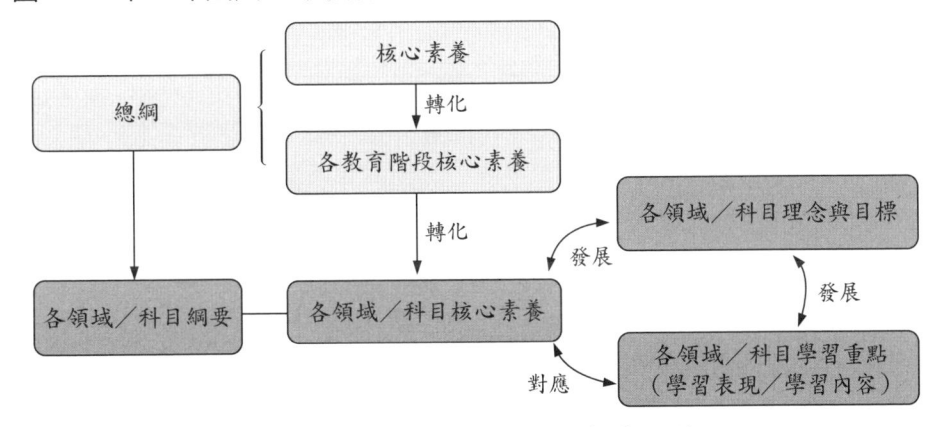

註:引自教育部國民中小學課程與教學資源整合平臺(2019)。

各領域課程計畫及彈性學習節數課程計畫,內容包含:「學年/學期學習目標、能力指標、對應能力指標之單元名稱、節數、評量方式、備註」等相關項目;(3)有關性別平等、環境、資訊、家政、人權、生涯發展、海洋等七大議題如何融入各領域課程教學,應於課程計畫中妥善規劃;(4)各校應於學年度開學前,將學校課程計畫送所屬主管教育行政機關備查,若學校確有需要,得於第二學期開學前報請修正調整,並於開學二週內將班級教學活動之內容與規劃告知家長。

此外,為了執行學校對於課程綱要的運作,「國民中小學九年一貫課程綱要總綱」之「實施要點」的「課程實施」之「組織」中要求:各校應成立「課程發展委員會」,下設「各學習領域課程小組」,於學期上課前完成學校課程計畫之規劃,決定各年級各學習領域學習節數,審查自編教科用書及設計教學主題與教學活動,並負責課程與教學評鑑。簡言之,學校必須依照各縣市主管教育行政機關的規定,在規定時程內完成全校的課程規劃,而其主責單位即為各校的「各學習領域課程小組」及全校性的「課程發展委員會」。

高中職階段的學校課程計畫之實施,則是依據教育部 2008 年公告的「普通高級中學課程綱要總綱」之「實施通則」規定:普通高級中學課程設計宜給予學校適當之自主性,由各校組織課程發展委員會,依學校經營理念自行規劃學校課程計畫、安排選修課程、審查教師自編教科用書與實施課程評鑑。各校應於學年度開學前,將學校課程計畫送所屬主管教育行政機關備查。教育部為協助各校擬訂「高中新課程學校計畫書」之撰寫,並發展各項計畫書審查之配套措施,期能於 99 學年度順利實施高中新課程,特訂定一項「全國高級中等學校課程計畫平臺」的建置專案計畫;高級職業學校則是以「群科課程資訊網」的網路平臺運作,以協助全國各高級中等學校的學校計畫書之網路申報和審查作業。

爾後,2014 年公告的「十二年國民基本教育課程綱要總綱」,仍延續學校課程計畫的規劃和審查機制,且更整體性的明確規範國小、國中和高中階段針對學校課程計畫的內容和程序,其主要載明於「十二年國民基本教育課程綱要總綱」之「實施要點」的「課程發展」之「課程設計與發展」第 5 項(內容)和第 6 項(程序)。第 5 項為:學校課程計畫至少包含

總體架構、彈性學習及校訂課程規劃（含特色課程）、各領域／群科／學程／科目之教學重點、評量方式及進度等。在遵照教學正常化規範下，得彈性調整進行跨領域的統整及協同教學。第6項為：學校課程計畫應由學校課程發展委員會通過後，於開學前陳報各該主管機關備查，並運用書面或網站等多元管道向學生與家長說明。為有利於學生選校參考，高級中等學校應於該年度新生入學半年前完成課程計畫備查與公告說明。

依據上述「十二年國民基本教育課程綱要總綱」之「實施要點」規定，設計完成學校課程計畫儼然已是現今學校和教師之必要職責。2018年，教育部為協助直轄市、縣（市）政府落實國民中學及國民小學的國民中小學課程計畫報請備查作業，促進課程實施成效，特訂定「國民中學及國民小學課程計畫備查作業參考原則」。至此，我國高級中等以下學校需完成學校課程計畫乃走入更明確的法制化層次。

依據「國民中學及國民小學課程計畫備查作業參考原則」，學校課程計畫備查的「必備項目」共有四個部分：學校課程總體架構、部定課程之領域／科目課程計畫、校訂課程之彈性學習課程計畫，以及附件，分述如下：

1. 學校課程總體架構，包含：(1)現況與背景分析；(2)學校課程願景；(3)課程架構：①各年級各領域／科目及各彈性學習課程名稱與節數一覽表；②法律規定教育議題實施規劃；③學生畢業考後或國中會考後至畢業前課程活動之規劃安排；(4)課程實施與評鑑規劃：①課程實施說明；②課程評鑑規劃。

2. 領域／科目課程計畫（部定課程），包含：(5)各年級各領域／科目課程計畫：①各年級課程目標或核心素養；②各單元／主題名稱與教學重點；③教學進度；④評量方式；⑤融入之議題內容重點；⑥選用教科書或自編教材一覽表；⑦跨領域／科目統整課程計畫及協同教學規劃。

3. 彈性學習課程計畫（校訂課程），包含：(6)各年級各彈性學習課程計畫：①各年級彈性學習課程目標或核心素養；②各單元／主題名稱與教學重點；③教學進度；④評量方式；⑤融入之議題內容重點；⑥選用教科書／自編教材一覽表；⑦各年級各彈性學習課程師

資安排。

4. 附件，包含：(7)附件：①學校課程發展委員會組織要點與本課程計畫之課程發展委員會決議紀錄；②學生在同一學習階段使用不同版本之銜接計畫；③全校教師授課節數一覽表；④課程評鑑計畫及相關表格與工具；⑤全校學生每日作息時間表；⑥學校年度重大活動行事曆；⑦學校社區資源特色調查與運用一覽表；⑧前一學年課程計畫實施情形及其效果檢討；⑨校長及教師公開授課實施計畫。

教育部國民及學前教育署對於高級中等學校的學校課程計畫之申報和審查，則是建置了「全國高級中等學校課程計畫平臺」，全國的普通型高中、技術型高中、綜合型高中、進修部、實用技能學程和單科型高中之六種類型高中，仍持續執行學校課程計畫的規劃和申報審查作業，且皆需於該年度新生入學半年前完成課程計畫備查與公告說明，以提供國中畢業學生和家長做為高中之升學選校的參考。

綜言之，隨著社會文化的變遷，「國民中小學九年一貫課程綱要」（以下簡稱「九年一貫課程綱要」）乃屬於我國新一波的課程改革措施，強調課程鬆綁與民主的運作機制，以課程綱要取代了課程標準，課程綱要的形成歷程也重視由下（學校端）到上（教育部）的互動和溝通、學校本位課程和學校課程計畫等，即是具體由學校自主課程規劃的落實。當普通教育與特殊教育課程實施分軌並行時，特殊教育往往不會注意和遵循普通教育的課程實施規範，但是 2014 年公告的「十二年國民基本教育課程綱要總綱」，乃是將我國普通教育和特殊教育的課程合流統整規範，也就是從此開始，臺灣的特殊教育課程實施，乃必須遵行共同的國民基本教育課程綱要規範。

## 三、臺灣普通教育幼兒園正式課程的演變

我國 2022 年修正公布的《幼兒教育及照顧法》提到，幼兒園乃招收「二歲以上至入國民小學前之人」（第 3 條），而依據該法第 12 條：

「教保服務內容如下：

一、提供生理、心理及社會需求滿足之相關服務。
二、提供健康飲食、衛生保健安全之相關服務及教育。
三、提供適宜發展之環境及學習活動。
四、提供增進身體動作、語文、認知、美感、情緒發展與人際互動等發展能力與培養基本生活能力、良好生活習慣及積極學習態度之學習活動。
五、記錄生活與成長及發展與學習活動過程。
六、舉辦促進親子關係之活動。
七、其他有利於幼兒發展之相關服務。……」

幼兒園的教保服務內容可反映在其提供給幼兒的課程或活動。我國的普通教育幼教課程源起於1929年國民政府時期的「幼稚園課程標準」，其成為1950至2000年間臺灣幼教課程實施的依據。2012年公布實施的「幼兒園教保活動課程暫行大綱」取代了「幼稚園課程標準」，2016年底公告「幼兒園教保活動課程大綱」，至此成為幼兒園教育遵循的課程規範（翁麗芳，2017）。

「幼兒園教保活動課程大綱」的內涵以個體與生活環境互動為基礎，以形塑幼兒心智為核心，同時考量幼兒的全人發展及其所處文化環境的價值體系。幼兒教育是各教育階段的基礎，幼兒園教保服務透過與家庭及社區的密切配合，旨在達成以下九項總目標：維護幼兒身心健康、養成幼兒良好習慣、豐富幼兒生活經驗、增進幼兒倫理觀念、培養幼兒合群習性、拓展幼兒美感經驗、發展幼兒創意思維、建構幼兒文化認同、啟發幼兒關懷環境（教育部，2016，頁3）。

「幼兒園教保活動課程大綱」共規劃六個學習領域：身體動作與健康、認知、語文、社會、情緒、美感，各領域有其領域目標、課程目標、學習指標，以做為幼兒園規劃幼兒學習課程與活動的依據。六大學習領域並非以獨立學科方式劃分，而是相互交錯、彼此關聯，實施時宜採統整方式進行教學。幼兒園的課程規劃預期透過六大領域的學習內容互相串聯，以統整培養出幼兒發展的六大核心素養（教育部，2016，頁6）：

1.覺知辨識：運用感官，知覺自己及生活環境的訊息，並理解訊息及

其間的關係。
2. 表達溝通：運用各種符號表達個人的感受，並傾聽和分享不同的見解與訊息。
3. 關懷合作：願意關心與接納自己、他人、環境和文化，並願意與他人協商，建立共識，解決問題。
4. 推理賞析：運用舊經驗和既有知識，分析、整合及預測訊息，並以喜愛的心情欣賞自己和他人的表現。
5. 想像創造：以創新的精神和多樣的方式表達對生活環境中人事物的感受。
6. 自主管理：根據規範覺察與調整自己的行動。

為了協助教保服務人員了解與實踐幼兒園的課程與教學，教育部乃於2014至2016年成立研編小組發展《幼兒園教保活動課程手冊》（幸曼玲等人，2018a，2018b）。依據此手冊，幼兒園課程規劃的流程，包含學期開始前、學期中、學期結束期間等三個階段。學期開始前以擬定各種課程計畫為主；學期中定期進行「教學評量」及書寫「教學省思」，檢視課程目標與學習指標的涵蓋性，並彈性調整課程；學期結束期間則進行「幼兒學習評量」，以評估幼兒的學習情況，並規劃下一學期課程，同時檢視「年度計畫」與課程大綱的切合度。幼兒園的教學模式與取向一向具有多元性，各園可依據其所選取的教育理論，規劃出以下五種不同性質的課程計畫（如圖4-2所示）：

1. 全園性課程計畫：考量幼兒畢業時應具備的能力。
2. 年度計畫：依分齡學習指標規劃該年齡幼兒一學年的學習內容。
3. 學期計畫：擬訂各學期各年齡層幼兒的學習內容，包括例行性活動、多元學習活動和全園性活動。
4. 主題計畫：透過引導學習主題內涵，培養幼兒能力，包括主題、主要概念、活動與學習指標關聯。
5. 活動計畫：單一活動的環境規劃、資源準備、學習指標運用與活動設計，需重視幼兒現有的經驗及引導過程。

幼兒園課程的實施原則計有：生活化（從幼兒的生活經驗出發）、主動學習（鼓勵幼兒透過遊戲、操作與探究進行學習）、多元文化與公平教

## 圖 4-2　幼兒園課程發展流程

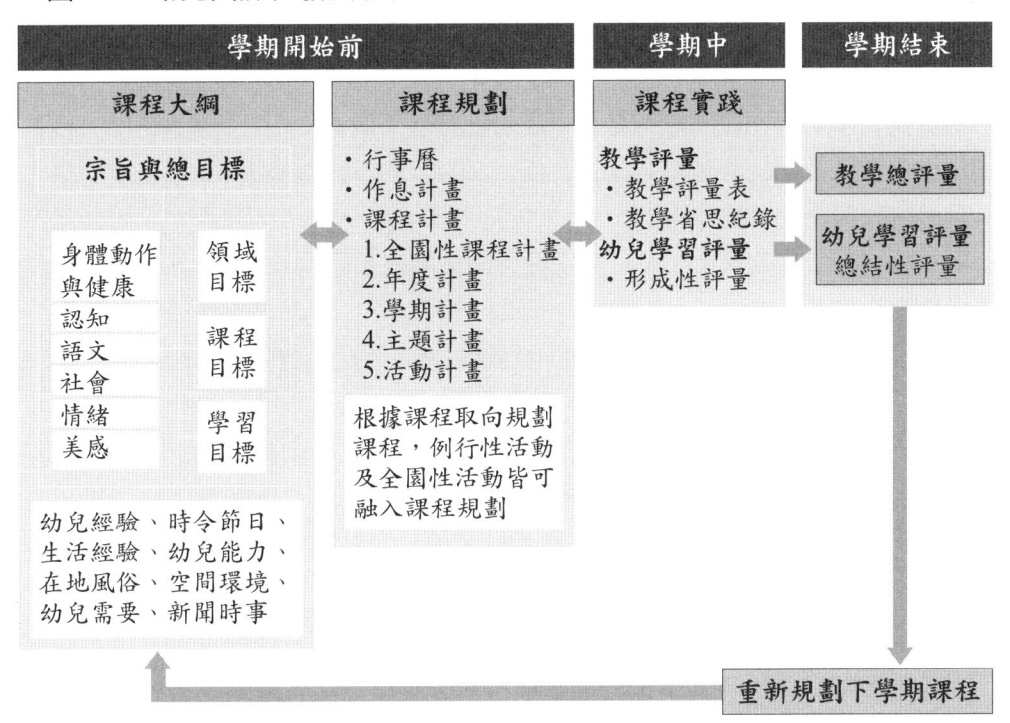

| 學期開始前 | | 學期中 | 學期結束 |
|---|---|---|---|
| **課程大綱**<br>宗旨與總目標<br><br>身體動作與健康　領域目標<br>認知<br>語文　　　　　課程目標<br>社會<br>情緒　　　　　學習目標<br>美感<br><br>幼兒經驗、時令節日、生活經驗、幼兒能力、在地風俗、空間環境、幼兒需要、新聞時事 | **課程規劃**<br>・行事曆<br>・作息計畫<br>・課程計畫<br>　1.全園性課程計畫<br>　2.年度計畫<br>　3.學期計畫<br>　4.主題計畫<br>　5.活動計畫<br><br>根據課程取向規劃課程，例行性活動及全園性活動皆可融入課程規劃 | **課程實踐**<br>教學評量<br>・教學評量表<br>・教學省思紀錄<br>幼兒學習評量<br>・形成性評量 | 教學總評量<br><br>幼兒學習評量<br>總結性評量 |

重新規劃下學期課程

註：引自幸曼玲等人（2018b，頁 18）。

育（尊重族群、性別與個別差異，促進教育機會均等）、與家長及社區合作（建立學校、家庭與社區合作的支持系統）等。「幼兒園教保活動課程大綱」鼓勵教師根據幼兒的興趣與生活經驗設計課程規劃，而非僅是過去較著重的活動設計，以「課程」的概念來看待幼兒在幼兒園的各種學習行為。教師需從「教導者」轉變為「引導者」，鼓勵幼兒培養主動探索與合作學習的能力，有助於提升教保服務人員的教學專業化與課程一致性，並能更有結構性的進行教學活動設計（教育部，2016；鄭麗華，2018）。

綜合言之，幼兒園教保活動課程計畫是一個以幼兒為中心，根據課程目標與學習指標編擬的學生學習之藍圖，涵蓋幼兒全日生活並以統整方式實施。計畫內容需考量幼兒的年齡、經驗、個別需求、發展狀態，教材選擇應來自幼兒的生活環境，教學過程應納入多元文化與性別平等議題。教

學前擬定的課程計畫應包含幼兒園本位課程、年度計畫、學期計畫、主題及活動計畫,並規劃支持幼兒探索和遊戲的動態學習情境。

我國的《特殊教育法》總共有三次的全文修訂,2023 年的修訂是第一次於條文中明定幼兒園應為身心障礙幼兒訂定「個別化教育計畫」。以 113 年度《特殊教育統計年報》(教育部,2024)的資料為例,112 學年度的學前教育階段身心障礙學生共計 30,700 人,其中有 99.28%的學生在一般幼兒園或機構接受特殊教育服務,特殊教育學校的學生僅占 0.72%,而在一般幼兒園又以接受特殊教育巡迴輔導占 84.47%為最多,在普通班接受特殊教育服務的學生占 7.90%次之;亦即在 112 學年度,我國的學前身心障礙幼兒乃有 92.37%在融合教育的普通教育班級內接受特殊教育服務,他們所接受的課程與教學皆與非身心障礙同儕的「幼兒園教保活動課程大綱」相同;針對身心障礙幼兒的特殊教育需求,教保服務人員仍需要在教學前訂定學生的「個別化教育計畫」,以課程調整和差異化教學落實身心障礙幼兒的適性教育。

幼兒園的教保服務人員須於每學期開學前針對所有學生擬定五種不同類型的課程計畫,並依分齡學習指標規劃該年齡幼兒一學年學習內容的年度計畫,以及各年齡層幼兒各學期將學習內容的學期計畫,此乃與《特殊教育法施行細則》第 10 條所提到的「個別化教育計畫」內容「學年與學期教育目標、達成學期教育目標之評量方式、日期及標準」之理念相同,唯一的差別是幼兒園課程計畫是以該年齡層幼兒和全班學生做考量設計,而「個別化教育計畫」則是以某位身心障礙學生的獨特教育需求做考量。今日在融合教育的學習環境之下,教保服務人員可以在以全體學生考量的年度計畫和學期計畫架構下,依據學生的特殊教育需求進行課程調整之後,擬定其班級中身心障礙幼兒的「個別化教育計畫」之學年和學期教育目標。

## 四、臺灣特殊教育正式課程的演變

臺灣特殊教育正式課程的演變,若自 1891 年臺灣成立第一所特殊教育學校——臺南盲聾學校觀之,臺灣的特殊教育與普通教育則長期屬於雙軌

第四章　普通教育、特殊教育課程與「個別化教育計畫」

分流制度,也因此過去教育部發展與公告之普通教育課程綱要,並未納入身心障礙學生的學習需求考量和適用性,亦即是在教育部(1972)公告的「國民中學課程標準」和教育部(1975)公告的「國民小學課程標準」,都未包含身心障礙學生的適用考量。然而,基於特殊教育領域對於身心障礙學生的課程與教學,亦期待教育部能有明確的課程目標和內容架構,以利教育實務工作者可以有所依循,因此在公告普通教育的國民小學和國民中學課程標準的十六年之後,教育部(1988)首先公告「啟智學校(班)課程綱要」,1999年之後又陸續公告適用於智能障礙、視覺障礙、肢體障礙和聽覺障礙學生的課程綱要。

相較於普通教育的正式課程發展歷程,特殊教育的課程發展時程較慢,優點是特殊教育的課程發展並未經過「課程標準」的階段,而是直接以「課程綱要」的原則發展和規劃課程,亦即是著重某一身心障礙類別學生的身心特質、差異性和教育需求而設計課程,發展過程亦邀請實務現場教育工作者和學者的參與,也重視現場教師們的意見,以確實符合課程綱要的課程發展理念(教育部,1988)。

整體而言,臺灣特殊教育正式課程的演變可以區分為四個階段:

第一個階段為1980～1990年:1988年,我國最早公告當時身心障礙人數最多的「啟智學校(班)課程綱要」,這是我國最早期從智能障礙學生的安置場所做為規劃課程的思維。

第二個階段為1991～2001年:教育部(1999)修訂公告「特殊教育學校(班)國民教育階段智能障礙類課程綱要」,教育部(2000a)公告「特殊教育學校(班)國民、學前教育階段視覺障礙類課程綱要」,教育部(2000b)公告「特殊教育學校(班)國民教育階段肢體障礙類課程綱要」,教育部(2001a)公告「特殊教育學校(班)國民教育階段聽覺障礙類課程綱要」。顯見,此一時期我國身心障礙教育的課程發展,乃以智能障礙和感官障礙類別學生之學習特質為主軸而發展課程,其他障礙類別學生的課程綱要仍未見定論。此一時期,身心障礙學生也逐漸可以順利升學高中職學校,高中職階段的特殊教育課程綱要,首先公告的是適用智能障礙學生為主的「高級中等學校特殊教育班職業學程課程綱要」(教育部,2000c),再陸續公告「特殊教育學校(班)高中職教育階段視覺障礙類課

117

程綱要」（教育部，2000d）和「特殊教育學校（班）高中職教育階段肢體障礙類課程綱要」（教育部，2000e），最後則是教育部（2001b）公告「特殊教育學校（班）高中職教育階段聽覺障礙類課程綱要」。

第三個階段為 2002～2010 年：此一階段的特殊教育課程發展，乃呼應普通教育九年一貫課程發展的趨勢，已經導向融入普通教育課程的發展，所以在教育部（1998）公告「九年一貫課程綱要總綱」之後，教育部（2008a）也公告「國民教育階段特殊教育課程綱要總綱」、「高中教育階段特殊教育課程綱要總綱」（教育部，2008b）和「高職教育階段特殊教育課程綱要總綱」（教育部，2008c），此一時期的課程發展乃朝向不論學生的障礙類別，而是以學生的認知功能區分的課程設計。如此的課程規劃一方面反映教育現場的身心障礙學生安置乃以「不分類」為主，另一方面亦可呼應學界和教育現場對於某些障礙類別學生一直沒有課程綱要的質疑，例如：身心障礙學生出現率較高的學習障礙或是自閉症等。

長期以來，臺灣身心障礙學生的正式課程呈現著與普通教育分流，以不同身心障礙類別學生的需求，而形成學生單一障礙需求考量的課程綱要，例如：智能障礙、肢體障礙、聽覺障礙等，然而隨著融合教育的發展趨勢，特殊教育課程也必須呼應著普通教育課程的發展趨勢。因此，當普通教育開始實施各領域的「九年一貫課程綱要」（教育部，2003）時，身心障礙學生的課程綱要也因此朝向九年一貫性的整合發展，並且不再區分類別，以反映我國融合教育的高度發展，以及不分類特殊教育班的教育現場需求。教育部（2008a）公告的「國民教育階段特殊教育課程綱要總綱」，特殊教育的課程朝向調整普通教育「九年一貫課程綱要」的模式，適用對象不再依照學生的單一障礙類別考量學生的學習目標與內容，而是依照跨障礙類別之學生的認知學習能力，主要區分為三類：認知功能無缺損之學生、認知功能輕度缺損之學生，以及認知功能嚴重缺損之學生。此特殊教育課程綱要除了依循九年一貫課程所規劃的語文、健康與體育、社會、藝術與人文、數學、自然與生活科技、綜合活動等七大學習領域外，並根據特殊需求學生的個別差異與特殊需求，多增加了特殊需求領域課程；亦即是國中小階段的特殊教育課程分成八大學習領域，以利身心障礙學生可以學習調整後的普通教育七大領域課程外，還可以有滿足其獨特需

求的特殊需求領域之學習內涵，包含：「職業教育」、「學習策略」、「自我管理」、「社會技巧」、「情緒管理」、「定向行動」、「點字」、「溝通訓練」、「機能訓練」、「輔具應用」等科目，而以抽離排課方式進行的語文、數學、社會、自然領域之教學，則不屬於特殊需求領域課程。同年度教育部（2008b）所公告的「高中教育階段特殊教育課程綱要總綱」和「高職教育階段特殊教育課程綱要總綱」（教育部，2008c），亦即是高中和高職階段也如國民教育階段特殊教育課程的發展和設計模式。臺灣身心障礙學生的課程發展行至此時，完全走向了普通教育與特殊教育課程的融合，身心障礙學生除了可以學習適合其學習能力的普通教育課程，又有符合其特殊教育需求的獨立課程（特殊需求領域課程），可謂達到課程零拒絕的階段。

　　第四個階段為 2011～2020 年：2011～2013 年全國的特殊教育學校／班皆試行「特殊教育課程大綱」，教育部（2014b）公告「十二年國民基本教育課程綱要總綱」，2019 年陸續公告「十二年國民基本教育特殊教育課程實施規範」、「十二年國民基本教育高級中等教育階段學校集中式特殊教育班服務群科課程綱要」、「十二年國民基本教育身心障礙相關之特殊需求領域課程綱要」。臺灣在第四階段的身心障礙教育的課程規劃，則是不論學生安置場所、障礙類別和整體的能力發展狀況，而是以每一位身心障礙學生在每一領域／科目之學習表現做為該領域／科目是否有需要特殊教育介入之依據。特殊教育課程調整的依據，需要先完整精確評估學生在不同領域的學習功能之優勢和弱勢，不宜再整體論斷一位身心障礙學生的能力程度。

　　特殊教育為了呼應普通教育於 2003 年以後實施的各領域「九年一貫課程綱要」，以及「普通高級中學課程綱要」與「職業學校群科課程綱要」，在 2011～2013 年於特殊教育學校和普通學校之特殊教育班皆全面實施試行「特殊教育課程大綱」，包含：「九年一貫特殊教育課程大綱」、「高中特殊教育課程大綱」、「高職特殊教育課程大綱」三種版本。2014 年教育部發布「十二年國民基本教育課程綱要總綱」，乃是臺灣特殊教育課程發展的最重要里程碑，因為這是一百多年來臺灣在一至十二年級的全國基本教育的課程規劃時，首次納入了特殊教育學習者的考量，臺灣的特

殊教育和普通教育的課程綱要首次融合為一，邁向全方位的課程發展與設計，真正落實了融合教育理念的最高實踐目標。

2014年公告的「十二年國民基本教育課程綱要總綱」在「實施要點」中載明了在普通教育課程內如何實施特殊教育的特殊需求性，在「實施要點」的「附則」第4項提到：「依據特殊教育法、國民體育法、藝術教育法及相關法規，**特殊教育學生**與體育班、藝術才能班及科學班等特殊類型班級學生之部定及校訂課程均得**彈性調整**（包含學習節數／學分數配置比例與學習內容），並得於校訂課程開設**特殊需求領域課程**，惟不應減少學習總節數。**特殊教育班課程規劃**需經學校特殊教育推行委員會審議通過，並送學校課程發展委員會通過後實施；……」此條文揭舉特殊教育課程的三項重要原則：(1)特殊教育學生的學習節數、學分數配置比例與學習內容都可以依據學生需求彈性調整，惟不能減少學習總節數；(2)學校必須在校訂課程範疇內開設特殊需求領域課程，以因應特殊教育學生的需求；(3)每一所學校為其特殊教育學生所做之特殊教育班課程規劃之審議程序，由下而上是先經過學校特殊教育推行委員會，再送學校課程發展委員會。如此的行政程序規劃，將可落實重視特殊性與彈性之同中有異的融合教育精髓，亦即是特殊教育的相關課程規範也都框架在「十二年國民基本教育課程綱要」之內。表4-3呈現我國現行普通教育和特殊教育共同適用的三個教育階段的兩種課程類型。

表 4-3　各教育階段課程類型

| 教育階段／課程類型 | | 部定課程 | 校訂課程 |
|---|---|---|---|
| 國民小學<br>國民中學 | | 領域學習課程 | 彈性學習課程 |
| 高級中等學校 | 普通型高級中等學校<br>技術型高級中等學校<br>綜合型高級中等學校<br>單科型高級中等學校 | 一般科目<br>專業科目<br>實習科目 | 校訂必修課程<br>選修課程<br>團體活動時間<br>彈性學習時間 |

## 第四章 普通教育、特殊教育課程與「個別化教育計畫」

隨後在 2019 年公告的「十二年國民基本教育各領域／科目課程綱要」之內，針對身心障礙學生的需求之課程實施依據乃公告於：「十二年國民基本教育特殊教育課程實施規範」、「十二年國民基本教育高級中等教育階段學校集中式特殊教育班服務群科課程綱要」，以及「十二年國民基本教育身心障礙相關之特殊需求領域課程綱要」。

簡言之，臺灣從 2019 年開始，特殊教育課程的內容將沒有障礙類別的區分，每位學生透過適切的學習需求評估之後，身心障礙學生的課程將由兩個區塊組成：第一個區塊是將與普通教育學生一樣學習調整後的八個學習領域課程（語文、數學、社會、自然科學、藝術、綜合活動、科技、健康與體育）；第二個區塊是加上適合學生獨特需求的「特殊需求領域」課程，以身心障礙學生而言，主要包含生活管理、社會技巧、學習策略、職業教育、溝通訓練、點字、定向行動、功能性動作訓練、輔助科技應用等九個科目，如圖 4-3 呈現十二年國民基本教育課程之下所規範的身心障礙學生正式課程之領域和科目組合；以資賦優異學生而言，則包含情意發展、領導才能、創造力、獨立研究等四科目。

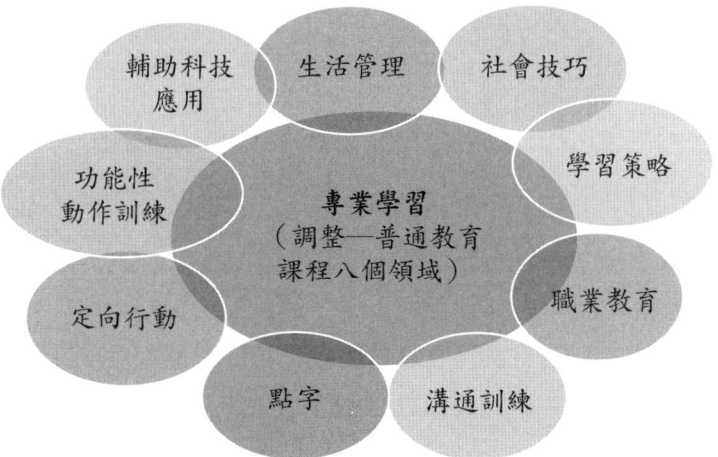

圖 4-3 十二年國民基本教育課程之身心障礙學生正式課程內容

依據「十二年國民基本教育特殊教育課程實施規範」,所有教師對於特殊教育學生的課程規劃,乃以學生在每一領域／科目之學習表現做為該領域／科目是否調整的依據,而不是整體論斷一個學生的能力屬於無缺損、輕微缺損或嚴重缺損三種層次;亦即是教師必須依照學生在各領域／科目的表現區分為學習功能無缺損、學習功能輕微缺損、學習功能嚴重缺損,以及學習功能優異。特殊教育的課程實施規範適用對象,改變過去以學生的整體能力定位為輕度障礙或嚴重障礙,認定一位學生的所有領域／科目的學習潛能或成就都是相同的程度水準,這樣定位學生的障礙程度並不一定符合學生的真實能力狀況。現行十二年國民基本教育特殊教育課程設計的原則,則是以學生在某一領域／科目的學習能力優弱做考量,例如:某生可能在甲領域／科目是學習功能輕微缺損,在乙領域／科目是學習功能嚴重缺損,在丙領域/科目卻是學習功能無缺損,如此的課程設計之適用對象,確實更符合身心障礙學生學習能力的內在差異性,更能顯現出學生在不同智能或是學習程度上的優弱勢。

以領域／科目之學習功能的程度所做之適用對象的區別,分述如下:(1)學習功能無缺損領域:指學生在**某一特定領域／科目**學習功能與一般同年齡或同年級學生相近,該領域／科目之課程需依據總綱與該領域課程綱要進行規劃與安排;(2)學習功能輕微缺損領域:指學生在**某一特定領域／科目**的學習非僅因學習動機和成就低落之影響,而係因其身心障礙之限制,造成與一般同年齡或同年級學生有部分落差。該領域／科目之課程需與一般學生相同為原則,依據總綱與該領域課程綱要之規劃安排;(3)學習功能嚴重缺損領域:指學生在**某一特定領域／科目**因身心障礙影響致使其學習成就嚴重落後一般同年齡或同年級學生。該領域／科目之課程需先參照總綱與該領域課程綱要進行規劃,並得增減該領域／科目之節數／學分數;(4)學習功能優異領域:指學生在**某一特定領域／科目**表現優異或具潛能者(包括身心障礙及社經文化地位不利之資賦優異學生),該領域/科目之課程需先參照總綱與該領域課程綱要之規劃,並得調整該領域／科目之節數／學分數。

依據我國 2019 年公告之「十二年國民基本教育特殊教育課程實施規範」,特殊教育學生在課程調整前應先評估其身心特質與學習需求,了解學

生的起點行為和先備能力,再分析各教育階段之各領域/科目學習重點,建立學生需求及能力和學習重點之適配性,最後依照學生的需求進行該領域/科目在學習內容、學習歷程、學習環境及學習評量的調整,分述如下。

## (一) 學習內容調整

身心障礙學生在各領域/科目的學習重點之內容調整,可以採用「簡化」、「減量」、「分解」、「替代」、「重整」等調整原則,這些原則可以單一使用也可以多重使用。其中,「簡化」指降低各教育階段之各領域/科目之學習表現及學習內容的難度;「減量」為減少各教育階段之各領域/科目之學習表現及學習內容的部分內容;「分解」代表將各教育階段之各領域/科目之學習表現及學習內容分解為數個小目標或學習內容,在不同的學習階段或雖在同一個學習階段但予以分段學習;「替代」代表原來各教育階段之各領域/科目之學習表現及學習內容適用,但須以另一種方式達成;「重整」則係將該教育階段或跨教育階段之各領域/科目之學習表現及學習內容重新詮釋或轉化成生活化或功能化的目標與學習內容。資賦優異學生可以適用「加深」、「加廣」、「濃縮」的調整原則,「加深」是指加深各教育階段之各領域/科目之學習表現及學習內容的難度;「加廣」是指增加各教育階段之各領域/科目之學習表現及學習內容的廣度及多元性;「濃縮」是指將各教育階段之各領域/科目之學習表現及學習內容加以精鍊整合。表 4-4 乃以視覺圖示方式,說明適用身心障礙學生之「減量」、「簡化」、「分解」、「替代」、「重整」的調整原則,以及適用資賦優異學生的「加深」、「加廣」、「濃縮」的調整原則。

多年來,我在大學部的師資職前訓練,或是正式教師的在職進修中,皆是引導學生或學員如何針對某一領域/科目的學習功能輕微或學習功能嚴重缺損的學生,以某一階段某一領域/科目的學習重點(層次一)練習做調整,以及如何參考普通教育採用的教科書某一課教學目標(層次二)進行調整,表 4-5 之分析表可以協助教師們因應學生的能力現況,做出兩層次的學習內容調整。

表 4-4　八種學習內容調整原則之視覺圖示表

| 身心障礙學生 | 一般學生 | 資賦優異學生 |
|---|---|---|
| 減量 | □□ | ■□□■　加廣 |
| 簡化 ▽ | □□ | ■■■■　加深 |
| 分解 ⊠⊠ | □□ | |
| 替代 ○ | □□ | 濃縮 |
| 重整 ▲ | □□ | |

表 4-5　課程綱要和教學目標兩層次之學習內容調整分析表

學習內容調整層次一——課程綱要：學習重點

領域／科目：　　　　階段別：

| 普通教育之學習表現 | 調整原則 | 身心障礙學生適用之學習表現 | 普通教育之學習內容 | 調整原則 | 身心障礙學生適用之學習內容 |
|---|---|---|---|---|---|
|  |  |  |  |  |  |

學習內容調整層次二——教科書／教材之教學目標

領域：　　版本：　　冊別：　　課別／單元名稱：

| 某一課／單元普通教育教學目標 | 調整原則 | 適合身心障礙學生之教學目標（學習內容、學習評量、精熟水準） |
|---|---|---|
|  |  |  |

## （二）學習歷程調整

指依據學生的個別需要，善用各種能引發其學習潛能之學習策略，並適度提供各種線索及提示，例如：協助學生畫重點、關鍵字、提供閱讀指引、組織圖等，教師也可以採用工作分析法、多感官教學法、直接教學法、合作學習設計和多層次教學等教學法，並配合不同的策略及活動進行教學。在特殊教育教學實務工作上，許多特殊教育教師皆會因應學生的能力，調整或自編教材，以協助身心障礙學生學習，即是屬於此類的課程調整。圖 4-4 即是國中資源班教師為其識字和閱讀理解有困難的學生，在數學課的數學練習題目中加入解題步驟和公式導入的協助支持，此即是學習歷程的調整方式之一。

**圖 4-4　數學的學習歷程調整策略**

```
5-2　一元一次不等式的應用
小偉想買一本 380 元的電腦用書，已知他現有存款 50 元，且計畫從今天開始
每天存 40 元，則至少需要存幾天，他才有足夠的錢買這本電腦用書？
解：小偉  1 天存 ____ 元
          2 天存 ____ 元
          3 天存 ____ 元
          4 天存 ____ 元
          x 天存 ____ 元
設小偉存了 x 天，x 天存 ____ 元，
現有存款 ____ 元 ＋ x 天存 ____ 元，則總存款有 ____ 元，
①列出不等式：_____，
②解不等式　：_____
                 x ≥ ____
圖示：
        ←――――――――→
         6  7  8  9  10
因為天數為整數，而大於或等於 8.25 的最小整數為 ____，所以至少需
要存 ____ 天。
```

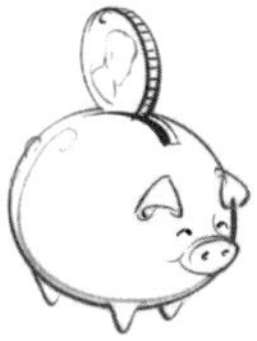

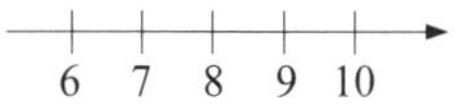

## （三）學習環境調整

這是指除了無障礙校園的規劃外，學校得依據個別學生之身心狀況與需求，進行教室採光、通風、溫度、教室布置、教學設備資源、教室位置、動線規劃、學習區、座位安排等物理環境的調整，以及教師助理員或特教學生助理人員等人力協助。

## （四）學習評量調整

教師在針對學生的優弱勢能力評估後，可適當採用動態評量、檔案評量、實作評量、生態評量、課程本位評量、同儕評量、自我評量等多元評量方式，以能有效且正確的評定出身心障礙學生的學習歷程和學習成效。在學科學習上，學生表達其學習成果的方式，除了教學上最常用的紙筆測驗外，還可以採用說出、指認、選出、做出、配對出、使用計算機計算、點字試卷、放大字體試卷、電腦操作試題、有聲報讀試題、觸覺圖形試題、提供試卷並報讀或專人協助書寫等方式。除此之外，試卷題型和題數的調整、評量時間的調整、評量環境的調整、成績計算比例的調整、輔具提供等，都是屬於身心障礙學生可以採用的學校課程之評量調整。

簡言之，從 1980 年代至今近四十多年來，大約每十年我國特殊教育的正式課程即有一次階段性的轉變。四次轉變從最早以教育環境場所設計課程，到單一類別某些身心障礙學生的需求發展課程，及至不分學生障礙類別而以學生整體的認知能力三種需求程度設計課程，以至今日以某一領域／科目的學習功能的四種層次，所設計身心障礙學生的課程。我國身心障礙教育課程發展到現階段，身心障礙學生將能與非身心障礙學生學習一樣的課程領域／科目和內容，但其中會再依據不同學生的特質和學習能力做適當的調整，而非完全和非身心障礙學生一樣的廣度和難易度。除此之外，特殊教育學生還可以依據其獨特之特殊教育需求，接受有九個科目的特殊需求領域課程，滿足其在一般學科課程之外的特殊教育課程需求。因此，若以課程的廣度而言，我國身心障礙學生的課程領域乃多於普通教育

學生，若以課程的深度而言，透過課程的調整協助，身心障礙學生將可以和普通教育學生學習等值（替代、分解），或是質量較少（簡化、減量、重整）的課程內容。表 4-6 乃呈現近四十多年來，臺灣特殊教育正式課程在四個階段的發展內容和特色。

表 4-6　臺灣特殊教育正式課程發展階段彙整表

| 時期階段 | 課程綱要 | 特色 |
| --- | --- | --- |
| 一、1980～1990 年 | 1988 年「啟智學校（班）課程綱要」。 | 僅有以國民教育階段智能障礙學生的安置場所的課程設計。 |
| 二、1991～2001 年 | 1. 1999 年「特殊教育學校（班）國民教育階段智能障礙類課程綱要」；2000 年「特殊教育學校（班）國民、學前教育階段視覺障礙類課程綱要」、「特殊教育學校（班）國民教育階段肢體障礙類課程綱要」；2001 年「特殊教育學校（班）國民教育階段聽覺障礙類課程綱要」。<br>2. 2000 年以智能障礙學生為主，「高級中等學校特殊教育班職業學程課程綱要」、「特殊教育學校（班）高中職教育階段視覺障礙類課程綱要」和「特殊教育學校（班）高中職教育階段肢體障礙類課程綱要」；2001 年「特殊教育學校（班）高中職教育階段聽覺障礙類課程綱要」。 | 1. 以智能障礙、視覺與聽覺感官障礙、肢體障礙類別學生之學習特質為主軸的課程設計。<br>2. 教育階段從國民教育延伸到高中職階段。 |

表 4-6　臺灣特殊教育正式課程發展階段彙整表（續）

| 時期階段 | 課程綱要 | 特色 |
| --- | --- | --- |
| 三、2001～2010 年 | 2008 年「國民教育階段特殊教育課程綱要總綱」、「高中教育階段特殊教育課程綱要總綱」和「高職教育階段特殊教育課程綱要總綱」。 | 1. 區分國民教育和高中職教育兩個教育階段。<br>2. 不論學生的障礙類別，而是以學生的認知功能區分三層次適用對象的課程設計。<br>3. 特殊教育的正式課程包含調整普通教育各領域／科目課程，以及特殊需求領域課程。 |
| 四、2011～2020 年 | 2011～2013 年試行「特殊教育課程大綱」；2014 年「十二年國民基本教育課程綱要總綱」；2019 年「十二年國民基本教育特殊教育課程實施規範」、「十二年國民基本教育高級中等教育階段學校集中式特殊教育班服務群科課程綱要」和「十二年國民基本教育身心障礙相關之特殊需求領域課程綱要」。 | 1. 以每一位身心障礙學生在各領域／科目的學習表現，做為該領域／科目是否有需要特殊教育介入之依據。<br>2. 特殊教育的正式課程包含調整普通教育各領域／科目課程，以及特殊需求領域課程。 |

## 第二節　從身心障礙教育的發展看臺灣身心障礙教育的課程演化

　　各國身心障礙教育的發展，都是從早期隔離式的特殊教育學校、回歸主流、就讀普通學校的集中式特殊教育班，最後才是在普通班同時接受特殊教育的融合教育安置模式（林素貞，2014）。學校課程必須呼應社會的期待，同時具有引導社會環境改變的目的（黃政傑，1997；Lau, 2001）。身心障礙學生的安置環境牽動著身心障礙教育的課程發展，本節將詳細說明兩者之間無法分割且相互影響的關係。

　　融合教育是身心障礙教育的國際性發展趨勢（Wehmeyer & Patton, 2017），各國針對身心障礙學生的安置發展，大致遵循下列相似程序：(1)身心障礙學生安置於特殊教育學校，完全隔離於普通學校的教學；(2)學生安置於普通學校內的集中式特殊教育班，隔離於普通班的教學；(3)學生安置於普通學校的普通班內，但是部分的學習時間會抽離至資源班接受特殊教育服務，身心障礙學生可以同時接受普通班級的教學；(4)學生安置於普通學校的普通班內，只有接受間接的特殊教育服務，完全在普通班學習課程等四種階段的發展。由此可見，課程與教學乃會受到學生就學安置環境的變遷影響。Dymond 與 Orelove（2001）以及 Browder 與 Spoone（2011）指出，以中重度身心障礙學生的課程與教學而言，美國在 1970 年代，著重在以學生的心理年齡（mental age）為基準，而設計發展性的課程與教學（developmental focus），所以教學重點大都採用幼兒教育的課程。1980 年代，當學生學習發展性課程的結果不斷受到質疑之後，則改變成強調要考量學生生理年齡（chronological age）的功能性課程（functional focus），亦即是隨著學生的年齡漸長，教學也必須著重學生所處的社區生態環境之生活能力養成。1990 年代，隨著融合教育的興起，當學生主要的學習環境是普通學校或班級時，如何讓學生適應融合的環境和自我決策的課程（inclusion and self-determination focus），也變成中重度身心障礙學生的課程與教學重點。2010 年代開始，調整普通教育所著重的學科內容，強化功能性和實用

性的教學（general curriculum access focus），並且期待學生有逐年的進步，變成中重度障礙學生的課程趨勢（Browder & Spoone, 2011; Browder et al., 2003）。McCormick（1995）也提出針對讀寫障礙學生的課程設計發展，從單一學生的治療型閱讀課程（clinical reading program）、特殊教育教師實施的外加式小組補救閱讀課程（remedial reading program），到在普通班由普通教育教師實施的矯正型閱讀課程（corrective reading program）等；以上不同的課程模式乃說明，課程形式確實和學生的學習環境相依相隨、密不可分。

整體而言，特殊教育的課程發展也大致可以區分為三個階段模式，從補救課程（remediation curriculum）到修改課程（modification curriculum），再至近期的課程調整（accommodation curriculum）（Bigge & Stump,1999; Nolet & McLaughlin, 2000; Polloway et al., 2018）。此三種課程模式的主要差異是：「補救課程」以造成學生學習困難的根本原因或弱勢能力著手進行課程與教學，仍然期待身心障礙學生可以迎頭趕上非身心障礙同儕的發展；「修改課程」以學生的現況能力水準開始進行普通教育的課程調整，教學上除了課程內容的調整，亦會以降低學生的及格標準做為調整的策略；「課程調整」則以透過全方位的調整措施，讓學生可以學習其相似年齡水準的普通教育課程，學習評量上以評量方式的調整逐漸取代評量標準的調整（Gupta, 2020）。

特殊教育的課程發展在早期是以隔離式的特殊教育安置型態為主的「補救課程」，也就是和普通教育不同的替代課程或另類課程（alternate curriculum）。「補救課程」的形成一方面是考量身心障礙學生的身心特質和一般學生不同，因此需要補強其學習能力或技能上的有困難之處；另一方面從學習的觀點而論，則是認為身心障礙學生的學習能力，尤其是認知能力的考量，無法和認知正常的一般學生學習一樣的內容，故針對學習結果嚴重落後同儕的現象，而發展出另外一套課程與教學，其目的是希望能讓學習落後的學生，可以迎頭趕上其同年齡同儕的學習成果（Bateman, 1992; McCormick, 1995）。

### 第四章　普通教育、特殊教育課程與「個別化教育計畫」

　　補救課程的理念是針對造成學生學習困難的根本原因進行矯正，通常是要先分析造成學生某些能力或學習有困難的根本原因何在，再針對這些原因設計課程或訓練，以解決學生的學習或能力發展問題。舉例來說，學生不會寫字，可能是因為握筆姿勢不對、手眼不協調，或是感覺統合失調等，所以特殊教育課程即是要不斷矯正學生的握筆動作，或是進行知覺動作訓練（McCormick, 1995）。早期臺灣特殊教育的課程與教學，因為普通教育學生在識字之前都會先學注音符號，所以特殊教育教師一定要求身心障礙學生要先學會注音符號，才會繼續教他們中文的識字和寫字；或是英文的學習要等學生都學會 26 個英文字母，特殊教育教師才會開始教導英文的單字拼寫。在數學方面，倘若學生還學不會從 1 數到 100，老師就不會進行加減法的教學；或是學生還無法精熟九九乘法的背誦，特殊教育教師就不會進行乘法的運算教學等。這些教學策略，即是單純以學生的心理年齡或認知能力現況做為補救課程與教學的依據（Browder et al., 2008）。

　　若以 1999 年我國教育部公告的「特殊教育學校（班）國民教育階段智能障礙類課程綱要」而言，當時一至九年級智能障礙學生的課程有六個領域：生活教育、社會適應、實用語文、實用數學、休閒教育、職業生活；而當時普通教育已經公告推行了「九年一貫課程綱要」，課程領域包含語文、數學、社會、健康與體育、藝術與人文、自然與生活科技、綜合活動等七大學習領域；從上述普通教育和特殊教育課程的分類、名稱和內容，可以說明當時普通教育學生和智能障礙類學生的學習課程有明顯的差異，屬於雙軌制，此現象呼應了當時從補救課程或功能性課程補強身心障礙學生基礎能力不足的課程思維。

　　晚近，臺灣普通教育也有採用補救教學方案（remedial programs），例如：教育部於 2012 年訂定的「教育部國民及學前教育署補助直轄市、縣（市）政府辦理補救教學作業要點」，並於 2019 年更名為「教育部國民及學前教育署補助辦理國民小學及國民中學學生學習扶助作業要點」，以及財團法人博幼社會福利基金會的課後補救教學計畫、永齡‧鴻海臺灣希望小學的課業輔導計畫等，這些都是用以協助普通教育學生在正式課程之後，補足其基本學習能力上的落後，如語文和數學領域，這和早期特殊教育的補救課程理念非常相似，屬於學習失敗後的再行補救教學模式（wait-

131

ing to fail）（Reynolds & Shaywitz, 2009），主要的差異處在於過去特殊教育是對於全部身心障礙學生的所有正式課程，皆採用補救教學或補償課程的理念實施，但是現行普通教育的補救教學方案，則大都採用在正式課程外，以外加式的課程方式進行，以加強普通教育學生在語文和數學這些基本學科能力的不足，並期待透過外加時數的補救教學課程的實施，讓這些學習落後的學生可以逐漸趕上普通班同儕的程度。

然而，特殊教育隨著安置在普通學校的集中式特殊教育班和資源班之興起，也逐漸發展出「修改課程」模式。因為在普通學校的環境中，身心障礙學生的同儕不再是相同類型的身心障礙學生，普通教育的課程內容和進度也會影響到特殊教育教師的教學和課程設計，尤其是接受資源班教育的身心障礙學生，他們在學校的絕大部分學習時間仍然是接受普通教育課程，特殊教育所提供的協助若只有矯正式的「補救課程」，身心障礙學生的學習內容和進度，將會一直遠遠落後其普通班的同儕，而且隨著年齡或年級的增長，他們之間的落差也會逐漸拉大。事實上，單純以導致學生的學習困難成因或是認知能力考量的補救課程模式，乃是以調降學生的學習內容至其心智年齡的課程設計，然而實施此模式設計的課程，身心障礙學生的學習成效恐怕將無法追趕上其同年齡非身心障礙同儕的水準，而此些學生若是安置在融合教育的環境，學生的學習適應即會出現極大的困難與考驗。

「修改課程」乃以修改普通教育課程的教材、作業或評量標準，以配合學生現有的能力或水準。亦即是，若學生現有的學習水準遠遠落後其同年齡同儕水準，可以降低普通教育課程的學習標準，即是所謂的簡化和減量的調整原則，也可以簡化、減量普通教育課程的評量內容，或是以不同的形式進行評量，即所謂的評量替代調整原則。舉例來說，針對語文程度只有國小四年級水準的七年級學生，教師可以將七年級的教材簡化、減量或替代成普通教育國小的程度進行教學，作業也要減量或是用不同型式完成；或是六年級學生還不會完整的乘法和除法，教師在教導六年級的相關單元時，還是要補強學生乘法和除法等基本能力的落差。

事實上，我國 2001 年公告的「特殊教育學校（班）國民教育階段聽覺障礙類課程綱要」，已經具備「修改課程」的設計原理，亦即是針對聽覺

障礙學生而言,他們的主要學習內容皆比照教育部頒布的普通學校各學習領域綱要實施,為因應聽覺障礙學生學習特性,教材分量可酌情調整。而在普通教育各學習領域之外,針對聽覺障礙學生的特殊教育學習需求,同時增加一門「溝通訓練」課程。溝通訓練學習領域,分成「口語溝通訓練」、「手語溝通訓練」、「其他溝通方式訓練」三類,各啟聰學校(班)可依校(班)之溝通策略選擇其一、二或三者以進行教學。溝通訓練教材內容以實用、配合學生聽力損失程度、興趣、發展階段和語文程度等原則設計,亦即是此時期的聽覺障礙類課程綱要,已經發展出具備修改課程和補救課程的雙重特質。

二十世紀末到二十一世紀的特殊教育已經逐漸邁入了融合教育的時代,以普通教育為首再進行彈性調整的「課程調整」,遂變成今日特殊教育課程實施的主流。此課程模式乃受到長期以來教育理念、教學媒材、輔助科技進步的影響,相較於以往簡化或減量身心障礙學生學習內容的補救教學課程,或是降低學生及格(精熟)水準的修改課程,課程調整涉及更大範圍的彈性調整範圍,其不僅調整身心障礙學生的課程內容與通過標準,它還包含教材、評量方式、作業的調整,而且還可以調動到學生的學習環境、學習內容、教師的教學設計、特定的行為計畫等,此課程模式也可稱之為「差異化教學」(林素貞,2013;Polloway et al., 2018/2019)。

「差異化教學」此一名詞,臺灣的特殊教育領域也會翻譯成「區分性教學」,我採用「差異化教學」一詞,主要理由乃因普通教育教師也是實施特殊教育學生差異化教學的重要人員,而臺灣普通教育領域乃將此一理念翻譯成「差異化教學」,為了和普通教育教師溝通和合作實施此一相同理念,我遂採用此一普通教育通用的名詞,以利普通教育和特殊教育專業間的溝通。

從特殊教育課程模式的演化,確實可以看出隨著教育理念的轉變和教學專業能力的提升,身心障礙學生能和非身心障礙學生一起學習的融合教育已經逐步成形,也就是我們從 1984 年《特殊教育法》公告普通學校不能拒絕身心障礙學生的「學校零拒絕」,進入到 1997 年《特殊教育法》要求普通班不能拒絕安置身心障礙學生的「班級零拒絕」,再進化到 2009 年《特殊教育法》提出「特殊教育之課程、教材、教法和評量方式應保持彈

性」的「課程零拒絕」階段,而隨著 2014 年「十二年國民基本教育課程綱要總綱」和後續特殊教育課程綱要的公告,我國正式進入特殊教育課程與普通教育課程的融合時代。我國在四個零拒絕階段的融合教育發展進程如圖 4-5 所示,此一發展歷程可以看出臺灣的普通教育和身心障礙教育,從學校到教室的物理環境融合,已經走向了普通教育和身心障礙教育的課程融合。然而,課程的融合乃擴展了過去物理空間的融合實施,也就是更寬廣和更深入的提供身心障礙學生無障礙的學習環境。

1980 年代至今,隨著《特殊教育法》的公告實施,臺灣從普通學校零拒絕、普通班級零拒絕,發展至普通教育課程的零拒絕,而此特殊教育的發展進程搭配課程綱要的演變進程,更可以看出課程與學生安置環境之間的緊密關係,圖 4-6 即是用以說明臺灣的融合教育和特殊教育正式課程發展的對應關係。

圖 4-5 我國《特殊教育法》和課程綱要公告之四個階段融合教育進程

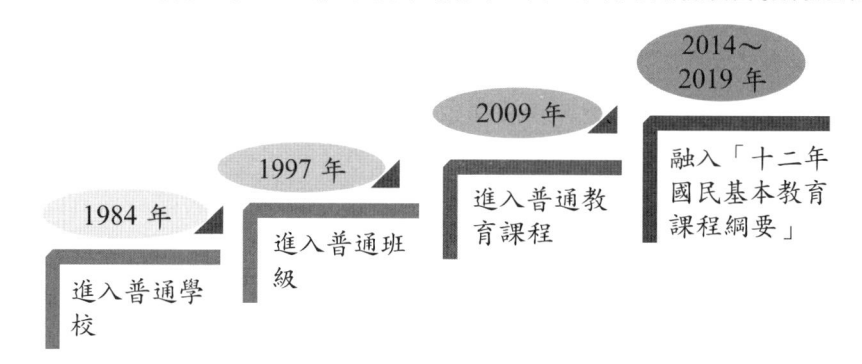

- 1984 年 進入普通學校
- 1997 年 進入普通班級
- 2009 年 進入普通教育課程
- 2014～2019 年 融入「十二年國民基本教育課程綱要」

第四章　普通教育、特殊教育課程與「個別化教育計畫」

圖 4-6　臺灣融合教育進程和特殊教育正式課程發展的對應關係

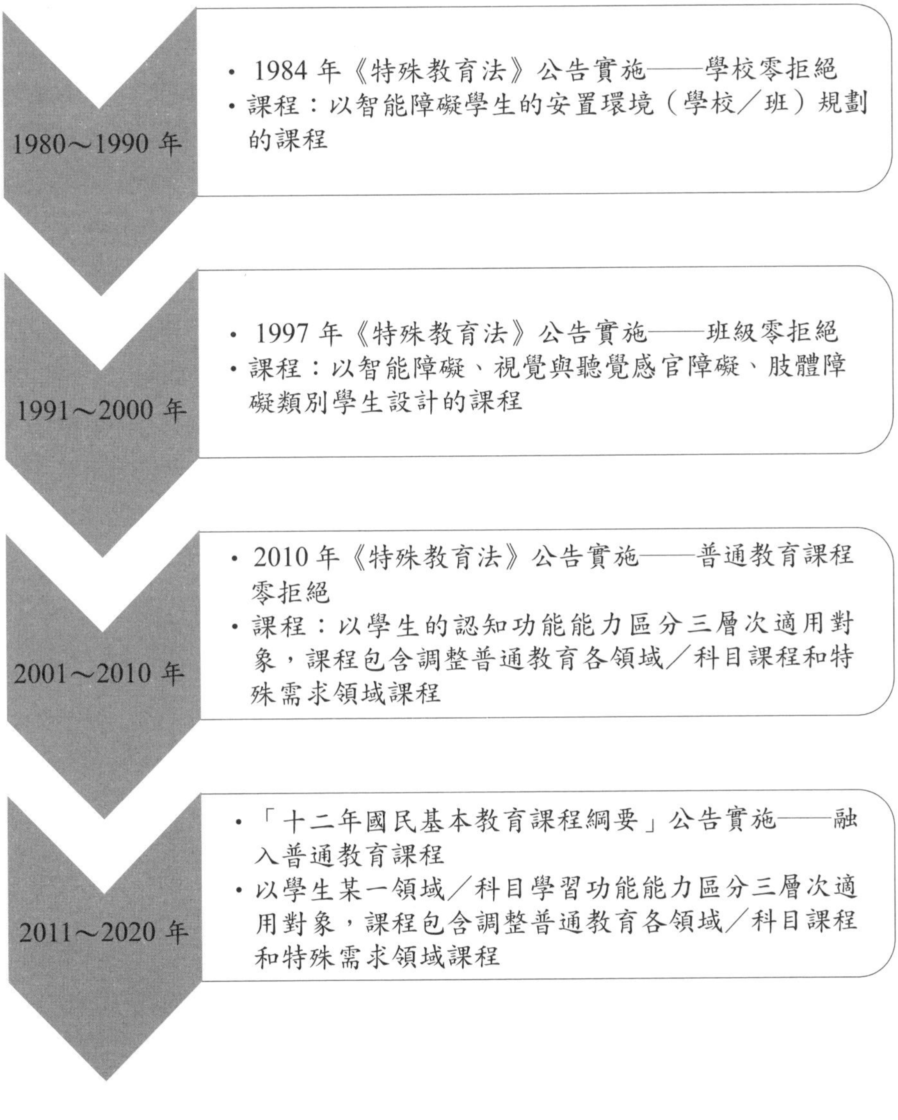

**1980～1990 年**
- 1984 年《特殊教育法》公告實施——學校零拒絕
- 課程：以智能障礙學生的安置環境（學校／班）規劃的課程

**1991～2000 年**
- 1997 年《特殊教育法》公告實施——班級零拒絕
- 課程：以智能障礙、視覺與聽覺感官障礙、肢體障礙類別學生設計的課程

**2001～2010 年**
- 2010 年《特殊教育法》公告實施——普通教育課程零拒絕
- 課程：以學生的認知功能能力區分三層次適用對象，課程包含調整普通教育各領域／科目課程和特殊需求領域課程

**2011～2020 年**
- 「十二年國民基本教育課程綱要」公告實施——融入普通教育課程
- 以學生某一領域／科目學習功能能力區分三層次適用對象，課程包含調整普通教育各領域／科目課程和特殊需求領域課程

135

## 第三節　調整普通教育課程和身心障礙教育課程

　　課程定義既然是學生的學習內容，學生處於何種學習環境，自然會影響其學習的課程規劃與內容。美國於 1990 年代開始，身心障礙學生安置於普通班的融合教育漸漸蔚為主流（林素貞，2014），也因此美國《身心障礙者教育法》（IDEA）於 1997 年完成了第三次的修訂，此修訂法案對於特殊教育的實施有一項重大的變革，即是此法要求所有身心障礙學生都有機會接受和參與普通教育課程，並且獲得學習的進步（林素貞，2007）。此教育政策的調整，乃植基於每一位學生都應有公平機會學習普通教育課程的教育宗旨，藉此確保每一位學生都能在課堂獲得有意義的學習，這裡指的每一位學生當然也包含身心障礙學生（Karger & Hitchcock, 2003; Schumaker & Lenz, 1999）。

### 一、普通教育課程調整之興起

　　如前所述，課程的發展乃反應於教育環境的變化。融合教育的政策導致普通教育教師也必須面對教導班級中的身心障礙學生，身心障礙學生的教學不再僅是特殊教育教師的專責，普通教育教師、學校行政人員和家長都必須通力合作，才能造就身心障礙學生在教室內的有效學習。因此，接下來的重要議題，即是身心障礙學生的課程與學習，亦即是普通教育教師的班級教學，以及特殊教育教師的角色和職責轉換。傳統隔離式教育安置為主的補救課程或修改課程等模式，面對學生安置環境的改變、教育方法的增進、家長期待的提升等挑戰，身心障礙學生的課程與教學也必須面臨轉變。

　　對於班上有身心障礙學生的普通教育教師而言，他們必須顧及到班級內不同障礙學生之能力與特質的需求，亦即是教師的課程設計與教學必須做改變，於是「課程調整」的概念乃應運而生。美國學者 Hoover 與 Patton（1997）即提出此概念，課程調整係指調整一項以上課程的向度，以協助

不同需求學生的學習成效。為了協助教師、教育行政人員和家長，了解與實施身心障礙學生得以學習普通教育課程的目標，許多學者於是提出許多不同的概念、名詞定義或步驟模式，例如：課程修改（curriculum modification）、課程調適（curriculum adjustment）、課程微調（curriculum accommodation）、課程調整（curriculum adaptation）等（Bigge & Stump, 1999; Nolet & McLaughlin, 2000）。但是，晚近實施上大致以課程微調和課程調整為主。「課程微調」通常是指改變教與學的輸入和輸出過程，但是不改變課程內容本身，常用的方式包含延長考試時間或提供不受干擾的單獨考場等；「課程調整」則可以改變科目或課程的內容和學生的通過標準，包含替代或簡化課程的內容等（Polloway et al., 2018）。

Nolet 與 McLaughlin（2000）對於從普通教育課程、課程調整到替代（補救）課程的變化和區分，提出非常明確的說明，他們亦界定課程調整的向度於課程內容、學生及格標準、教材編排順序和教學設計。他們認為，課程調整的概念可以包含微調和修改普通教育課程的上述四個變項，微調乃不改變課程內容和學生及格標準，但可以改變教材編排順序和教學設計；修改則是四個向度全部皆改變或部分改變。簡言之，微調策略可能涉及教學環境、課程內容和評量方式的調整，但不會降低及格標準或改變評量的內容，而修改課程則有可能實質上變更評量的內容。即使面對重度及多重障礙的學生，特殊教育研究者和實務工作者也提出可以在普班級教導此些學生的調整策略（Downing, 2008/2011）。

儘管不同的學者或研究者提出不同的策略和模式，但其共同點皆是如何因應身心障礙學生的特質與需要，彈性調整普通教育的課程與教學，以提升身心障礙學生的學習成效。許多實務的教師教學指引也如雨後春筍般蓬勃發展，以協助教師進行課程調整和教學。課程調整既是以普通教育課程為基礎的變化，目標是讓學習有困難學生的課堂學習變得有意義，基本上它就涵蓋了普通教育的所有學科領域，例如：美國特殊兒童協會（Council for Exceptional Children）於 1999 年出版了一套三冊的課程調整教師用參考書、跨領域的一般性教學原則（Wormeli, 2007）、幼兒園至五年級適用的差異化語文教學（Sanford et al., 2011）、國中階段適用的自然領域差異化教學（D'Amico & Gallaway, 2010）、幼兒園至國小學生適用的語文和數學的

普通教育教材調整（Shumm, 1999）等，這些課程與教學策略都提出具體的差異化單元教學範例。

從 1997 年至今，如何讓身心障礙學生學習普通教育課程（assess to the general curriculum），遂成為美國特殊教育和普通教育的重要發展（Bigge & Stump, 1999; Browder & Spoone, 2011; Nolet & McLaughlin, 2000）。Hoover 與 Patton（2007）曾針對普通學校如何落實協助普通班內的身心障礙學生學習普通教育課程，提出了三層次的教學系統：第一層次是「高品質核心教學」，意指普通班內的任課教師能採用高品質且有研究基礎的差異化教學，此一層次的教學在一個普通學校內將約有 80%～85%的學生可以達到成功的學習成效；第二層次是「高品質目標性補救教學」，是針對在第一層次教學系統未達到預期標準的學生，教師將以第一層次的核心課程內容為主，提供特定目標的補救教學，以不同的教學法、課程調整和學習輔助器材設備，以幫助學生達到特定學習目標的預期水準，將約有 10%～15%的學生可以透過補救教學迎頭趕上其他同儕的學習成效；此一層次同時需要記錄學生對於補救教學的成效反應，若學生沒有呈現足夠的學習成效，就有必要轉介進入特殊教育的服務系統；第三層次是「高品質密集性教學」，此一層次通常就是符合《特殊教育法》鑑定標準的身心障礙學生，一個普通學校內約有 1%～5%的學生會屬於接受此層次教學介入的對象，特殊教育教師將提供密集性且經實證研究支持的課程與教學，以及所有特殊教育的服務給這些學生。

臺灣身心障礙學生的安置型態已經走入融合教育的世紀，特殊教育的提供將不僅是特殊教育教師的責任，普通教育教師也承擔著更多的教導責任。因為普通學校每一個班級內都可能會有身心障礙學生，而身心障礙學生的大多數學習時間仍然在普通班之內，也就是從第一層次到第三層次的教學系統，普通教育教師和特殊教育教師都會教導身心障礙學生，而且也都會接觸到普通教育課程的教學，也因此在普通教育教室內「差異化教學」的理念與實務乃應運而生。

## 二、差異化教學模式的興起

　　差異化教學乃是特殊教育長期實施的個別化教學（individualizing instruction）之演變和延伸（Polloway et al., 2018），過去在特殊教育學校或特殊班常強調針對個別身心障礙學生的需求，量身訂做提供符合其需求及現況能力的教學，此即為個別化教學的實施，也容易變成師生比為一對一的教學，或是一位教師同時教導極少數學生的教學形式。然而，當融合教育興起，在一個普通學校的班級內，學生人數最少也約在 20 位以上，此班級也會包含有不同能力、興趣、文化背景、語言使用的學生，也可能有身心障礙學生，而課程是普通教育學生適用的內容和教學活動，針對一個多元學生的教室，教師如何實施有效的教學呢？差異化教學即是為達成此任務而興起，其理念即是能在同一間教室中，協助各種學習特質的學生都能獲得最大的學習成效（Gargiulo & Metcalf, 2010; Hall et al., 2004; Polloway et al., 2018; Tomlinson, 2005）。差異化教學乃是一種教師進行教學的事先規劃，它包含兩個層次：第一是巨觀整體層次，強調此差異化教學設計可適用於班級內大多數的學生，引用了學習的通用設計（universal design for learning [UDL]）理念，例如：教師增加回家作業的具體說明和提供範例，除了身心障礙學生可以受益，所有學生也都會因此受惠；第二是微觀個別層次，強調此差異化教學設計僅可能適用於少數個別學生的需求，例如：教師提供放大字體的教科書和作業單等資料，將只有弱視學生會需要此教師之教學設計（Polloway et al., 2018）。

　　「差異化教學」一詞最早源自於普通班內針對資賦優異學生的課程與教學設計，Kaplan（1986）就提出如何為資賦優異學生建構差異化教學課程之模式，以協助普通教育教師在教室內進行針對能力優異學生的個別化教學。在此模式中，Kaplan 提出教師可以就某一課程做到四個向度的彈性調整，以滿足個別資賦優異學生在獨特需求、學習能力和興趣上的差異性，此四個向度的調整包含課程內容（content）、學習過程（processes）、學習結果（product），以及學生的心理情緒（affective）（Ronksley-Pavia, 2010）。

　　Carol Ann Tomlinson 是第一位提出在普通教育教室內進行差異化教學的

學者，Tomlinson（1995）倡導在能力混合班級內的差異化教學（Differentiating Instruction in Mixed-Ability Classrooms）模式，她認為一個班級內除了大多數中等程度表現的學生以外，也會有能力和成績較佳的學生，以及學習有困難的學生，也就是每一個教室班級內都是混合能力學生的組合，而每一位學生的學習都是教師的責任。因此，**教師**必須在教學之前，針對教學的課程內容、學習過程和學習結果，規劃出多元的不同策略，以呼應**學生**在起點行為（readiness）、興趣（interests）和學習特質（learning profile）的差異。Tomlinson 等人（1997）認為，教師針對課程內容、學生學習過程和對學生學習結果的展現，上課前必須做好多元不同途徑和策略的設計，教師也要不斷調整和引導學生以適合自己的方式讓其潛能得到最佳發展，所以差異、多元、彈性和調整乃是差異化教學的基本原則。Tomlinson（1999, 2005）也認為，差異化教學並不是 1970 年代美國所盛行的普通教育大班級之個別化教學，因為那個個別化教學模式強調在一個普通班中，每一個學生的起點基礎都不同，教師進行全班級的教學歷程，但是提供給每一個學生的作業和練習都不同，即所謂量身訂做同一套衣服；差異化教學則不預設每一位學生起點行為的差異，而是強調讓學生使用自己的學習方式達到有意義的學習，教師有時會採用全班級的教學，有時會採用學生異質性分組，有時候也會採用學生同質性分組，有時候也會對學生個別指導，最後對於學生的學習成果，教師會以學生的學習能力做適當的調整，採用多元評量的方式讓學生產出他們的最佳學習成果（Stavroula et al., 2011）。Tomlinson（2015）更特別強調，差異化教學沒有一定的公式或策略，面對二十一世紀的教學多元化環境，因為沒有一種單一的教學方法可以解決不同學生的能力差異性，所以教師必須要有更全方位與專業的教學能力。

　　普通班內的差異化教學之理念和策略，事實上和特殊教育長久以來所實施的個別化教育、個別化教學或課程調整非常類似。隨著融合教育的實施，普通教育教師不只要面對班級內能力優異到學習困難的學生，班級內也有不同特殊需求的身心障礙學生。為了順利推動普通教育教師對身心障礙學生的協助，所以特殊教育工作者乃將原本在特殊教育領域慣用的課程調整（curriculum accommodation）一詞，轉換為差異化教學（differentiated instruction）一詞，以呼應普通教育教師原本已熟悉對學習落後學生的差異化教學，而能將課程調整的理念與策略擴及應用至身心障礙學生的個別化教育（Hall et al., 2004; Patton, 2012; Polloway et al., 2018）。對於特殊教育而言，即是所謂新瓶裝舊酒，目前美國的特殊教育領域研究者、學者和實務工作者也都用「差異化教學」一詞，逐漸取代過去長期使用的「課程調整」一詞。

特殊教育的學者專家曾對課程調整或差異化教學都提出不同的詮釋和實務策略。Hoover 與 Patton（1997）曾經提出一套完整的身心障礙學生之課程調整模式，此模式乃植基於解決學生的學習需求與普通教育課程之間的差異性，當其間的落差程度大到學生的學習成就顯著落後時，就有必要進行課程調整。此模式區分的四個階段分述如下：

1. 準備期：教師依據四項課程向度（課程內容、教學策略、教學情境與學生行為表現）和四種課程類型（正式課程、隱性課程、潛在課程及三者混合），考量學生需要課程調整的內容。
2. 計畫期：教師透過各種方式了解身心障礙學生的學習需求，再依據學生需求與普通教育課程間的差異，決定上述課程需要調整的特定元素。
3. 執行期：當學生特殊學習需求的調整內容已定，便可執行課程調整計畫。要達到有效的課程調整，首先可從上述四項課程向度中思考學生的需求，選擇進行教學設計調整（課程內容、教學策略、教學情境）或行為管理技巧應用（學生行為表現）。
4. 評鑑期：當課程調整執行告一段落後，便可進行課程評鑑，檢視此課程調整的成效，有必要的話需再進行修正、調整原先的課程調整計畫。

此模式亦是長期以來身心障礙教育的運作模式。特殊教育都不斷強調在計畫期要利用不同的診斷工具和方式，以確定學生是否需要進行課程調整，再選擇最少侵入式的調整方案，此意謂不造成個人或整體環境很多或很大的改變，最後評鑑期要進行學生學習成效的評估，以確定此課程調整的成效。目前，此調整模式方案的向度已經由原來的四個向度擴增到六個向度之差異化教學模式，包含：課程內容、學習教材、教學歷程、學習環

境、行為管理、情緒心理等（Polloway et al., 2018; Smith et al., 2012）。

　　Smith 等人（2012）所提出的六個向度差異化教學模式，讓教師可以因應學生需求做出不同的變化和調整，它包含巨觀到微觀的差異化調整策略，亦即是可以全班學生一起適用，也可以僅適用於少數學生甚至一位學生。如同 Tomlinson（2015）所言，差異化教學沒有標準的作法，因為所有的介入策略都必須依據個別學生的需求，做出最適當的抉擇，此六個向度的可能策略分述如下。**課程內容**的調整指減少或改變課程所涵蓋範圍的分量，或是添加基本的重要內容。**學習教材**的調整比課程調整具有更大的變化空間，例如：(1)協助學生預習教材內容，以協助學生掌握重點；(2)教導學生運用教材格式化的設計，如大小標題、粗黑體字、視覺化圖表、文章的總論等；(3)運用學習指引的問題，以幫助學生閱讀教材文本；(4)減少學生需要閱讀的內容分量，或是減緩閱讀速度等；(5)重組或改寫教科書每一章／單元之後的問題與討論，以減低對低閱讀能力學生的困擾。**教學歷程**的調整主要包含教學歷程、課堂或回家作業、考試的調整三個部分；教學上教師可以在教學活動一開始做今日重點預告，運用討論或教學媒體等多感官的教學方式，對全體學生或個別學生予以反應回饋，如果課堂有討論活動，教師也需要教導學生提問的技巧。此外，將作業縮小分散成不同小段、允許延長作業繳交時間、減低作業的難度、改變作業形式或是替代性的作業或作品等，都可解決某些學生無法或不願繳交作業的困境。針對教學評量，教師可以有下列的調整：提供考試例題練習、變化考卷的字形大小和題數、調整考試時間長短、改變口試和筆試的形式、提供無干擾的考試環境等，而成績計算之改變可以考量調整題項的比例分配等。

　　**學習環境**的調整則以優先座位的安排為首要之選，教師可以因應學生的專心狀況、視力、聽力或行動能力的考量，選擇對學生最有利的座位安排。**行為管理**調整策略則是考量學生有特殊行為問題，進而設計一套行為處理策略，以減少學生的負向行為和增加正向行為，從而提升學習成效。**情緒心理**向度則是指在實施上述的差異化教學策略時，教師仍必須考量到學生的家庭背景因素，以及學生的個人心理狀況等，方能讓所有差異化教學向度的介入策略達成預期成效。

　　從針對資賦優異學生到混合能力普通班級，以至身心障礙學生能夠在

普通班學習普通教育課程,表 4-7 整理了因應不同學生特質而發展的三個主要「差異化教學」模式,其中 Kaplan 的四個向度模式,因為是以資賦優異學生為對象而進行課程與教學調整,所以特別提醒教師要注意到資賦優異學生的心理與情緒特質,而做適當的輔導介入。Tomlinson 的三個向度模式,則以一個班級內高低不同能力學生的自然組合為切入點,所以就未列入資賦優異學生的心理與情緒特質向度。Smith 等人的六個向度模式,則是以需要許多支持與協助的身心障礙學生為對象,所以調整的向度皆多於前面兩種模式,以全方位的角度提供所有可以調整的向度。整體而言,課程內容是所有三個模式都列為首要調整的向度,而 Smith 等人的學習教材、教學歷程、學習環境、行為管理等四個向度內容也可以類同於另外兩個模式的學生學習過程的調整向度,只是針對身心障礙學生的需求而區分得更精細。所有的差異化教學模式當然一定會考量到學生學習結果的評量調整,而 Smith 等人將評量調整納入教師教學設計調整的重要內容。此外,針對身心障礙學生和資賦優異學生,差異化教學皆列入對學生心理與情緒向度的輔導機制。Smith 等人的模式和其他兩種差異化教學模式最大的差異,即是針對身心障礙學生高出現率的情緒行為問題,而提出了行為與心理輔導的

表 4-7 不同適用對象的差異化教學模式之比較

| 代表人物 | Kaplan（1986） | Tomlinson（2005） | Smith 等人（2012） |
| --- | --- | --- | --- |
| 適用對象 | 普通班內的資賦優異學生 | 普通班內不同能力的學生 | 所有安置環境的身心障礙學生 |
| 學生的差異考量 | 學習能力<br>需求<br>興趣 | 起點行為<br>興趣<br>學習特質 | 學生特質<br>特殊教育需求 |
| 差異化教學向度 | 課程內容<br>學習過程<br>學習結果<br>心理情緒 | 課程內容<br>學習過程<br>學習結果 | 課程內容<br>學習教材<br>教學歷程<br>學習環境<br>行為管理<br>情緒心理 |

向度，包含教師的班級經營技巧，以及學生的正向行為支持計畫；亦即是身心障礙學生適用的差異化教學模式面臨學生特殊需求的多元性，呈現更加完整與精緻的內容。我為了區隔不同發展階段和適用對象的差異化教學模式，因此以下將以「適性差異化教學模式」指稱 Smith 等學者於 2012 年所提出的差異化教學模式。

依據《特殊教育統計年報》的資料，112 學年度的高級中等以下學校身心障礙學生就讀於一般學校的比例已經高達 96.86%（教育部，2024），過去以隔離式身心障礙教育安置環境為主，而實施的補救課程或修改課程的教學思維，乃必須做因應改變。單純做簡化課程或是降低學生及格標準的方式，已經不敷今日身心障礙學生教育之所需，課程調整或差異化教學才能真正協助就讀於普通學校、普通班的身心障礙學生，甚至是特殊教育學校和集中式特教班的學生。課程調整或差異化教學也宣示著：個別化教育的實施不僅是特殊教育教師的責任，也是普通教育教師的責任，針對身心障礙學生的獨特教育需求，除了調整普通教育課程，特殊需求領域課程的實施，也仍舊須顧及身心障礙教育早期針對造成學生障礙的原因所實施的補救課程，所以今日臺灣特殊教育正式課程的實施，不僅可以讓身心障礙學生進入普通教育課程學習，也可以顧及其特殊需求基本能力的補救或強化，確實是完整落實融合教育的最佳課程架構。圖 4-7 呈現今日「十二年國民基本教育課程綱要」之下，臺灣特殊教育課程綱要之內容與形式之整體性全貌。

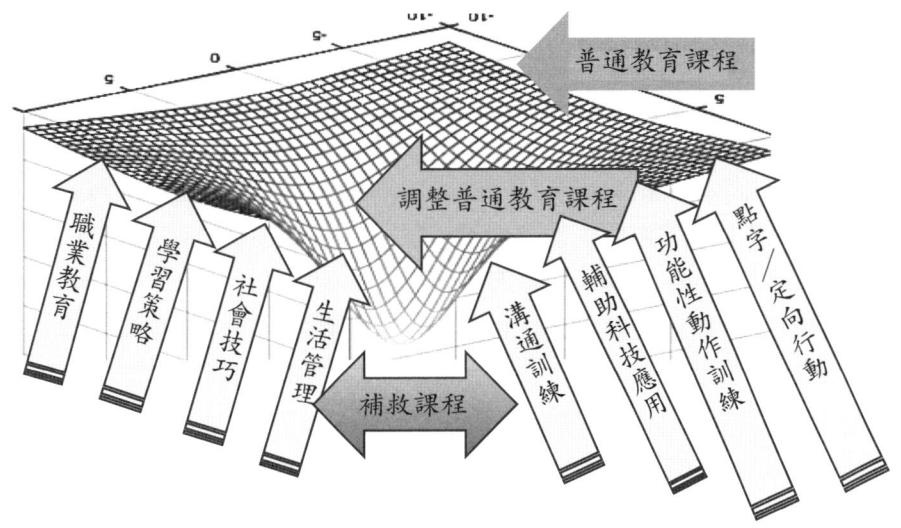

圖 4-7 「十二年國民基本教育課程綱要」之特殊教育課程內容

普通教育課程
調整普通教育課程
補救課程
職業教育
學習策略
社會技巧
生活管理
溝通訓練
輔助科技應用
功能性動作訓練
點字／定向行動

## 第四節　從差異化教學到「個別化教育計畫」與學校課程計畫

　　特殊教育教師一定都會擬訂和實施學生的「個別化教育計畫」，也會實施身心障礙學生的課程調整或差異化教學，而因應「十二年國民基本教育課程綱要」的規定，所有教育人員都要參與學校課程計畫的撰寫。本節內容乃為協助教師了解「個別化教育計畫」與學校課程計畫和差異化教學的關係，以下將以差異化教學模式涵蓋課程調整的理念，分析比較「個別化教育計畫」和差異化教學與學校課程計畫的相互關係。

## 一、從實施歷程分析「個別化教育計畫」和差異化教學的互通性

　　早期，Hoover 與 Patton（1997）即提出課程調整的實施，主要歷程為：(1)計畫期：教師透過各種方式了解身心障礙學生的學習需求，再依據學生需求與有效學習普通教育課程間的差異，決定其差異化教學需要調整的特定元素；(2)執行期：當學生的特殊學習需求的調整內容已定，便可執行差異化教學計畫；(3)評鑑期：當課程調整執行告一段落後，便可進行成效評鑑，檢視此課程調整的成效，亦即是學生的學習成效。現今，我們在實施更精緻完整的差異化教學模式時，仍然一定要先進行學生的現況和需求評估後，再依據學生需求做教育計畫的擬訂，接著執行計畫，及至最後進行學生學習成效評估，此一完整的程序也一直是特殊教育實施的必然歷程。

　　我國於 2019 年公告的「十二年國民基本教育特殊教育課程實施規範」中，也明確說明課程調整的程序如下：(1)課程調整前應先評估特殊教育學生之身心特質與學習需求，了解學生的起點行為和先備能力；(2)再分析各教育階段之各領域／科目核心素養及**學習重點與學生需求及能力之適配性**；(3)最後依照學生的個別需求進行學習內容、學習歷程、學習環境及學習評量四大向度的**調整規劃與實施**。

　　由此可知，不管從差異化教學或課程調整，皆是揭舉特殊教育依據學生的不同教育目的所需要且能成功達成的學習內容，而這個抉擇必須先評估出學生的身心特質、需求和起點行為，接下來教師可以參考不同學習領域／科目的課程架構內容，以決定學生適合學習的重點，而如何在課程的內容與學生需求和先備經驗之間建構適配性，乃是決定學生學習成敗的關鍵，也正是教師必須具備的教學專業能力，而此差異化教學或課程調整之評估、計畫、檢核實施成效的歷程，也正是「個別化教育計畫」的歷程。

　　在我國的《特殊教育法施行細則》中，載明「個別化教育計畫」包含五個項目：(1)學生能力現況、家庭狀況及需求評估；(2)學生所需特殊教育、相關服務及支持策略；(3)學年與學期教育目標、達成學期教育目標之評量方式、日期及標準；(4)具情緒與行為問題學生所需之行為功能介入方案及行政支援；(5)學生之轉銜輔導及服務內容（第 10 條）。其中，「學生能力現況、家庭狀況及需求評估」以及「學年與學期教育目標、達成學期

第四章　普通教育、特殊教育課程與「個別化教育計畫」

教育目標之評量方式、日期及標準」,即是揭櫫了「個別化教育計畫」的實施歷程,其乃即是從評估學生需求到學習結果的評估,亦和上述的差異化教學及課程調整的歷程相同。

「個別化教育計畫」與差異化教學(課程調整)的兩個教育實施不僅歷程相似,其內容亦有極高相同點。在課程調整部分,我國《特殊教育法》第 22 條:「特殊教育之課程、教材、教法及評量,應保持彈性,適合特殊教育學生、幼兒身心特性及需求。……相關事項之辦法及幼兒園相關之準則,由中央主管機關定之。」、《特殊教育課程教材教法及評量方式實施辦法》第 2 條:「高級中等以下學校……實施特殊教育,應設計適合之課程、教材、教法及評量,載明於特殊教育學生……個別化教育計畫或個別輔導計畫實施。……」,及至 2019 年公告之「十二年國民基本教育特殊教育課程實施規範」,也要求依據特殊教育學生的需求,進行各領域／科目在學習內容、學習歷程、學習環境及學習評量的調整。上述法規和規範都不斷提示我國針對身心障礙學生的課程與教學,必須執行學習內容、學習歷程、學習環境及學習評量四個向度的課程調整。而若以 Smith 等人(2012)針對身心障礙學生的差異化教學模式觀之,則包含更廣泛的課程內容、學習教材、教學歷程、學習環境、行為管理、情緒心理等六個向度的課程調整內容。

表 4-8 呈現我國 2023 年公告「個別化教育計畫」的五個項目內容與 Smith 等人(2012)所提出適性差異化教學模式的內容分析比較,以說明差異化教學(課程調整)與「個別化教育計畫」為互通有無且息息相關之關係。當一位教師依據學生的獨特教育需求,規劃出差異化教學模式(課程調整),即可以轉換成「個別化教育計畫」的內容了,亦即是本書欲論述與強化的重點:因應身心障礙學生的特殊需求所設計規劃的差異化教學模式(課程調整),乃是實施特殊教育的主體。「個別化教育計畫」只是以「計畫」的形式,以事先規劃內容和事後評估成效的歷程,提供教育人員、不同專業人員和家長之間的溝通和共同參與的平臺,亦即是「個別化教育計畫」還是涵蓋在課程規劃與教學實施之內,「個別化教育計畫」與課程和教學確實密不可分。

表 4-8　差異化教學模式與「個別化教育計畫」

| 差異化教學模式<br>(Smith et al., 2012) | 「個別化教育計畫」<br>(2023) |
|---|---|
| 學生特殊需求評估——現況<br>1.學科學習能力：語文、數學、社會、自然……<br>2.認知能力：<br>3.感官功能：<br>4.行動能力：<br>5.人際關係：<br>6.情緒／心理（家庭因素）：<br>7.溝通能力：<br>8.生活自理能力：<br>9.健康狀況： | 一、學生能力現況、家庭狀況及需求評估 |

| 範疇 | 調整策略 | |
|---|---|---|
| 一、學習環境 | （一）物理空間<br>□優先座位安排<br>□坐在正向角色楷模旁邊<br>□學習區排除視覺、聽覺等干擾<br>□降低有壓力的環境——提供音樂、燈光、顏色、氣味等<br>□無障礙空間設計<br>□提供輔助科技<br>□提供個人座位——學習或紓緩情緒<br>□提供小團體學習區<br>（二）人力支援<br>□正向楷模——學伴<br>□特教學生助理人員 | 二、學生所需特殊教育、相關服務及支持策略 |

表 4-8　差異化教學模式與「個別化教育計畫」（續）

| 範疇 | 調整策略 | 「個別化教育計畫」（2023） |
|---|---|---|
| 二、學習內容<br>1. 課程綱要：<br>　學習表現<br>　學習內容 | ☐ **方案 1**：以某一階段學習重點為範圍，再挑選適合學生之<u>重要／實用</u>學習表現＋學習內容進行調整<br>☐ **方案 2**：整合一至兩個階段學習重點為範圍，再挑選適合學生之<u>重要／實用</u>學習表現＋學習內容進行調整 | 三、學年與學期教育目標、達成學期教育目標之評量方式、日期及標準<br>（調整課程和評量之後的教育目標和評量方式） |
| 2. 單課／單元教學目標：<br>　教科書／自編教材 | ☐ **方案 3**：以<u>全一冊</u>教科書每一課／單元的教學目標進行調整<br>☐ **方案 4**：挑選<u>全一冊</u>教科書適合學生之<u>重要／實用</u>之課／單元，再進行此些課／單元的教學目標調整<br>☐ **方案 5**：整合同一階段教科書範圍（一至二／一至三年級），再挑選某一些適合學生之<u>重要／實用</u>的某些課／單元進行教學目標調整 | |
| 三、學習教材<br>　（學習歷程） | **上課講義**<br>☐ 支持性協助<br>　☐ 提供前導組織<br>　☐ 提供學習前指引<br>　☐ 提供圖表組織<br>☐ 強調標示重點的系統<br>☐ 事先強調（標示）教材重點<br>☐ 變化教材<br>　☐ 增加易讀性：降低閱讀理解難度（文言文以白話文呈現、兒童版、繪本、卡通、漫畫、電影……） | 二、學生所需支持策略 |

表 4-8　差異化教學模式與「個別化教育計畫」（續）

| 範疇 | 調整策略 | 「個別化教育計畫」（2023） |
|---|---|---|
|  | □其他形式：語音、點字<br>□教材做學習前準備<br>　□數學問題解決步驟<br>　□文本內容段落編號<br>　□教導慣用符號或簡稱<br>　　（Ans、%、$……）<br><br>課堂／回家作業單<br>□增加易讀性：降低閱讀理解難度（文言文以白話文呈現、兒童版、繪本、卡通、漫畫、電影……）<br>□其他形式：語音、點字<br>□數學問題解決步驟<br>□作業設計 |  |
| 四、教學歷程（學習歷程＋學習評量） | □有效教學策略＿＿＿＿＿<br>□提供輔助科技＿＿＿＿＿<br>□評量／考試調整＿＿＿＿<br>□成績計算調整＿＿＿＿ | 二、學生所需特殊教育、相關服務及支持策略（評量方式之調整） |
| 五、行為管理 | □團體：班級經營／課堂學習規約<br>□個人：正向行為支持方案 | 四、具情緒與行為問題學生所需之行為功能介入方案及行政支援 |
| 六、情緒／心理 | □學生本身<br>□家庭因素 | 二、學生所需相關服務及支持策略 |

## 二、從實施歷程分析實施「個別化教育計畫」和學校課程計畫的整合性

「個別化教育計畫」乃是存在於特殊教育界已久、大家已經熟悉的個人化教育規劃和檢核機制，它以某些既定的內容項目，呈現某位身心障礙學生的完整差異化教學之全貌。然而，針對一至十二年級的學生，隨著「九年一貫課程綱要」的實施，以及 2014 年公告「十二年國民基本教育課程綱要總綱」、2017 年公告「幼兒園教保活動課程大綱」，我國的課程綱要皆規範普通教育學校／幼兒園須整體規劃每一學年每一年級／分齡的課程計畫，包含內容和實施程序，而特殊教育學校也必須提出整體學校課程計畫送教育主管機關審查。普通教育學校的課程計畫需涵蓋校內的集中式特教班、分散式資源班、巡迴輔導班等的特殊教育課程計畫，以落實融合教育的意義與實施。

一至十二年級學校的課程規劃不僅有學校的概況、任務和願景，更須包含各年級和各領域／科目的課程內容規劃。依據「十二年國民基本教育課程綱要總綱」的規定，學校的課程計畫必須公開在各學校的網頁，以利相關人員了解因應學校的整體目標，開設哪些課程和內容給全體學生學習；亦即是公布學校課程計畫的各領域／科目的教學大綱，讓其他教育人員和家長了解，該校教師在一學期（二十週）的時間內，將會教導哪些學習內容、採用什麼教學法，以及如何評量學生的學習成效，以部分回應課程鬆綁的學校本位課程，其民主化的公開透明和家長參與之機制。

幼兒園的學校課程計畫則是在該園既有的教育模式與課程取向的基礎上，為了有效達成各園的培育目標，教保服務人員須共同擬訂五種不同功能的課程規劃，包括：(1)全園性課程計畫：參考課程大綱、幼兒園特色或教育理念，思考幼兒園要培養出具有哪些能力的幼兒；(2)年度計畫：參考課程大綱各領域課程目標、分齡學習指標，以及幼兒園一日作息，思考各年齡層幼兒在未來一學年的學習中將獲得哪些能力；(3)學期計畫：包含該學期的例行性活動、全園性活動，以及多元學習活動等；(4)主題計畫：設計一個完整的學習主題網絡圖，包含主題名稱、主要概念、活動及與活動相對應的分齡學習指標；(5)活動計畫：設計一份活動詳案，包含活動前的

教學與素材準備、過程中的引導,以及該活動對應的分齡學習指標。

學校／幼兒園的課程計畫實施已經是我國教育法規上的明文規範,從幼兒園到高中教育皆須遵守實施,「個別化教育計畫」亦屬於明文規範的教育實施。然而,有些特殊教育教師或許會對「個別化教育計畫」和學校課程計畫兩者之間產生困惑,也會有教師認為身心障礙學生已有「個別化教育計畫」,為何需要再撰寫學校課程計畫?以下僅就差異化教學(課程調整)、「個別化教育計畫」與學校課程計畫三者之間的關係,分析說明「個別化教育計畫」與學校課程計畫兩者的不可替代性,並以表 4-9 和表 4-10 說明三者之間的關係及其差異性。

表 4-9　差異化教學、「個別化教育計畫」與一至十二年級學校課程計畫之差異比較

| 類型 | 差異化教學（課程調整） | 「個別化教育計畫」 | 學校課程計畫 |
|---|---|---|---|
| 適用法規 | 課程調整載於「十二年國民基本教育特殊教育課程實施規範」。 | 《特殊教育法》。《特殊教育法施行細則》。 | 「十二年國民基本教育課程綱要總綱」。「國民中學及國民小學課程計畫備查作業參考原則」。 |
| 目的 | 達成一個教室內有個別差異學生之學習需求。 | 提供適性的個別化教育。 | 學校的願景與教育目標的具體化和透明化。 |
| 適用對象 | 全班學生或個別學生。 | 個別學生。 | 全年級學生。 |
| 項目內容 | 屬於教師實施教學專業之原則指引,無明確具體規範。 | 有明確具體規範。 | 有明確具體規範。 |
| 資訊呈現方式 | 無須公開。 | 謹守個案保密原則,不可公開。 | 需在學校網頁公告。 |

表 4-9 差異化教學、「個別化教育計畫」與一至十二年級學校課程計畫之差異比較（續）

| 類型 | 差異化教學（課程調整） | 「個別化教育計畫」 | 學校課程計畫 |
|---|---|---|---|
| 項目內容 | 1. 課程內容（學習內容）。<br>2. 教學歷程（學習歷程、學習評量）。<br>3. 學習教材（學習歷程）。<br>4. 學習環境。<br>5. 行為管理。<br>6. 情緒心理。 | 1. 學生能力現況、家庭狀況及需求評估。<br>2. 學生所需特殊教育、相關服務及支持策略。<br>3. 學年與學期教育目標、達成學期教育目標之評量方式、日期及標準。<br>4. 具情緒與行為問題學生所需之行為功能介入方案及行政支援。<br>5. 學生之轉銜輔導及服務內容。 | 1. 學校課程總體架構。<br>2. 部定課程之領域／科目課程計畫：<br>(1)各單元／主題名稱與教學重點。<br>(2)教學進度。<br>(3)評量方式。<br>3. 校訂課程之彈性學習課程計畫。<br>4. 附件。 |

表 4-10 差異化教學、「個別化教育計畫」與幼兒園課程計畫之差異比較

| 類型 | 差異化教學（課程調整） | 「個別化教育計畫」 | 幼兒園課程計畫 |
|---|---|---|---|
| 適用法規 | 課程調整載於「十二年國民基本教育特殊教育課程實施規範」。 | 《特殊教育法》。《特殊教育法施行細則》。 | 「幼兒園教保活動課程大綱」。 |
| 目的 | 達成一個教室內個別差異學生之學習需求。 | 提供適性的個別化教育。 | 幼兒園內部教保服務人員教學指引。 |
| 適用對象 | 全班學生或個別學生考量。 | 個別學生。 | 各分齡學生。 |
| 項目內容 | 屬於教師實施教學專業之原則指引，無明確具體規範。 | 有明確具體規範。 | 有明確具體規範。 |
| 資訊呈現方式 | 教學實施歷程無須對外部公開。 | 謹守個案保密原則，不可公開。 | 無須對外部公開。 |

表 4-10　差異化教學、「個別化教育計畫」與幼兒園課程計畫之差異比較（續）

| 類型 | 差異化教學<br>（課程調整） | 「個別化教育計畫」 | 幼兒園課程計畫 |
| --- | --- | --- | --- |
| 項目內容 | 1. 課程內容<br>　（學習內容）。<br>2. 教學歷程<br>　（學習歷程、<br>　學習評量）。<br>3. 學習教材<br>　（學習歷程）。<br>4. 學習環境。<br>5. 行為管理。<br>6. 情緒心理。 | 1. 學生能力現況、家庭狀況及需求評估。<br>2. 學生所需特殊教育、相關服務及支持策略。<br>3. 學年與學期教育目標、達成學期教育目標之評量方式、日期及標準。<br>4. 具情緒與行為問題學生所需之行為功能介入方案及行政支援。<br>5. 學生之轉銜輔導及服務內容。 | 1. 全園性課程計畫：要培養出具有哪些能力的幼兒。<br>2. 年度計畫：各年齡層幼兒未來一學年的各領域／科目課程目標、分齡學習指標，以及幼兒園一日作息。<br>3. 學期計畫：各年齡層幼兒的一學期例行性活動、全園性活動，以及多元學習活動等。<br>4. 主題計畫：主題名稱、主要概念、活動及與活動相對應的分齡學習指標。<br>5. 活動計畫：活動前的教學與素材準備、過程中的引導，以及該活動對應的分齡學習指標。 |

整體而言，差異化教學（課程調整）、「個別化教育計畫」與學校／幼兒園課程計畫三者所根據的法規皆不相同，也因此其目的也有很大的差別和獨立性，然而它們卻有先後順序關係。差異化教學（課程調整）可適

用於巨觀的全體班級學生所適用之多元調整,也可適用於微觀的只有某位學生所適用的調整措施;而當差異化教學(課程調整)應用在某位身心障礙學生時,這就是「個別化教育計畫」在為該生的獨特教育需求所做之調整;學校課程計畫則是以群體學生的教育需求做說明。「個別化教育計畫」是用以保障身心障礙學生學習之獨特需求,但該計畫並不等於一對一教學,有效的特殊教育教學成效仍適合以同質性分組之小組教學進行,學生在經過編組後,此組所有身心障礙學生的「個別化教育計畫」之總和,即可形成此組的學校課程計畫之內容,所以教師經評估學生的學習需求與現況能力在進行學生學習分組之後,即可擬定其「個別化教育計畫」,再綜合完成此組此領域／科目的學校課程計畫內容,即所謂的異中求同。圖4-8 即是以十二年國民基本教育的課程調整呈現出三者之間的關係。

圖4-8 普通教育課程調整與「個別化教育計畫」和學校課程計畫的關係圖

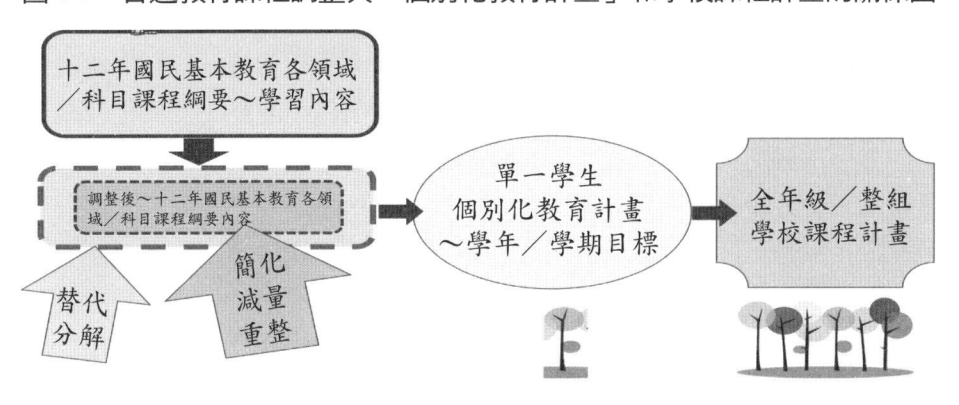

差異化教學(課程調整)、「個別化教育計畫」與學校／幼兒園課程計畫三者確實有先後產生的關係;然而,差異化教學(課程調整)都是屬於教師實施教學專業的四至六個向度之原則指引,無明確具體的內容規範。而依據其適用法規,學校／幼兒園課程計畫和「個別化教育計畫」都有具體明確的內容規範:「個別化教育計畫」有五大項的明確內容,學校／幼兒園課程計畫亦有明確必備項目要求。針對資訊公開的議題,差異化教學和幼兒園課程計畫既然屬於教師實施教學專業的原則指引,所以並無

資訊是否公開的考量;「個別化教育計畫」是屬於個案資料,基於個案保密原則,所以資料不得公開。一至十二年級國民基本教育的學校課程計畫則恰好相反,其設計原意即是為了學校教育的公開透明化,所以依照規定需上網公告。最後,就三者的內容項目做比較,學校／幼兒園課程計畫和「個別化教育計畫」都屬於學習內容為主的教育計畫目標導向,未涉及實際教學歷程的議題,但差異化教學則有引導教師思考到針對學生的差異性之教學歷程的策略應用。

綜合言之,今日差異化教學(課程調整)、學校／幼兒園課程計畫和「個別化教育計畫」三者,都是特殊教育和普通教育教師實施教學的必備專業能力。差異化教學(課程調整)乃是在一個班級或團體教學之中,因應學生的不同差異或個別教育需求,教師從學習內容至教學歷程等所做的個別化和全面性調整,以達到所有學生都能有效學習的教育目的。特殊教育的學校課程計畫,則是指不管在特殊教育學校,或是普通教育學校的集中式特教班、分散式資源班、巡迴輔導班等,特殊教育學校(班)都必須規劃不同年級(不同組別)特殊教育學生的所有課程領域／科目之規劃,它以公開透明的方式呈現學校整體學生所接受的課程調整(差異化教學)之內容。「個別化教育計畫」乃是針對某位身心障礙學生的特殊教育需求所做之教育計畫,此教育計畫當然會涵蓋在其所屬學校／幼兒園的課程計畫之內,只是「個別化教育計畫」乃屬於不公開呈現的個人教育規劃,所以上述三者之間的關係乃相互依存且同中有異。學校／幼兒園課程計畫和「個別化教育計畫」的主要差異是一者以學校團體為單位,另一者以學生個人為單位。學校課程計畫仍然必須和「個別化教育計畫」分開運作,以完成學校本位和個人本位的不同課程規劃,前者著重整體的共同性,後者則強調個別的獨特性,整體性仍必須涵蓋個別性的差異,以達到兩者相輔相成的成效。

本章乃論述高級中等以下學校普通教育課程、特殊教育課程和「個別化教育計畫」的關係,從臺灣的普通教育和特殊教育正式課程之演變,可以確知今日臺灣的特殊教育已經發展至「調整普通教育課程」的階段。我們可以從身心障礙教育的發展一窺臺灣特殊教育課程的演化,然而不管課程規劃如何演變,特殊教育課程的核心都是以身心障礙學生的個別化教育

# 第四章　普通教育、特殊教育課程與「個別化教育計畫」

需求出發，以滿足其特殊教育需求。「普通教育的課程調整」與「差異化教學模式」乃屬相同理念，差異化教學乃是通行於普通教育的用詞，然而調整普通教育課程乃是特殊教育長久以來的作法，兩者皆是要實踐如何在一個群體的教學情境中，滿足不同程度或能力學生的不同教育需求。「個別化教育計畫」乃是以單一學生為主體的教育計畫，但隨著融合教育的實施，臺灣的普通教室內有身心障礙學生已經是常態現象，因此普通教育教師也必須參與和執行班級內身心障礙學生的「個別化教育計畫」。本書希望引用「差異化教學」一詞，說明如何調整普通教育的課程與教學，以期能與普通教育教師取得溝通和共識。差異化教學已是普通教育師資培育的基本能力，期待普通教育教師皆可以帶起班級內每一位學生，滿足學生的不同需求，當然也包含班級內有「個別化教育計畫」的身心障礙學生。

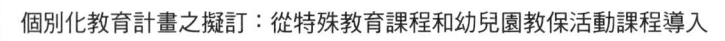

# 第五章

# 如何擬訂「個別化教育計畫」的內容

## 重點提要

1. 「個別化教育計畫」的實施流程與步驟為何？
2. 我國《特殊教育法施行細則》要求參加「個別化教育計畫」會議的人員有誰？其功能又為何？
3. 如何召開「個別化教育計畫」會議？
4. 「個別化教育計畫」的三個需求主軸為何？
5. 每一個學生都有許多特殊教育需求，擬訂一學期的「個別化教育計畫」內容時，教師所需要列入優先考量的因素有哪些？
6. 「個別化教育計畫」中現況、學年教育目標及學期教育目標的定義與關係為何？
7. 如何運用各領域／學科課程綱要調整，以擬訂「個別化教育計畫」之現況、學年教育目標和學期教育目標？
8. 如何運用「課程本位測量」擬訂具體、客觀、可評量的學習教育目標？
9. 運用「課程本位測量」以編擬「個別化教育計畫」之具體、客觀、可評量的學期教育目標的優點為何？

# 第一節 「個別化教育計畫」的實施流程與步驟

本書第二章至第四章所論述的《特殊教育法》與「個別化教育計畫」之內容，乃是如何擬訂「個別化教育計畫」的骨架，本章的內容乃是擬訂「個別化教育計畫」的血肉。特殊教育教師須先了解特殊教育法規對「個別化教育計畫」的程序和內容項目所建構之骨架，然後依照此骨架執行擬訂「個別化教育計畫」，如此一來，「個別化教育計畫」才能實現對身心障礙學生所承諾的個別化教育。「個別化教育計畫」是一種「計畫」層級的教育介入考量，其承擔著特殊教育施行的領航者角色，「個別化教育計畫」規劃的良窳自然能決定特殊教育的實施成效，因此不可不謹慎施行。整體「個別化教育計畫」的實施流程可區分為**計畫概念層面**的三個階段，以及**計畫執行層面**的五個步驟。

計畫概念層面的三個階段分別為前置作業、執行作業和成效評估。「個別化教育計畫」的「**前置作業階段**」是「個別化教育計畫」會議召開前，依據學生的各項教育診斷評估資料、相關專業評估資料等，草擬出學生本學年需要介入的特殊教育需求。「個別化教育計畫」的「**執行作業階段**」分為兩部分：第一個部分是依據「個別化教育計畫」的內容項目，草擬下學年和學期的實施內容，並且確認需要參與此學生「個別化教育計畫」會議的人員；第二個部分是召開「個別化教育計畫」會議，進行家長和教育工作人員、相關專業人員的討論溝通，並且確認完成「個別化教育計畫」內容文件。「個別化教育計畫」的「**成效評估階段**」則是在學期末針對「個別化教育計畫」的實施成效，執行者必須逐一檢視「個別化教育計畫」的實施成果。

計畫執行層面的五個步驟分述如下：**步驟一**是進行個案教育與相關專業服務的各項能力評估與資料蒐集，以確認個案在此時期的特殊教育需求，接著是設計因應個別需求的差異化教學方案，此亦為計畫概念層面的「前置作業階段」。**步驟二**是草擬「個別化教育計畫」內容，以及籌劃和通知召開「個別化教育計畫」會議，此亦為計畫概念層面的「執行作業階

段一」。**步驟三**是召開「個別化教育計畫」會議後,經過家長同意確定具體可行的學年和學期教育目標／相關服務／轉銜服務,完成一份完整的「個別化教育計畫」內容文件,此亦為計畫概念層面的「執行作業階段二」。**步驟四**是依據「個別化教育計畫」內容,進行學生的教學／相關服務和轉銜教育,此一步驟乃是特殊教育最重要的一環,但是並非屬於「個別化教育計畫」之「計畫」的定義和內涵。最後,**步驟五**是教學／相關專業／轉銜服務的實施成效評估,以確認「個別化教育計畫」的目標是否如期達成,此亦為計畫概念層面的「成效評估階段」。

「個別化教育計畫」的實施過程步驟請參考圖 5-1。然而,針對整體「個別化教育計畫」的實施乃包含步驟一、二、三、五,而不包含步驟四,因為步驟四是實施教學或相關專業服務介入階段。若以學校教育實施的時間軸觀之,依據我國《特殊教育法》第 31 條之規定:「身心障礙學生個別化教育計畫,應於開學前訂定;轉學生應於入學後一個月內訂定;新生應於開學前訂定初步個別化教育計畫,並於開學後一個月內檢討修正。前項個別化教育計畫,每學期至少應檢討一次。」也就是說,在學學生和新生的「個別化教育計畫」步驟一至三,必須在每一學期開學前完成,轉學生則可在轉入新學校的一個月內完成;步驟四是從開學後第一週至最後一週,也是進行時間最長的步驟;步驟五則可在學期結束時完成「個別化教育計畫」的執行成果檢核紀錄。

以下將繼續針對「個別化教育計畫」實施流程的步驟一、二、三、五等四個步驟,搭配「個別化教育計畫」的內容項目分別闡述之。

## 一、前置作業階段

「個別化教育計畫」實施的前置作業,也同時是特殊教育實際運作的基本首要工作,即是評估學生的特殊教育需求。前置作業階段包含步驟一-1和步驟一-2。步驟一-1乃是運用學生個案相關評估資料,通常新鑑定個案的學校教師可以參考學生的鑑定相關資料,或是普通學校輔導室所建置的學生基本資料等,若為特殊教育學生則是參考學生上一學期的「個別化教育計畫」內容,以進行新學年或新學期的特殊教育「需求」評估。對許多身心障礙學生而言,學生需要的調整課程／科目很多,或許也需要許多的相

## 圖 5-1 「個別化教育計畫」的實施過程階段與步驟

**一、前置作業階段：特殊需求評估**

步驟一：
1. 進行個案相關資料之特殊教育需求評估
2. 設計個案之差異化教學方案

**二-1、執行作業階段一：完成 IEP 內容文件草案＋召開 IEP 會議**

步驟二：
1. 組成「個別化教育計畫」委員會，草擬「個別化教育計畫」內容
2. 召開「個別化教育計畫」會議

**二-2、執行作業階段二：會議結束後，確認 IEP 內容文件**

步驟三：確認完成「個別化教育計畫」內容文件：
1-1. 學生認知能力、溝通能力、行動能力、情緒、人際關係、感官功能、健康狀況、生活自理能力、各學習領域／科目的學業能力之現況與需求評估
1-2. 學生家庭狀況與需求評估
2-1. 學生所需要之特殊教育
2-2. 學生所需要之相關專業服務
2-3. 學生所需要之支持策略
3. 學生具情緒與行為問題所需之行為功能介入方案與行政支援
4. 學年教育目標、學期教育目標之評量方式、評量日期及評量標準
5. 轉銜輔導及服務內容

步驟四：進行教學／相關專業服務／轉銜服務的個別化教育

**三、成效評估階段：檢核 IEP**

步驟五：
學期末：教育目標和相關服務之實施成效的評量（結果及日期）

關專業服務，如職能治療、物理治療或語言治療，但一學期或一週的時間有限，所以「個別化教育計畫」成員必須選擇最迫切需要的內容項目，做為新的學年或學期的介入項目。

如本書之法規章節所述，在實施特殊教育教學介入之前，「個別化教育計畫」委員會之成員，即應針對此身心障礙學生現階段教育的獨特需要進行溝通討論，以決定此身心障礙學生在此一學年或學期的教育目標和需要之相關服務。「個別化教育計畫」乃涵蓋兩個層面：「個別化教育計畫」委員會和「個別化教育計畫」內容文件。「個別化教育計畫」之內容文件乃是「個別化教育計畫」委員會的決議結果，因此整個「個別化教育計畫」執行的關鍵主體，必須從「個別化教育計畫」會議的相關人員組成和會議的召開著手。在召開「個別化教育計畫」會議之前，接受安置此身心障礙學生的學校，應著手準備此學生的相關資料，以初步決定需要邀請參與此學生「個別化教育計畫」會議的成員名單。

身心障礙學生之「個別化教育計畫」的相關參考資料，大致包含學生的基本資料、心理教育和醫學之診斷結果、認知和行為發展之現況等（CEC, 1999; McLoughlin & Lewis, 1990; Polloway & Patton, 1993; Salvia & Ysseldyke, 1995; Silver, 1989），以討論與確認此個案現階段最適合之教育目標。身心障礙學生之診斷與評量，大致可分為正式性評量和非正式性評量兩大類：正式性評量是指有常模參照或標準參照的標準化測驗；非正式性評量則包含教師或父母的觀察、學生資料之作業或作品分析、訪談、動態評量或生態評量等。教育工作者可以充分運用身心障礙學生在鑑定過程中所做的各項診斷評估結果，再因應教學介入需要做進一步的評估。

表 5-1 提供學前到高中階段一般身心障礙學生相關資料之參考項目，然而實際運用時仍需視學生的年齡、就讀階段和個別差異等狀況，針對新的學年或學期的特殊教育介入需求再做調整。基本上，多重障礙或重度障礙學生因其障礙狀況涵蓋較廣且嚴重，因而所做之診斷評量項目將包含生理檢查、溝通、感官功能、生活自理能力等，而輕度障礙學生（如學習障礙），可能有學科表現、認知能力或學習技巧的困擾，所以國小學習障礙學生可能比較不需要做醫學／生理檢查、適應行為、溝通能力、知覺動作能力、職業能力等的診斷評量；到了國中和高中階段，身心障礙學生每一

表 5-1　個案之教學介入相關診斷資料

1. 基本資料
   - 姓名
   - 性別
   - 實齡
   - 年級
   - 目前安置狀況（普通班、分散式資源班、巡迴輔導班、集中式特教班、特殊教育學校）
2. 背景資料
   - 生長史
   - 醫療史
   - 特教史
   - 家庭樹
3. 相關診斷評量結果

| 類別 | 評量／工具名稱 | 施測日期 | 施測者 | 結果摘要 |
|---|---|---|---|---|
| 醫學／生理檢查 | | | | |
| 　1.視力 | | | | |
| 　2.聽力 | | | | |
| 　3.手眼協調能力 | | | | |
| 　4.肢體行動能力 | | | | |
| 智力／認知能力 | | | | |
| 適應行為 | | | | |
| 生活自理能力 | | | | |
| 國語文能力 | | | | |
| 數學能力 | | | | |
| 溝通能力 | | | | |
| 學習行為／習慣 | | | | |
| 情緒處理能力 | | | | |
| 社交／人際關係 | | | | |
| 職業興趣、優勢、偏好 | | | | |
| 其他 | | | | |

學期的「個別化教育計畫」，可能比較不需要再詳述學生學前階段的教育史、醫療史等，因為個案的上一個階段或上一份的「個別化教育計畫」內容，應足以提供充分的資訊，以做為教育人員設計銜接此一階段的「個別化教育計畫」內容。不過一切相關評估仍以個案之個別考量為主，透過此相關資料評估前置作業，學生「個別化教育計畫」參與人員可以決定個案之特殊教育介入的內容。

「個別化教育計畫」實施的前置作業之步驟一-2，也仍然是特殊教育實際運作的基本工作，即是設計決定學生的個別化教育之需求，設計者可以先規劃因應此學生特殊教育需求的差異化教學方案。表 5-2 以一位國小學生為範例，先以差異化教學模式規劃該生的個別化特殊教育需求，以達實施此學生的個別化教育之目的，後續則可以轉換成此學生的「個別化教育計畫」內容。本書在第四章已經陳述如何將差異化教學模式轉換成「個別化教育計畫」之內容。

### 表 5-2　學生 A 之適性差異化教學方案範例

學生姓名：A 生　　就讀年級：五年級　　學習領域／科目：國語文
實施期限：2020 年 8 月 30 日～2021 年 1 月 31 日
參與教師：普通班導師王老師、資源班教師丁老師

**學生特殊需求評估──現況**

1. 國語文科目程度水準：聽覺理解／口語表達能力正常，識字寫字能力約一年級水準，閱讀理解受限於識字量有限，文章閱讀理解有困難。
2. 認知能力：正常。
3. 感官功能：正常。
4. 行動能力：正常。
5. 人際關係：與同學互動良好，有 3 至 5 個好友。
6. 情緒／心理：有衝動和過動現象，但尚可以自我控制；此外因為常常晚睡，導致來學校後時常會昏睡。其他正常。請假頻率高，媽媽無力管教、寵溺孩子。在學校時常精神狀況不佳。爸爸若在家，個案的表現較穩定，但爸爸因為工作關係常常不在家。
7. 溝通能力：肢體表情豐富，對於老師指令大都能夠做到，講話有時會含糊不清。
8. 健康狀況：偶爾未吃早餐，有挑食情況。
9. 生活自理能力：衛生習慣不佳，指甲時常未剪，吃飯時常會掉飯粒於桌上或地上。

表 5-2　學生 A 之適性差異化教學方案範例（續）

| 範疇 | 調整策略 |
|---|---|
| 一、學習環境 | ・**優先座位安排**<br>第一排中間位置，靠近老師，老師可以即時指導。<br><br>■ A 生　　□ 正向楷模同學<br><br>〔教師桌〕<br>□　□　■　□　　　□　獨立座位<br><br>・**坐在正向角色楷模旁邊**<br>安排正向角色楷模（同儕輪流擔任）坐在旁邊和協助，因為 A 生需要其他同學提醒和協助，所以會安排正向楷模同學在旁協助。<br>・**提供輔助科技**<br>A 生學習時若遇到問題，班級教室有提供電腦，可以讓 A 生佩戴耳機使用有聲閱讀軟體。<br>・**運用個人學習座位（無物品）**<br>當 A 生自覺浮躁不安時，可以向老師表示要攜帶個人物品移至右側安排的個人獨立座位繼續學習。<br>・**運用教室內學習角落（包含動物內容讀物、繪本、百科全書、益智遊戲等）**<br>A 生可以與同儕共同學習。 |
| 二、學習內容 | 1. 國語文科目課程綱要<br>・方案 1：以第三階段國語文學習重點進行學習表現和學習內容調整。 |
| 教學目標 | 2. 國語文教科書教學內容<br>・方案 4：以第七冊教科書每一課／單元的教學目標進行調整。 |

表 5-2　學生 A 之適性差異化教學方案範例（續）

| 範疇 | 調整策略 |
|---|---|
| 三、學習歷程<br>～教材 | A.上課講義<br>・A-1 支持性協助<br>1. 提供前導組織：A 生可藉此了解課文大綱。<br>2. 提供學習前指引：因為 A 生喜歡圖片，所以只要有圖的課文，都會讓他試著先看圖說故事，再慢慢引導到主題內容，引起其動機。<br>3. 圖表組織：因為比起課文文字內容，A 生喜歡圖片的視覺提示。<br>・A-2 強調標示重點的系統<br>因為 A 生常常找不到重點，需要先提供重點提示。<br>・A-3 變化教材<br>提升易讀性：降低閱讀理解難度。<br>・A-4 教材做學習前準備<br>文本內容段落編號_____，引導讓 A 生先自行做編號。<br>B.作業單／習作<br>・B-1 提升易讀性：降低閱讀理解難度<br>教師增加圖案、圖形提示做練習說明，亦可藉由影片來問問題，再請 A 生說出答案。<br>・B-4 作業設計<br>1. 減量：考量學生識字寫字困難，書寫字量較同儕少，題目數量亦減量。<br>2. 替代：書寫造句可用口頭造句替代。 |
| 四、學習歷程<br>～教學設計 | ・A.教學策略<br>1. 識字：適時給予圖像化思考、拆字組字、字型架構、口訣記憶等；藉助電子白板內容，聽完一句後，再自行指認朗讀，提升認字能力。<br>2. 閱讀理解：可先藉由各課引起動機的影片讓 A 生大略了解接下來的課文主軸，接著再進入文本閱讀。教師採用預測（看插圖說故事）、教師提問（提取訊息—推論思考—歸納總結）、同儕互相提問解答等教學策略。教師會運用肢體運動等遊戲，使教學更為生動活潑。 |

表 5-2　學生 A 之適性差異化教學方案範例（續）

| 範疇 | 調整策略 |
|---|---|
|  | ・B.輔助科技<br>提供點讀筆和平板電腦做閱讀學習。<br>・C.評量／考試調整<br>1. 刪除部分題型＋配分比例調整：刪除「看注音寫國字」、「看國字寫注音」和「改錯字」題型，因此定期評量考卷配分比例將調整。<br>2. 替代：以口語造句替代書寫造句題目，以選擇題型替代填充題型。<br>3. 報讀題目。<br>4. 延長考試時間 20 分鐘。<br>・D.成績計算調整<br>每一次定期評量成績由資源班教師評分平時成績（占 50%），普通班教師依據學生的定期評量考卷提出 50% 的成績評分。 |
| 五、行為管理 | ・個人學習規約<br>針對 A 生設計個人的學習契約，以促使其提早上床睡覺，以及上課有精神的行為表現。 |
| 六、情緒／心理 | ・家庭因素<br>進行親師溝通，針對母親的寵溺，提供母親學習正向支持的管教方式，讓家長體會孩子來校後的進步表現，以及目前學習狀況對孩子未來的影響；雖然因為工作關係，父親不能每天在家，但還是希望父親能夠用不同形式常常與 A 生互動溝通，以表達爸爸的關懷之心。 |

## 二-1、執行作業階段一

執行作業階段乃包含步驟二和步驟三，**執行作業階段一**是指步驟二-1和步驟二-2。步驟二-1是草擬「個別化教育計畫」內容：擬訂「個別化教育計畫」的內容草案階段必須遵循法規的要求，將在步驟三再詳述，這個草案必須經過步驟二-2「個別化教育計畫」會議討論，家長同意簽名後，才能形成有行政效力的文件。然而，若是此步驟「個別化教育計畫」的草案內容非常完整、周全明確，將可以節省會議討論的時間，也會減少後續需要大幅修改的可能性，所以嚴謹的草案是成功的「個別化教育計畫」之開始。

步驟二-2 是籌劃與召開「個別化教育計畫」會議：「個別化教育計畫」會議的主要目的，乃是透過教育工作者和家長的面對面溝通和對話，以決定此身心障礙學生的獨特教育需要，再據此擬訂出此個案的學年與學期教育目標（週教學目標）、相關服務和轉銜服務的內容。「個別化教育計畫」會議的另一個目的是要締造一個雙贏的結果──教育工作者和學生家長，它是一個溝通討論的機會，讓家長了解學校將為他們的孩子提供哪些教育介入，也同時讓教育工作人員能從家長那裡知道孩子的更多發展能力，以及家長對孩子的期待。

以下將就「個別化教育計畫」會議前、會議中兩個階段，分別說明此階段需要進行的工作，會議後的工作則屬於「個別化教育計畫」步驟三至步驟五的內容。

### （一）會議前

在進行至步驟二-2 召開「個別化教育計畫」會議前，教育工作人員應該已經彙整出個案的各項診斷評估結果，並且有初步的「個別化教育計畫」各項內容的擬訂，接下來將擬訂參加此個案「個別化教育計畫」會議的人員名單，以及後續的開會行政程序。整個會議前的步驟流程如圖 5-2 所示。

圖 5-2 「個別化教育計畫」會議前的步驟流程

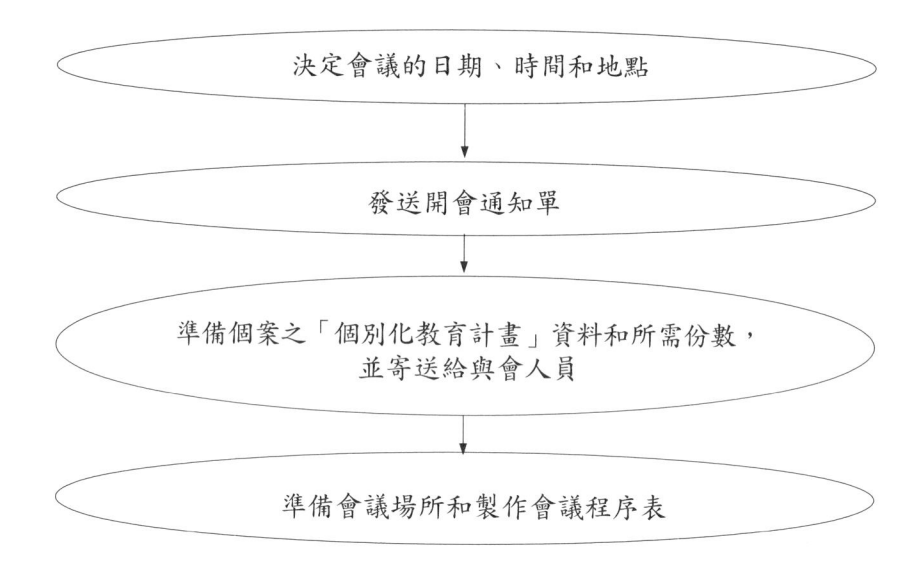

```
決定會議的日期、時間和地點
          ↓
     發送開會通知單
          ↓
準備個案之「個別化教育計畫」資料和所需份數，
         並寄送給與會人員
          ↓
  準備會議場所和製作會議程序表
```

擬訂適合參加某一個案「個別化教育計畫」會議的人員名單，是會議前的首要步驟，表 5-3 是「個別化教育計畫」委員會的各委員職稱和執掌功能（Bateman, 1996; CEC, 1999; Siegel, 2007; Strickland & Turnbull, 1993）。「個別化教育計畫」委員會的成員組合基本上視個案獨特性之考量（case by case）而組合，所以即使是安置在同一班級的學生，甲生和乙生的委員會成員也不一定相同，但是依據表 5-3 的敘述，主席、學校行政單位代表、特殊教育教師和家長應是所有個案之委員會的最基本成員，其他如普通班教師、學生本人、轉銜服務機構代表和相關專業人員則是依個案之需要再做介入。然而，根據我國特殊教育法現相關規定，各縣市負責特殊教育業務代表（教育行政機構代表）並不需要參與「個別化教育計畫」之擬訂，因此在我國教育行政機構代表將不是「個別化教育計畫」團隊的當然委員。因此，若個案有實際需要，例如：相關專業人員之介入，「個別化教育計畫」團隊仍需要邀請各縣市負責特殊教育業務代表參與會議，方能有效達成「個別化教育計畫」會議之目的。

表 5-3　「個別化教育計畫」團隊委員功能表

| 參加人員與職稱 | 功能 |
| --- | --- |
| 主席 | 1. 主持會議。<br>2. 協調委員會活動進行。<br>3. 與家長溝通。<br>4. 在團體計畫和做決定的過程中給予協助。<br>5. 督導程序記錄。<br>6. 確定申訴程序。 |
| 至少一位學校行政單位代表 | 1. 代表政府機構解釋法令或政策。<br>2. 提供安排相關服務或轉銜服務。<br>3. 提供不同學校間的聯繫與合作。<br>4. 提供學生就讀學校內的各項資源（如輔具、交通車等）與協調。 |
| 至少一位普通班教師 | 1. 提供學生在教室的資料表現。<br>2. 提供課程設計的資料。<br>3. 協助擬訂長程和短程教育目標。<br>4. 明確指出學生在普通教育的能力和限制。 |
| 至少一位特殊教育教師 | 1. 提供有關學生障礙之資料。<br>2. 明確指出學生目前在特殊教育的能力現況。<br>3. 明確指出學生的特殊教育之需要。<br>4. 參與資料的解釋。<br>5. 協助擬訂長程和短程教育目標。 |
| 至少一位學校心理評量人員或輔導教師 | 提供各項測驗資料的結果解釋。 |
| 家長角色 | 1. 提供有關個案之學習和發展資料。<br>2. 提供個案所接受其他服務的資料。<br>3. 協助擬訂長程和短程教育目標。 |
| 學生本人 | 1. 提供在課程及教室表現之紀錄資料。<br>2. 提供有關自己生涯目標或興趣的資料。<br>3. 協助評量以前計畫中所訂之目標。<br>4. 協助確定適當的長程和短程教育目標。 |

表 5-3　「個別化教育計畫」團隊委員功能表（續）

| 參加人員與職稱 | 功能 |
| --- | --- |
| 視狀況需要——相關專業團隊（如心理諮商師、語言治療師、社工師等） | 1. 解釋相關評量資料。<br>2. 提供此個案之獨特需要的建議。<br>3. 提供相關服務之建議。 |
| 視狀況需要——轉銜服務機構代表 | 學生在 16 歲以後，可以視需要邀請下一階段的轉銜服務機構代表來參加會議，以提供意見，做良好銜接準備。 |

　　根據我國 2012 年所修訂的《特殊教育法施行細則》第 9 條規定：「……參與訂定個別化教育計畫之人員，應包括學校行政人員、特殊教育及相關教師、學生家長；必要時，得邀請相關專業人員及學生本人參與，學生家長亦得邀請相關人員陪同。」依據此法源規定，參加「個別化教育計畫」會議的人員之中，一定要出席參加的人員，包含學校行政人員、特殊教育及相關教師、學生家長，不一定需要出席的人員，包含相關專業人員及學生本人。然而，2020 年《特殊教育法施行細則》第 9 條又有更新修訂：「……參與訂定個別化教育計畫之人員，應包括學校行政人員、特殊教育與相關教師，並應邀請學生家長及學生本人參與；必要時，得邀請相關專業人員參與，學生家長亦得邀請相關人員陪同。」依據此規定，參加「個別化教育計畫」會議的人員之中，一定要出席參加的人員，包含學校行政人員、特殊教育與相關教師、學生家長和學生本人，不一定需要出席會議的人員僅含有**相關專業人員和家長邀請的相關人員**。

　　2020 年《特殊教育法施行細則》第 9 條的修正，針對身心障礙學生本人一定要出席自己的「個別化教育計畫」會議，其修正條文說明為：「二、依身心障礙者權利公約第七條第三款及第十二條第四款規定及特殊教育法第二十八條規定，為使身心障礙學生充分參與自身之個別化教育計畫，並配合特殊教育法第二十八條作一致性規範，爰修正第三項規定」。亦即是，此法條修正的主要原因是：為使身心障礙學生充分參與自身之「個別化教育計畫」。然而，在此條文實際運作上會有困難度，主要是當身心障

礙學生的年齡較小，例如：學前教育階段或是國小、國中階段，或是認知障礙程度較嚴重（如沒有溝通能力等），這些因素將會讓身心障礙學生充分參與自身之「個別化教育計畫」的意義不大。身心障礙學生充分參與自身之「個別化教育計畫」的立意良好，亦有其正當性，但是應該考慮身心障礙學生的年齡、自我表達能力，以及學生意願等因素，當此條文要求身心障礙學生一定要出席自身的「個別化教育計畫」時，恐怕將變成執行者的困擾，若是家長或學生本人都以「不克出席會議」為由，不能參加其子女或自身的「個別化教育計畫」，確實挑戰了此修法的美意。

此外，2020年《特殊教育法施行細則》第9條修正並未明確指出，應該由哪個單位來負責籌劃召開此學生之「個別化教育計畫」會議。多年來，我曾在多次研討會當中，針對此一論題和與會之特殊教育教師、特教組組長、輔導主任或教務主任等人進行討論，大家比較一致性的意見是在我國現行的特殊教育環境之下，負責學生「個別化教育計畫」委員會的籌劃與召開之單位，在普通學校應該是學校之輔導室，在特殊教育學校則由教務處統籌規劃，也因此「個別化教育計畫」會議之主席應是各校之輔導室主任或教務主任。上述主張之主要理由是在普通學校，其特殊教育工作主要是隸屬於輔導室的行政業務之一，輔導室主任之權責將比校長或特教組組長，更能勝任協調校內各處室之配合、家長之溝通和校外資源之協助；而在特殊教育學校中，由於全校之教學資源以教務處為主要核心，學生之「個別化教育計畫」籌劃以教務處為主體，將更可達到各項教育資源溝通協調與整合的成效。

主責單位在決定參加會議的人員名單後，接下來是協調此學生「個別化教育計畫」會議的日期、時間和地點。為了行政運作之便，此時假若同一學校內的多位身心障礙學生的委員會成員相似，則此些學生的會議時程可以儘量安排在同一時段，以方便所有參加人員的時間調配。在發送開會通知給所有與會人員之前，一定要先確認會議主席和家長的適合時間，再進一步協調其他人的時間，並且要記得在開會通知單上附上「回條」，以確認哪些人可能無法出席會議，除了和不能出席者做一些必要的事先溝通協調外，也是下一步驟準備個案「個別化教育計畫」資料份數之依據。本書附錄一和附錄二為兩份「個別化教育計畫」的開會通知範例：附錄一為高雄師範大學特殊教育學系108級學生小組作業成果，他們修習我所開設的

「個別化教育計畫」課程之小組作業中所設計的開會通知,此份學生作業相當完整,故提供做為參考;附錄二則為美國奧瑞崗州州政府教育局所提出的參考資料。

其中,附錄一的家長開會通知書,亦檢送家長版的「認識『個別化教育計畫』三折頁」樣本,此亦是我在同樣課程中的學生個人作業要求之一,希望學生都能設計協助家長了解「個別化教育計畫」的資料,未來能隨函附在給家長的開會通知內。我長期以來也應身心障礙家長團體之約,協助家長認識「個別化教育計畫」,或是「如何看懂我孩子的個別化教育計畫」,在此過程當中,我發現學校的特殊教育教師,有必要協助家長了解「個別化教育計畫」的內容和目的,如此也更鼓勵家長來參加其子女的「個別化教育計畫」會議。因此,多年來在我所教授的大學部課程「個別化教育計畫的理念與實施」中,即規劃每一位學生都要學習設計家長版的「認識『個別化教育計畫』三折頁」作業,我覺得此份作業一方面可以讓學生統整個人對「個別化教育計畫」的基本要項內容,另一方面也可以發揮巧思和創意,學習如何和家長溝通「個別化教育計畫」的理念和實施,可謂一舉兩得。

召開「個別化教育計畫」會議前,為了讓所有參與會議人員能事先對個案的各項資料有所了解,會議前應先將個案的「個別化教育計畫」草案寄送給與會人員,將有助於會議中的討論。比照一般性會議程序,會議前一週寄送個案之「個別化教育計畫」是適切的規劃,並且要提醒與會人員攜帶此個案資料至會場,同時堅守個案資料保密原則。最後一個步驟是會場準備和每一個個案會議程序表的製作,此會議程序將會依據是舊個案,還是新個案的第一次「個別化教育計畫」會議而有所不同,此程序表內容將在本節「會議中」部分詳述之。

為了有利於讓「個別化教育計畫」會議順利完成任務,Herr 與 Bateman(2006)提出教育工作人員和家長都有必要先建立會議前的共識。教育工作人員的五項會議前準備是:(1)舉行「個別化教育計畫」會議前的腦力激盪會前會;(2)邀請具有主持會議訓練的主管擔任初次或高困難度的「個別化教育計畫」會議的主席;(3)設計明確的會議程序表;(4)會議主席必須清楚會議的討論重點,並且能讓大家都能針對主題討論而不離題;(5)接納家

長是非常了解他們孩子狀況的專家。家長的五項會議前準備是：(1)準備問題於會議中請教教育人員；(2)準備孩子的相關資料供大家參考；(3)會議中尊重每一個人的看法與意見；(4)了解現行教育體制的某些人力或設備資源上的限制；(5)會議討論中要切中主題不離題。上述針對教育工作者或家長的會議前行政和心理準備都非常重要，我建議各校可以將上述要點做成海報張貼於會議現場，或以附件形式附在寄送給家長或所有教育人員的開會通知單上。

## （二）會議中

「個別化教育計畫」會議是一個溝通討論並且做出決議的過程，會議當中針對此學生的現況描述或是長程、短程教育目標的訂定，有時家長和教育工作人員的看法會不一致，有時可能是普通教育教師和特殊教育教師的要求不一樣，或有時可能是教育行政人員和教師的看法也不同，也有可能是教育人員和相關專業人員的立場不同；而此種種的不同意見都需要透過良好有效的會議溝通以達成共識，以避免造成日後相關人員的誤解與衝突。「個別化教育計畫」會議要成功達成目的，和任何一個成功的會議一樣，都需要具備一些條件。依據美國《行銷管理》（*Sales & Marketing Management*）雜誌建議要開好會議，在會議前後要謹守：「選定主題」、「參與感」、「互動」、「彼此讚美」、「保持活力」，以及「持續掌握會議後續進度」等六項小技巧，方是有效率的會議（蔡明珊，1993）。此外，「個別化教育計畫」會議的主席必須具備主持會議的能力，確實掌握時間，以客觀公平的態度讓所有與會人員都有表達意見的機會，且讓大家也能遵守掌握重點和時間的原則，以有效達成會議的目的。

在「個別化教育計畫」會議中，討論的重點應以此學生下一學期的特殊教育介入內容為重點。為了達成此目的，所有與會人員必須先清楚了解此個案的特殊教育需求是什麼？現階段的各項能力發展（現況）到哪裡？接下來是父母對孩子下一階段各項能力發展的期待為何？教育人員又將提供哪些學習或訓練課程給此個案，時數又各是多少？若個案有一些特殊狀況需要經常性或緊急性處理，教育人員所設計的處理計畫為何？例如：個

案需要如廁處理、需要定時抽痰、會不定時癲癇發作或心臟病發作等，「個別化教育計畫」的精神與目的即是顯現在此時，透過事先完整的教育規劃與溝通協調，教育工作人員和家長雙方將可對於個案的各項特殊教育介入有充分的了解，雙方以合作的方式，共同為孩子的發展與進步攜手努力。以下是「個別化教育計畫」會議中的程序表，表 5-4 為新個案的第一次「個別化教育計畫」會議，表 5-5 是舊生個案的「個別化教育計畫」會議。通常新個案的第一次「個別化教育計畫」會議會花費比較長的時間做說明和討論，若同一時段將進行許多個案的「個別化教育計畫」會議時，我建議將舊生個案的時間安排在前面，新個案的時間安排在後面，以避免因為新個案的討論時間延長，而影響後面所有個案討論的時間必須延後舉行。

表 5-4 新個案的第一次「個別化教育計畫」會議程序表

| 內容 | 負責人員 | 預計時間 | 備註 |
| --- | --- | --- | --- |
| 會議開始、介紹與會人員 | 主席 | 2 分鐘 | |
| 個案各項診斷評估資料彙整報告與特殊教育需求之確認（包含項目內容和時限） | 特殊教育教師、心理評量人員、輔導教師、相關專業人員、導師、任課教師等 | 10～20 分鐘 | 負責人員視個案狀況需要而定 |
| 教育人員與家長確認對個案各項資料的評估與特殊教育需求內容 | 家長、特殊教育教師、心理評量人員、輔導教師、相關專業人員、導師、任課教師等 | 5～10 分鐘 | 負責人員視個案狀況需要而定 |
| 各項特殊教育介入負責人員對其負責部分作現況—學年目標—學期目標之說明 | 各負責人員 | 15～20 分鐘 | 視個案狀況而定 |
| • 特殊狀況討論<br>• 家長與相關教育人員討論與澄清不明確之處 | 主席 | 5～10 分鐘 | |
| 會議決議摘要—會議結束 | 主席 | 5 分鐘 | |

表 5-5　舊生個案的第 n 次「個別化教育計畫」會議程序表

| 內容 | 負責人員 | 預計時間 | 備註 |
| --- | --- | --- | --- |
| 會議開始、介紹與會人員 | 主席 | 2 分鐘 | |
| 個案上一次「個別化教育計畫」執行結果 | 特殊教育教師 | 5 分鐘 | |
| 個案現階段教育評估彙整與特殊教育需求內容（包含項目內容和時限） | 特殊教育教師、心理評量人員、輔導教師、相關專業人員、導師、任課教師等 | 5～8 分鐘 | 負責人員視個案狀況需要而定 |
| 教育人員與家長確認對上一階段「個別化教育計畫」執行成效的滿意性與現階段特殊教育需求內容的擬訂 | 家長、特殊教育教師、心理評量人員、輔導教師、相關專業人員、導師、任課教師等 | 3～5 分鐘 | 負責人員視個案狀況需要而定 |
| 各項特殊教育介入負責人員對其負責部分作現況—學年目標—學期目標之說明 | 各負責人員 | 15～20 分鐘 | 視個案狀況而定 |
| ・特殊狀況討論<br>・家長與相關教育人員討論與澄清不明確之處 | 主席 | 5～10 分鐘 | |
| 會議決議摘要—會議結束 | 主席 | 5 分鐘 | |

## （三）會議後

　　「個別化教育計畫」會議之目的是讓訂定此教育計畫的所有團隊人員可以進行面對面之討論與溝通，包含學生的法定代理人或實際照顧者以及學生本人。會議進行是依據該計畫規範的五個項目內容進行說明、討論和確認結果，在會議結束後，此五大項內容的決議即是此學生「個別化教育計畫」之會議結果紀錄。一份完整的會議紀錄應包含開會時間、出席人員簽名、主持人，以及計畫的五項內容，亦即是具有法律效用的內容文件。

「個別化教育計畫」會議非屬一般行政業務性質的會議形式，因此並不需要有歷程中誰說了什麼話語或是主席致辭等內容紀錄，學生「個別化教育計畫」文件的五項內容決議即是「個別化教育計畫」的會議紀錄。此外，依據 2023 年公告的《特殊教育法施行細則》，每位學生的「個別化教育計畫」內容文件，學校要自學生畢業或離校後保存 10 年。

身心障礙學生的「個別化教育計畫」資料視同其個案資料或輔導資料，會議結束時，教育人員應回收此會議所使用的每一份計畫草案資料，以做到個案資料保密之基本原則。依據美國的相關法律規定，家長仍可將此項草案資料帶回去，以驗證會議決議和最後收到的正式「個別化教育計畫」內容是否一致（Herr & Bateman, 2006）。

## 二-2、執行作業階段二

執行作業階段二之步驟三，即是完成「個別化教育計畫」內容文件。一份完整的計畫文件內容，依據我國《特殊教育法施行細則》第 10 條規定，必須包含：(1)學生能力現況、家庭狀況及需求評估；(2)學生所需特殊教育、相關服務及支持策略；(3)學年與學期教育目標、達成學期教育目標之評量方式、日期及標準；(4)具情緒與行為問題學生所需之行為功能介入方案及行政支援；(5)學生之轉銜輔導及服務內容。

上述內容經過步驟二-2「個別化教育計畫」會議的充分討論定案後，需由家長和所有教育相關人員同意簽名後，形成一份當學期或學年此學生所有特殊教育實施方案的依據。我建議將「個別化教育計畫」的內容分為**摘要描述性資料和教學目標設計資料兩部分。摘要描述性資料**包含：(1)學生能力現況、家庭狀況及需求評估；(2)學生所需特殊教育、相關服務及支持策略；(4)具情緒與行為問題學生所需之行為功能介入方案及行政支援；(5)學生之轉銜輔導及服務內容。**教學目標設計資料**則是指：(1)學生各領域／科目的能力現況；(3)學年與學期教育目標、達成學期教育目標之評量方式、日期及標準。當然對教師的最大挑戰以及占據此教育計畫最大篇幅者，應該就是教學目標設計的資料，如何擬訂各學習領域／科目的學年和學期教育目標，將在本章第四節詳細說明之。

第五章　如何擬訂「個別化教育計畫」的內容

　　此完整的「個別化教育計畫」至少要有一式兩份的正式文件，內容包含會議參與人員之簽名和家長同意實施之簽名，一份交由教育人員保管，一份交由家長保管。教育人員應該長期建立身心障礙學生的「個別化教育計畫」內容文件檔案，此份檔案資料可以呈現學生的長期學習和發展紀錄，對於教育人員和相關專業人員而言都是一份很有意義的教學參考資料，尤其當某一區域特殊教育教師或相關專業人員更替頻繁時，完整的學生「個別化教育計畫」檔案紀錄，將可以幫助新任教育人員快速了解學生的學習狀況，有效的進行教學和相關專業服務之銜接，不至於浪費太多時間在學生的學習診斷和評估上。此外，當身心障礙學生透過各縣市的特殊教育學生鑑定及就學輔導會做跨階段轉銜安置時，例如：國小升上國中階段，國小教育工作人員應主動儘速將學生的「個別化教育計畫」檔案，轉送至國中教育人員手中，他們就可以儘早了解此學生的各項狀況，持續擬訂良好的「個別化教育計畫」。學生「個別化教育計畫」檔案的跨教育階段銜接，國內目前的實施狀況仍有待再加強，我建議此項措施應該由各縣市教育局特殊教育科（課）做強制規定和督導，以落實「個別化教育計畫」對身心障礙學生學習發展需求與成效評估的積極意義。

　　美國聯邦政府的《特殊教育法》和我國的《特殊教育法》對於「個別化教育計畫」之內容格式都無強制規定，但是美國某些州或學區會提供參考架構格式給學校和家長做參考。美國學區的規模大致相當於我國縣市教育局（處）的行政權責範圍，這些「個別化教育計畫」撰寫格式可由各州政府制定，或是由各學區的特殊教育主管召集相關人員討論擬訂而成，再由相關人員共同遵行應用（Bateman, 2007）。本書附錄三是美國奧瑞崗州州政府教育局（Department of Education, State of Oregon）所提供的擬訂「個別化教育計畫」的指導手冊（Oregon Department of Education, n.d.）；附錄四是美國奧瑞崗州所訂定的「個別化教育計畫」標準內容格式（Oregon Department of Education, n.d.），提供讀者做參考（https://reurl.cc/14an4Y）；附錄五則是美國奧瑞崗州「個別化家庭支持計畫」（IFSP）參考內容格式，雖然我國並沒有實施「個別化家庭支持計畫」，但是對於我國 2 至 5 歲身心障礙幼兒的「個別化教育計畫」，美國奧瑞崗州的「個別化家庭支持計畫」亦可提供學前教育之家長和教育人員參考。

美國各州的教育局都會有「個別化教育計畫」的相關參考資料網頁，主要是要讓州內所有家長和教育人員能建立對「個別化教育計畫」的共識，了解從聯邦政府到州政府對「個別化教育計畫」的各項規定與操作方式，以增加「個別化教育計畫」的實施成效。此外，為了因應不同母語移民的差異，除了英文以外，例如：奧瑞崗州政府也提供中文、俄文、越南文和西班牙文版本的「個別化教育計畫」使用說明。我認為此項措施值得國內各縣市特殊教育科（課）做參考，各縣市宜對於其所屬學校提供「個別化教育計畫」的各項規定說明，以及各縣市在特殊教育、相關專業服務和轉銜服務等資源服務的相關訊息。基本而言，特殊特育教師應該都已經精熟「個別化教育計畫」的擬訂與實施，只是各縣市的規定或資源仍有不同，一個縣市層級的「個別化教育計畫」行政規範說明和範例，對於家長、新進教師或學校行政人員，以及教育行政人員仍是非常有幫助的措施。

　　長久以來，「個別化教育計畫」的格式一直是國內特殊教育教師們強力訴求改善的議題，教師們希望中央或地方的特殊教育主管機關，可以針對「個別化教育計畫」制定出「一套格式」。事實上，「格式」或內容項目的多寡，並非是「個別化教育計畫」的重點，真正要關切的是「個別化教育計畫」的「內容」，是否符合此一身心障礙學生的特殊教育需求。然而，造成教師從未間斷的訴求原因有二：一是國內在特殊教育職前訓練之時，大學教授們對「個別化教育計畫」的詮釋不同；二是教育評鑑時的標準不一，包含中央政府對縣市教育局（處）的評鑑，以及縣市教育局（處）對學校的評鑑。不同層級的不同評鑑委員，對於「個別化教育計畫」的內容或格式都有不同的看法。不管縣市層級或學校層級，每經歷過一次評鑑，學校層級的教師們就要修改一次「個別化教育計畫」的內容項目或格式，如此的行政作業工程常常耗損第一線教師們的許多心力，確實造成縣市教育局（處）和學校教師們的莫大困擾，中央主管機關和縣市教育局（處）的特殊教育主管單位，確實需要嚴肅重視此一議題，力謀改善之道，以避免本末倒置，影響原本立意良好之「個別化教育計畫」的實施。

## 三、成效評估階段

「個別化教育計畫」的成效評估階段包含實施步驟四和步驟五：步驟四是依據學年和學期教育目標，進行教學／相關專業服務／轉銜輔導與服務，亦即是特殊教育的教學與輔導的實施，但此步驟並不屬於「個別化教育計畫」的歷程之一；步驟五是教學／相關專業服務／轉銜輔導與服務的實施成效評估，也是驗證此學生的「個別化教育計畫」是否成功有效。

「個別化教育計畫」實施過程的步驟三至步驟五皆屬於「個別化教育計畫」會議後的程序；此步驟三至步驟五的過程，也是 Herr 與 Bateman（2006）認為「個別化教育計畫」會議後應該要做的事。他們建議，「個別化教育計畫」會議後要完成的事項包含：(1)製作「個別化教育計畫」的完整內容文件，一份交給家長，一份由教育人員保存；(2)確認「個別化教育計畫」中所載明的特殊教育介入都有開始如期進行；(3)監督各項特殊教育介入的進展；(4)當學生的學習成效並不如預期表現時，可以重新修訂「個別化教育計畫」內容文件和召開「個別化教育計畫」會議；(5)教育人員要繼續和家長保持聯繫和良好溝通；(6)必要時可以對學生說明他／她的「個別化教育計畫」內容。

整體「個別化教育計畫」的實施過程若以「召開『個別化教育計畫』會議」為分割線，會議前的完整規劃和準備，將會營造一個充滿信任和合作決議的成功會議，讓教育人員與家長可以攜手合作，共同為孩子創造一個良好的學習環境，更可以讓會議後的特殊教育各項介入能有效達成任務，真正完成身心障礙學生的特殊教育需求，協助他們跨越障礙的鴻溝，以自己的速度與需求繼續學習與成長之路。

# 第二節　「個別化教育計畫」內容的三大主軸與五項內容

如何決定身心障礙學生之特殊教育獨特需要，是「個別化教育計畫」的前置作業，也是實施過程的步驟一，這是一項極具挑戰性的任務。「個

別化教育計畫」的精髓,是要讓特殊教育服務能滿足身心障礙學生之獨特教育需要,由此「需求」才能導向「個別化教育計畫」的教育規劃、相關專業服務或轉銜輔導與服務的決定,最後連接至學年教育目標與學期教育目標之擬訂,此系列關聯之程序請參見圖 5-3 所示。

在召開「個別化教育計畫」會議之前,身心障礙學生之「個別化教育計畫」的委員們(教師或相關專業人員),應該已經評估過此個案的相關資料,例如:基本資料、心理教育和醫學之診斷結果、認知和行為發展等現況。在身心障礙學生之「個別化教育計畫」會議當中,所有與會成員將可以對此個案之現階段的教育獨特性需求進行討論,而此身心障礙學生的特殊教育獨特需求與「個別化教育計畫」的五項內容特性,又可以有配對關係,如圖 5-4 所示。

我國 1998 年所公布的《特殊教育法施行細則》第 18 條第 1 項詳列出「個別化教育計畫」內容之學生現況,包含:學生認知能力、溝通能力、行動能力、情緒、人際關係、感官功能、健康狀況、生活自理能力、國文、數學等學業能力之現況。但是,2012 年所公布的《特殊教育法施行細則》第 9 條第 1 項,則僅要求陳述「學生能力現況」,並未明確規範現況的向度,亦即是教師或相關專業人員可以彈性設計。身心障礙學生之獨特需要的考量既然以「教育之需求」做整體考量,我建議擬訂者仍可參考 1998年所公布的《特殊教育法施行細則》第 18 條第 1 項的詳列內容,以及特殊教育診斷評估通用的向度,主要可以區分為十項:學科表現、認知能力、生涯發展/轉銜目標、社區生活能力、溝通能力、行動能力、生活自理能力、感官功能、自我情緒管理能力、人際關係與社交能力等(McLoughlin & Lewis, 1990; Salvia & Ysseldyke, 1995; Siegel, 2020; Silver, 1989)。

個案相關資料之診斷評量結果,即提供資料判斷此個案有哪些教育需求項目,亦提供「個別化教育計畫」內容之「現況」所需之資料。簡言之,獨特教育需求的決定可能有賴於對個案之現況了解,但有時亦可能由於已決定了特殊教育需求,而需要進一步做現況之評估。「個別化教育計畫」的五項內容項目,對照於上述「特殊教育之需要考量」的十個項目,約可區分為三大主軸:特殊教育的課程教學與行為輔導、轉銜輔導與服務、相關專業服務,如圖 5-5 所示。

圖 5-3　獨特特殊教育需要和教學目標、相關專業服務、轉銜輔導與服務的關係

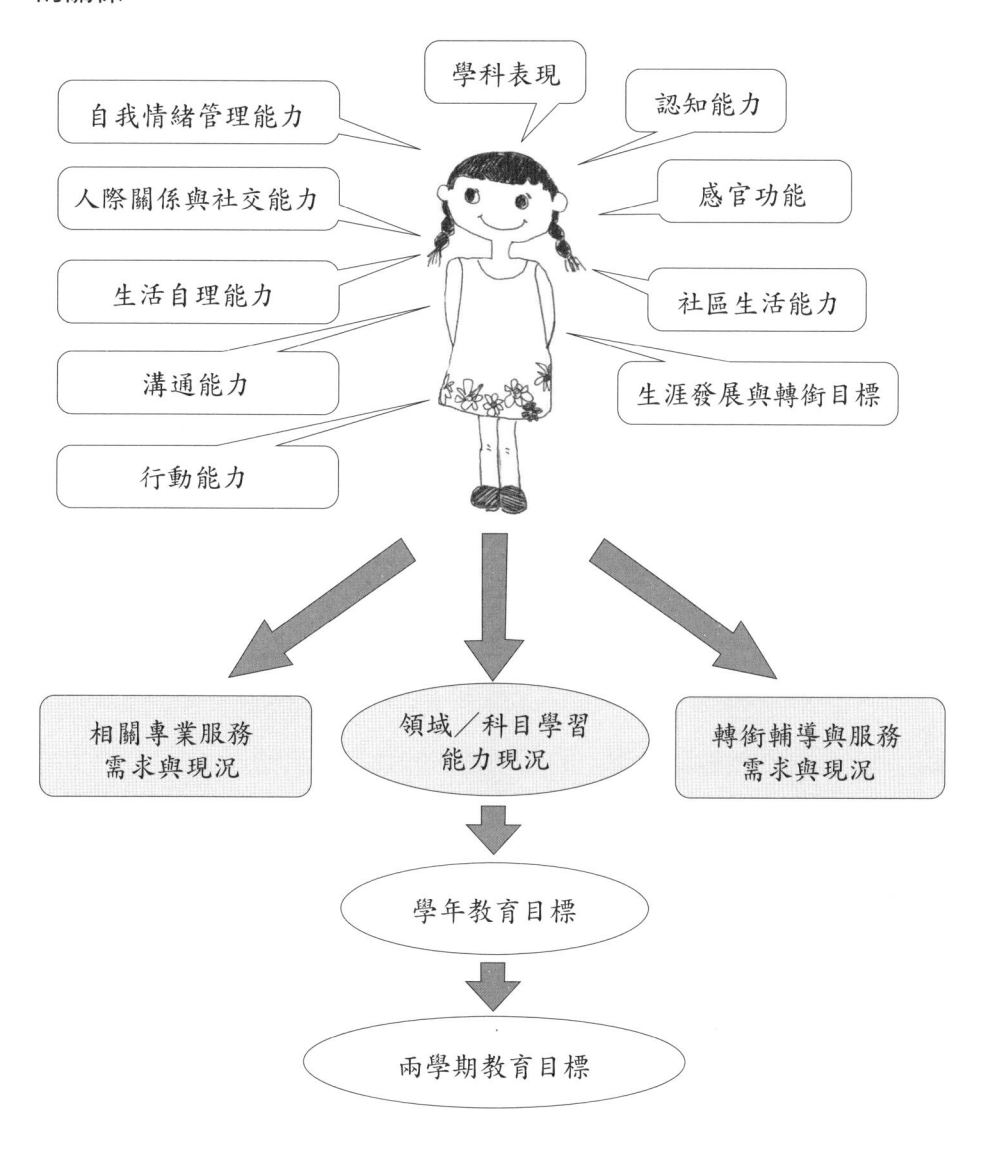

- 自我情緒管理能力
- 人際關係與社交能力
- 生活自理能力
- 溝通能力
- 行動能力
- 學科表現
- 認知能力
- 感官功能
- 社區生活能力
- 生涯發展與轉銜目標

↓

- 相關專業服務需求與現況
- 領域／科目學習能力現況
- 轉銜輔導與服務需求與現況

↓

學年教育目標

↓

兩學期教育目標

圖 5-4　特殊教育獨特需求與「個別化教育計畫」的五項內容關係圖

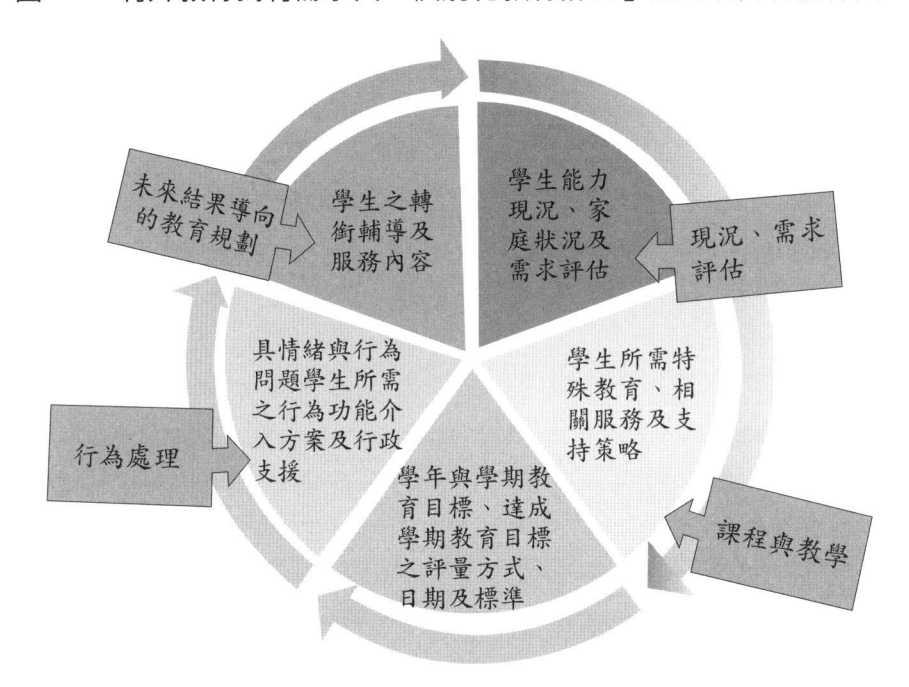

圖 5-5　「個別化教育計畫」的三項特殊教育需求主軸

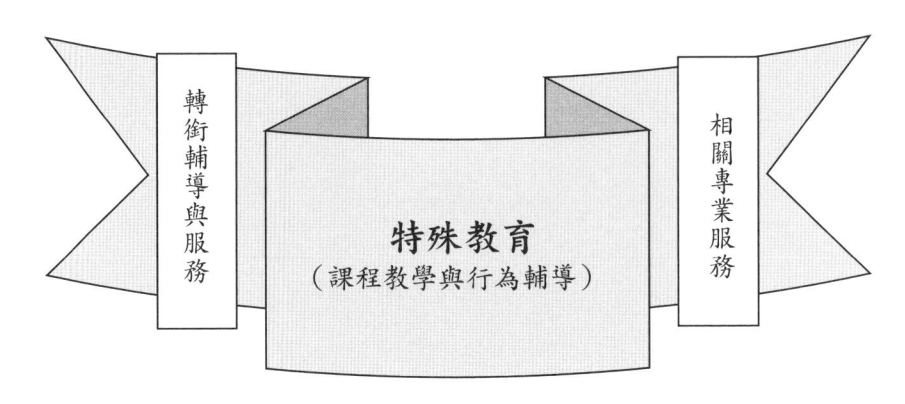

# 第五章　如何擬訂「個別化教育計畫」的內容

## 一、「個別化教育計畫」之主軸一：特殊教育的課程教學與行為輔導

「個別化教育計畫」的三個特殊教育需求主軸中，乃以特殊教育的學習目標和行為輔導為首，此乃以個案之能力與發展需求為出發點做考量。然而，當教師要將此個案學習能力與行為處理需求轉換成「個別化教育計畫」的學年或學期教育目標時，乃必須考量到「十二年國民基本教育特殊教育課程實施規範」與學校內外行政因素之配合，而此亦是召開「個別化教育計畫」會議的必要性與重要性，也是「個別化教育計畫」委員會的委員們必須在個案之需求和諸多因素間做協調取捨，以建立所有參與人員的共識，此溝通協調的結果即是個案的「個別化教育計畫」內容文件。

學校教師參與學生的「個別化教育計畫」之擬訂時，必須同時考量可能影響學生教學需求服務之質與量的七項因素：(1)**適齡性**：擬訂學生下一學年或學期的教育目標或教學目標時，必須考量學生之生理年齡，以課程調整取代過去補救教學的思維，針對高中階段學生的「適齡性」尤其更形重要；(2)**現階段此個案教學需求的優先順序**：此順序內容範圍可以參考「十二年國民基本教育課程綱要」，依據各領域／科目之課程綱要的學習重點進行調整；(3)**學校是否有做能力分組或需求分組之教學**：學校是否依據學生之不同學習程度或需要做安排組合，乃直接影響個案之需求有無執行的可能性，或是學生需求可以被滿足至何種程度；(4)**學校之科目或領域的開設與排課方式**：個案之需求亦必須考量如何搭配校內的教學領域／科目之安排，方能實現個案需求之滿足；(5)**不同領域／科目的上課節數或時數**：時數或節數的數量，乃直接影響此個案此階段的需求滿足可以到達何種程度；(6)**專長師資的配合**：有無專長教師可以授課，也會影響「個別化教育計畫」的可行性；(7)**家長的期待**：身心障礙學生之教育需求擬訂，亦必須考量個案之家庭背景的差異性和家長對其子女未來之安排。此教學需求考量之影響因素圖，請參見圖 5-6 所示。

### 圖 5-6　特殊教育教學需求考量因素

相關專業服務 →

轉銜輔導與服務 →

教學需求考量
- 學生之適齡性考量
- 領域／科目的課程階段別
- 領域／科目的排課方式
- 能力／需求分組教學
- 教師可授課時數
- 師資專長
- 家長期待

表 5-6 乃以一輕度智能障礙伴有注意力缺陷過動症學生為例，說明從轉介、「個別化教育計畫」會議前的相關資料蒐集，至「個別化教育計畫」會議中個體獨特需要考量的過程紀錄。

### 表 5-6　特殊教育需求評估：轉介資料與相關評估資料彙整表

**個案小新之轉介表**

姓名：小新　　　　　　　　　班級：二年一班
年齡：9 歲　　　　　　　　　填表日期：1997/9/30
轉介者姓名：許老師　　　　　轉介者與被轉介者關係：導師
轉介緣起：

1. 攻擊／暴力傾向：與人衝突時，會用棍子打人、會用石頭丟人、會用水潑人、會拿打火機燒同學的作業簿等。
2. 惡作劇：喜歡欺負別人，曾把老師和同學鎖在廁所裡。
3. 偷竊：把同學的東西或撿到的東西據為己有，被發覺後會說謊不承認是別人的東西，或是怪罪他人，事後也不聽老師的勸告。
4. 挫折忍受度低：稍遇到不如意或不高興的事，會以攻擊、哭泣或躲藏行為以發洩情緒。
5. 無法獨立完成工作：個人單獨性活動，如寫作業、唸課文等，都需要有人督促或提醒，才會持續完成此活動。

## 第五章　如何擬訂「個別化教育計畫」的內容

**表 5-6　特殊教育需求評估：轉介資料與相關評估資料彙整表（續）**

### 小新之個案相關資料

一、基本資料
- 姓名：小新。
- 性別：男。
- 實齡：9歲2個月。
- 學齡：小學二年級。
- 目前安置狀況：普通班接受資源班之特殊教育。

二、背景資料
- 生長史：說話、爬、走皆慢於一般兒童發展速度。
- 醫療史：6歲多時曾被醫生診斷為過動兒而開始服藥，但是母親以其服藥後有反應遲緩現象，三個月後就停藥，至今未再服藥。
- 特教史：未曾接受過特殊教育。
- 家庭樹：父、母及二個姊姊（四年級和六年級）。

三、轉介緣起：經由班級導師轉介，有攻擊暴力傾向等，參見「轉介表」。

四、家長意見：為該生之問題行為深感困擾，希望藉由特殊教育矯正其不當之行為，亦希望能協助其課業之學習成就低落狀況。

五、診斷評量結果

| 類別 | 評量／工具名稱 | 施測日期 | 施測者 | 結果摘要 |
|---|---|---|---|---|
| 醫學／生理檢查 | 小兒精神科診斷 | 1994-1-12 | 章醫師 | 有過度活動症狀 |
| 智力 | 魏氏兒童智力量表第三版（WISC-III） | 1997-10-30 | 陳老師 | 總智商58，屬輕度智能障礙 |
| 適應行為 | 適應行為量表 | 1997-10-14 | 陳老師 | 1. 第一部分十項分量表中有八項低於百分等級25以下，顯示適應行為有發展遲緩現象<br>2. 第二部分「獨處不良適應」百分等級98、「人際不良適應」百分等級99，皆屬非常偏差或異常 |

表 5-6  特殊教育需求評估：轉介資料與相關評估資料彙整表（續）

| 類別 | 評量／工具名稱 | 施測日期 | 施測者 | 結果摘要 |
|---|---|---|---|---|
| 國語文能力 | 1. 學期總平均成績<br>2. 國語文成就測驗<br>3. 教師觀察 | 1997-11-15<br>1997-9 | 陳老師<br>許老師 | 1. 一下總平均 25 分<br>2. 一年級百分等級 3，屬嚴重落後，注音、詞彙、語法最差<br>3. 會寫和唸國字，但是不了解字義 |
| 數學能力 | 1. 學期總平均成績<br>2. 教師觀察 | 1997-9-10 | 許老師 | 1. 一下總平均 18 分<br>2. 會 5 以內的數數和加法，尚未具數量的概念，尚未具加減乘除的概念 |
| 溝通能力 | 教師觀察 | 1997-3-1<br>～<br>1997-6-30 | 許老師 | 1. 口語表達弱，不能完整描述一件事情<br>2. 生氣、憤怒時無法用口語表達自己的氣憤情緒，會以肢體動作替代口語，或攻擊他人 |
| 學習行為／習慣 | 教師觀察 | 1997-10-1<br>～<br>1997-10-15 | 許老師 | 1. 一週六天，有三天以上未帶齊書本、作業簿或學用品<br>2. 老師交代的作業大都不會如期完成<br>3. 上課時，常未舉手就發言，干擾教室上課秩序 |

表 5-6　特殊教育需求評估：轉介資料與相關評估資料彙整表（續）

| 類別 | 評量／工具名稱 | 施測日期 | 施測者 | 結果摘要 |
|---|---|---|---|---|
| 情緒／社交能力 | | | | |
| A.注意力 | 1. WISC-III | 1997-10-30 | 陳老師 | 1. 專心注意指數61，百分等級 0.5，顯示注意力較同年齡兒童不集中 |
| | 2. 過動問題行為評量表 | 1997-11-5 | 陳老師 | 2. 一至九題中有八題被教師評為「總是」或「經常」有過動現象，且問題持續一年以上 |
| B.衝動 | 1. WISC-III | 1997-10-30 | 陳老師 | 1. 處理速度指數61，百分等級 1，顯示和同年齡兒童比較有衝動現象 |
| | 2. 過動問題行為評量表 | 1997-11-5 | 陳老師 | 2. 十至十八題全被教師評為「總是如此」，且問題持續一年以上，顯示有衝動問題 |
| C.過動 | 1. 教師直接觀察 | 1997-10-1〜1997-10-15 | 許老師 | 1. 上課中，該生在 20 分鐘內站起來走動達七次以上，而其他同學則在三次以下 |
| | 2. 過動問題行為評量表 | 1997-11-5 | 陳老師 | 2. 十至十八題全被教師評為「總是如此」，且問題持續一年以上，顯示有過動行為 |
| D. 同儕相處 | 教師觀察 | 1997-3-1〜1997-6-30 | 許老師 | 1. 好管他人閒事，很會告狀<br>2. 經常與他人衝突而大聲互罵，甚至攻擊他人<br>3. 打架時經常把別人壓在地上，讓對方動彈不得 |

經由上述小新之轉介資料和相關資料,「個別化教育計畫」委員會在會議中決定出小新的三個特殊教育需求主軸計有:

1. 特殊教育課程與教學:(1)調整普通教育課程:資源班做國語科和數學領域的完全抽離排課課程;(2)特殊需求領域課程:提供生活管理、社會技巧各外加一節課課程。
2. 相關專業服務:針對其過度活動及注意力不集中現象,再徵詢小兒精神科醫師之醫療協助,尋求更適當之藥物使用。
3. 轉銜輔導與服務:由於小新在四年內將繼續在原國小就讀,故轉銜輔導與服務尚無此需要。

因此,在「個別化教育計畫」會議中,可參考本章圖 5-6 的七項教學需求考量因素,綜合「個別化教育計畫」委員會委員之意見,乃可歸納為國小三年級的學年目標和上學期的學期教育目標。說明如下:

1. 此個案現階段最迫切之特教需求,乃為其注意力與過度活動的介入輔導,次之方為學科學習,可依照學生學習能力之需要而安排數學科和國語科的特殊教育調整課程與教學。
2. 依據個案的現況,就其行為輔導策略乃分兩階段實施:(1)第一階段在資源班教學中增強學習習慣、注意力、社會技能的訓練;(3)第二階段則將資源班中實施的注意力訓練類化到普通班的上課情境中,並再加強。
3. 對個案之行為要求以個案能力本位為考量,而不以同儕團體一般水準要求,例如:一般的學生每次發言都須舉手,但對此個案實施的「舉手發言訓練」,在本學期的教育目標為「一節課 40 分鐘,會舉手再發言的次數達三次」,以訓練個案能漸漸養成舉手發言的習慣,未來再逐漸增加達到次數,直到接近或與一般學生相同。

所以第一學期的迫切性目標將包含:(1)國語科和數學領域的特殊教育調整課程教學;(2)訓練該生能帶齊學用品;(3)養成該生能舉手後再發言的習慣;(4)訓練該生在資源班上課之注意力集中度。整學年的教育目標則可包含:(1)訓練該生將資源班上課之注意力集中能力類化至普通班上課情境;(2)輔導該生之同儕間的社交技巧訓練和自我的情緒處理方法。根據小新上述現階段特殊教育獨特需要之決定,圖 5-7 即是呈現如何依據小新二年

第五章 如何擬訂「個別化教育計畫」的內容

級下學期開始的「個別化教育計畫」的特殊教育之現況需求到學期教育目標的關係。

### 圖 5-7 學期初之現況評估至學期末擬完成的教育目標之關係

**【現況】**

**學習習慣**
資源班一週八節課有八節課沒帶齊當天該帶來的學用品。

**專注力與衝動行為**
1. 資源班一節課 40 分鐘，未舉手就發言的次數達五次。
2. 資源班上課 20 分鐘內，2 分鐘記錄一次該生是否正在做老師交代他該做的事，十次僅做到一次。
3. 普通班上課 20 分鐘內，2 分鐘記錄一次該生是否正在做老師交代他該做的事，十次都未做到。

**人際關係與自我情緒管理行為**
1. 對於別人的東西，想要的會不告而取，並占為己有。
2. 一天發生二次以上與他人的衝突，例如：吵架、捉弄他人或攻擊他人。
3. 該生一不高興或受責備時，會放聲大哭或躲起來。

**數學能力表現**
數學基本能力只會 5 以內的數數及加法。

**國語能力表現**
國語文識字和閱讀理解能力皆在國小一年級能力水準。

**【學期目標】**

**提供外加「學習策略」課程**：學年目標以增強學習習慣和注意力訓練
1. 施以帶齊學用品訓練，一週八節課有四節課帶齊當天該帶來的學用品。
2. 施以舉手發言訓練，一節課 40 分鐘會舉手再發言的次數達三次。
3. 施以注意力訓練，資源班上課 20 分鐘內，2 分鐘記錄一次該生是否正在做老師交代他該做的事，十次可做到五次。
4. 施以類化訓練，普通班上課 20 分鐘內，2 分鐘記錄一次該生是否正在做老師交代他該做的事，十次可做到三次。

**提供外加「社會技能」課程**：學年目標以強化自我情緒管理／人際溝通技巧訓練
5. 施以情緒處理訓練，有不高興情緒時，連續五次中有二次能夠以告訴老師或同學的方式來替代攻擊、哭及躲藏行為。
6. 施以社交技巧訓練，借用他人的東西，五次中有三次能經他人同意後才取用，使用後並能物歸原主。

**提供完全抽離數學領域課程**：學年目標以進行第一階段課程調整之學習重點（學習內容＋學習表現）

**提供外加國語科課程**：學年目標以進行第一階段課程調整之學習重點（學習內容＋學習表現）

個別化教育計畫之擬訂：從特殊教育課程和幼兒園教保活動課程導入

## 二、「個別化教育計畫」之主軸二：轉銜輔導與服務

美國針對「個別化教育計畫」中的「轉銜計畫」，乃肇始於 1990 年的《身心障礙者教育法》（IDEA），因而此法案乃被稱為美國的轉銜法案，因為這是「轉銜」一詞與其定義第一次出現在美國的特殊教育法規當中。此法案乃載明轉銜的內容，以及針對 16 歲以上身心障礙學生可以擬訂「個別化轉銜計畫」（ITP），以取代「個別化教育計畫」（IEP），以轉銜計畫引導個別化教育。1990 年《身心障礙者教育法》（IDEA）將轉銜服務定義為：「一套整合性的學生活動，強化以學生的學習結果導向之歷程，統整學生從學校到畢業後離校的活動，包括高中畢業後的高等教育、職業訓練、整合性就業（包括支持性就業）、繼續教育和成人教育、成人服務、獨立生活或社區參與。整合性的學生活動應基於學生個人的需要，考慮到學生的偏好和興趣，並應包括教學、社區經驗、就業發展和其他成人生活目標，並視學生需求提供日常生活技能和功能性職業評估」（IDEA, 1990, 20 U.S.C. 1401(a)）。

1997 年，美國又重新公布《身心障礙者教育修正法》（IDEA 1997），此法案對轉銜計畫也有更新為更具體的規範，強調提升身心障礙學生可以獲得繼續教育的可能性，以及協助學生能為就業和獨立生活做好準備，同時下調實施「個別化轉銜計畫」（ITP）的時程為 14 歲（IDEA, 1997, 34 CFR =300.1(a)）。

2004 年，美國《身心障礙者教育促進法》（IDEIA）針對轉銜計畫亦提出四項具體的修正：第一，特殊教育目的之一是協助身心障礙學生能在高中畢業後，繼續升學高等教育，所以從目的導引出高中階段的特殊教育，應該為身心障礙學生的繼續升學高等教育做好準備；第二，此法又修改了轉銜服務的定義為：(1)「為身心障礙兒童開展的一套整合性的學生活動，旨在建立達成教育成果的歷程，重點是提高身心障礙兒童學科能力和功能性能力，統整學生從學校到畢業後離校的活動，包括高中畢業後的高等教育、職業訓練、整合性就業（包括支持性就業）、繼續教育和成人教育、成人服務、獨立生活和社區參與」；(2)基於孩子的個人需要，考慮孩子的優勢、偏好和興趣；(3)「包括教學、相關專業服務、社區經驗、就業發展

和其他成人生活目標,並視學生需求提供日常生活技能和功能性職業評估」(IDEA, 2004, 20 U.S.C. 1401(34))。2004年,美國《身心障礙者教育促進法》(IDEIA)乃進一步強調特殊教育應該為身心障礙兒童高中後的生活,包含高中畢業後的繼續教育、就業和獨立成人生活做好準備,同時學校教育應該從學生的優勢能力考量學生的學科能力和生活技能的發展。

第三,修改轉銜計畫的啟動年齡,該法規定轉銜計畫與服務,必須納入身心障礙學生年滿 16 歲時的「個別化教育計畫」,此後依隨「個別化教育計畫」每年要修訂一次,此改變了 1997 年的修訂法將轉銜計畫與服務改從 14 歲開始的規定。第四,「轉銜計畫」的內容乃載於「個別化教育計畫」之內,包含適齡的轉銜評量、轉銜服務和學習課程,必須規劃出可評量的身心障礙學生高中畢業後的教育目標,包含就業、繼續升學、職業訓練和獨立生活能力。整體而言,2004 年的美國《身心障礙者教育促進法》(IDEIA)正呈現一個以成功轉銜引導前端特殊教育介入模式;也就是說,若以高中畢業當成個人教育階段結束的出口,轉銜的概念即是以不同的出口,倒轉回來規劃入口到出口的路徑,以協助每一位學生最後都能成功的走到高中畢業時的理想出口。現階段美國對於「轉銜計畫」和教育的相關規定,乃要求「個別化教育計畫」團隊所設計的此學生教育計畫,能有效協助身心障礙學生高中畢業後順利銜接到成人的生活和角色(林素貞,2020;林素貞等人,2020)。

依據我國現行轉銜輔導與服務的內容觀之,包含升學、就業、獨立生活能力、心理輔導、福利服務及其他相關專業服務,則高中階段之前的學生,轉銜的內容大致以升學為主,也因此以升學導向的轉銜輔導與服務之內容將非常明確且固定。然而,隨著年齡的成長,愈接近高中畢業時期,學生面對就業、成人獨立生活、社會福利資源的應用也隨之有其迫切需求性。以轉銜教育的內容而言,高中階段大致是轉銜服務內容達到最完整的全盛時期,大學階段的轉銜服務內容相似於高中階段,只是大學階段後繼續升學研究所的需求,可能不是所有大學生的必然選擇,相關人員宜針對不同年齡身心障礙學生的轉銜教育內容做出適切的規劃。圖 5-8 呈現學生不同年齡階段和轉銜計畫不同內容需求性的關係。

由上述學生年齡和轉銜計畫不同內容的整體需求性觀之,應該可以理

圖 5-8　轉銜計畫不同向度內容和年齡的需求性關係

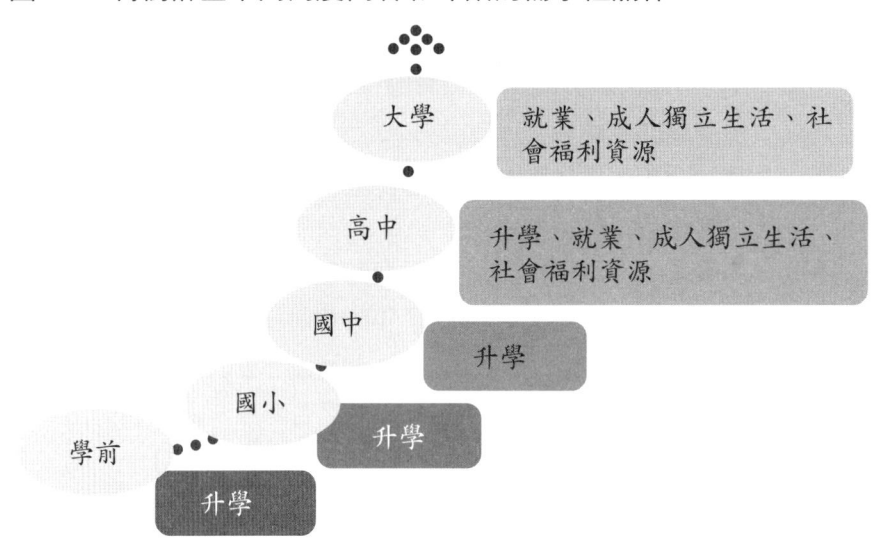

```
                    大學 •••  就業、成人獨立生活、社
                                會福利資源

              高中 ••  升學、就業、成人獨立生活、
                        社會福利資源

         國中 ••  升學

      國小 ••  升學

   學前 ••  升學
```

解美國《特殊教育法》將擬訂轉銜計畫的時間訂在學生 14 歲，最遲不能晚於 16 歲的考量，也就是我國在國二到高一時期，所有相關人員包含學生本人，必須開始針對學生未來的生涯發展方向做超前部署的規劃，包含繼續升學、就業和成人獨立生活準備的不同需求考量。升學輔導大概是我國高中以下教育階段的必然發展方向，但關鍵期大致在國中階段，若以國中要升學高中的升學轉銜輔導為例，國中階段的轉銜計畫必須開始思考此學生適合採用哪一種升學管道？要繼續就讀普通型高中還是技術型高中？技術型高中則是需考量要選擇哪一個群科？再以升學大專校院為例，高中階段的轉銜計畫也必須先考慮要採用身心障礙學生升學大專校院甄試、大專校院單獨招生，還是大專校院多元入學（學科能力測驗、指定科目考試）？目前臺灣的大專校院大致分為一般大學、技職校院和專科學校，學生也必須依據自己的能力優勢、興趣和偏好，選擇適當的大學就讀。

　　我國在高中階段實施身心障礙學生的轉銜輔導與服務，可以參考美國的五個方向模式：(1)考量學生的轉銜需求評估；(2)以學生為主規劃的「個別化教育計畫」；(3)整合校內和校外相關單位的合作與銜接；(4)家庭的參與、賦權與準備；(5)學校有系統的規劃轉銜相關活動（林素貞，2020），

均可整合載入每一位學生在不同階段的每一學期「個別化教育計畫」內。

就轉銜輔導與服務的需求評估而言，美國 2004 年《身心障礙者教育促進法》（IDEIA）中要求「轉銜計畫」，必須基於學生的個別需求，包含學生的優勢能力、偏好和興趣而加以設計。Clark 等人（2012）為了協助教育工作者能評估身心障礙學生轉銜計畫的需求，因而發展出「偏好、興趣和優勢量表」（Career, Interests, Preferences and Strengths Inventory [CIPSI]）。此量表目前為網路線上評量，共包含四個向度：一般偏好、個人興趣、個人優勢、職業興趣，每一個向度設計有不同問題讓填答者回答，填答者完成題目後，此量表會完成資料分析，並可以立即印出結果報表，教師或輔導人員可以協助學生考量其他相關條件再做個人生涯抉擇的整體分析（林素貞，2020）。我在特殊教育學系教授的「身心障礙學生生涯與轉銜」課程中，亦讓大學部學生實際對身心障礙學生施測此量表，以做為設計學生轉銜輔導與服務之參考，確實具有參考價值。

此外，美國學者 Patton 與 Clark 也曾設計出「轉銜計畫量表」（Transition Plan Invetory [TPI]），以供實務教師參考使用。2014 年出版的「轉銜計畫量表」（第二版）（TPI-2），其目的是提供學校人員有一個可接受、可信賴的方法，以全面性的決定察覺到學生的轉銜需求，也因此此量表相同題目的內容共有三個版本：學生、學校和家庭，學生版由學生自行填寫，學校版由熟悉學生的教師或輔導人員填寫，家庭版則是由家長填寫。因為涉及美國的多元文化背景，家庭版除了英文版，還有拉丁文版、中文版、韓文版等，所以臺灣的使用者即可以直接使用此量表的中文版。「轉銜計畫量表」（第二版）（TPI-2）的內容共有 57 題，分屬工作、學習和生活三個領域：工作領域包含生涯抉擇和計畫、就業知識和技能兩個次領域；學習領域包含未來的教育／訓練、功能性溝通、自我決策三個次領域；生活領域則包含獨立生活、個人金錢管理、社區參與&運用、休閒活動、自身健康、人際關係六個次領域。教師或輔導人員將從學生本身、學校人員和家長的填答中，找出學生是否在工作、學習和生活的 11 個次領域裡有轉銜輔導與服務的需求（林素貞，2020）。此「轉銜計畫量表」（第二版）（TPI-2）的三個領域（工作、學習、生活）之 57 個轉銜目標內容，如表 5-7 所示。

### 表 5-7 「轉銜計畫量表」（第二版）(TPI-2) 內容項目表

一、工作：生涯抉擇和計畫
1. 當別人問起時，能說出自己最喜歡的職業。
2. 知道自己喜歡的工作有何條件和要求。
3. 根據自己的興趣、偏好和優勢選擇所喜歡的職業。
4. 知道如何找到一份工作。

一、工作：就業知識和技能
5. 具有雇主期望之保有一份工作的一般工作技能。
6. 具有雇主期望的工作態度以保住工作。
7. 具有自己有興趣的工作之入門特定知識和技能。
8. 知道如何轉換工作。
9. 有需要時，知道如何可以進入社區的職業訓練方案，以找到自己所想要的工作。

二、學習：未來的教育／訓練
10. 知道如何進入符合自己需求的大學或技術學院。
11. 具有大學教授期望自己具備的學習技能和組織技能。
12. 知道如何在高等教育階段取得資源教室服務。
13. 知道在大學如何取得同學、友人、家人或其他人的協助。

二、學習：功能性溝通
14. 具有畢業離校後所需表達技能（包括手語、觸覺、視覺、聽覺溝通或使用輔助科技）。
15. 具有畢業離校後所需理解技能（包括手語、觸覺、視覺、聽覺溝通或使用輔助科技）。
16. 具有畢業離校後所需閱讀技能（包括手語、觸覺、視覺、聽覺溝通或使用輔助科技）。
17. 具有畢業離校後所需書寫技能（包括手語、觸覺、視覺、聽覺溝通或使用輔助科技）。

表 5-7　「轉銜計畫量表」(第二版)(TPI-2)內容項目表(續)

二、學習：自我決策
18. 了解自己優勢能力和限制。
19. 能解釋自己的障礙對於不同生活情境的影響。
20. 能為自己的興趣和需求而發聲倡議。
21. 個人事務能自己做決定。
22. 能基於個人偏好、興趣、優勢和需求而設定目標。
23. 能規劃如何達成目標，並能執行計畫。
24. 能了解自己基本的法律權利。
25. 知道如何做出會影響生活的法律決定。

三、生活：獨立生活
26. 知道當離家後，如何找到租屋處。
27. 知道如何執行例行的居家生活事務。
28. 知道如何執行基本的家庭用品保養修復。
29. 我遇到新鮮、未預期的情況，能解決問題。
30. 知道在可能傷及自身的情境下，該如何處理與面對。
31. 知道如何運用日常技術。

三、生活：個人金錢管理
32. 對於喜歡的日常生活所需品，知道如何比較較佳的購買方式。
33. 知道如何支付帳單。
34. 知道如何運用各種帳戶，如查核、存款、信用卡、其他等。
35. 知道如何為自己的金錢編預算和管理。

三、生活：社區參與&運用
36. 是一位負責任、守法的市民。
37. 知道到哪種商店可以買到所需物品，並且知道商店的位置。
38. 知道如何從地區性和全國機構獲得協助或福利。
39. 知道在需要時，如何運用地區的交通運輸系統。
40. 知道如何到達社區中想要到達之處。
41. 知道如何取得機車／汽車駕照。

表 5-7 「轉銜計畫量表」(第二版)(TPI-2)內容項目表(續)

三、生活:休閒活動
42.知道自己偏好的休閒活動。
43.會參與不同室內的休閒活動。
44.會參與不同的戶外休閒活動。
45.會去不同的娛樂場所參與活動。

三、生活:自身健康
46.會維持良好的身體健康。
47.當自己身體出問題時,知道該如何處理。
48.知道如何維持良好情緒和心理健康。
49.當情緒和心理健康出問題時,知道如何處理。
50.知道如何基於正確訊息,做出關於兩性行為的決定。

三、生活:人際關係
51.能與家人和親戚相處和睦。
52.能與家人以外的人相處和睦。
53.能在不同情境下能建立並維持友誼。
54.能在日常社交情境展現適當的社交行為。
55.在公開場合與人發生衝突時,知道該如何處理。
56.能適應新的社交情境。
57.知道身為父母所應具備的技能和責任。

註:引自 Patton 與 Clark(2014),已取得作者同意引用。

「轉銜計畫量表」(第二版)(TPI-2)所評估出來的 57 個轉銜目標,皆可做為教師設計身心障礙學生轉銜輔導與服務的參考。教師應該選擇學生最迫切需要的轉銜目標,再逐一考量列入學生當學期的「個別化教育計畫」之「五、學生之轉銜輔導及服務內容」。圖 5-9 則呈現高中階段學生的轉銜輔導與服務內容,左方欄為高中畢業後下一階段可能的發展方向與需求,右方欄則為高中階段應可以進行的轉銜輔導內容以供參考,以呈現「個別化教育計畫」之「五、學生之轉銜輔導及服務內容」的擬訂過程。

以下為我在特殊教育學系教授「身心障礙學生生涯與轉銜」課程中,110 級畢業學生的小組作業,此作業乃以「轉銜計畫量表」所評估出來的一

## 圖 5-9　轉銜輔導與服務之內容與設計考量因素

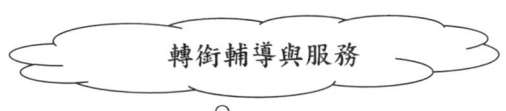

**轉銜輔導與服務**

**轉銜輔導內容**
- 升學
- 就業
- 職業訓練
- 成人獨立生活能力訓練
- 社區生活能力訓練
- 社會福利資源運用

**轉銜計畫內容應考量因素**
- 學生能力／興趣
- 家長期待
- 學校課程之規劃
- 課程與教學活動配合性
- 獨立生活能力
- 預期之成人目標
- 職業基本態度／技能
- 社區環境特質
- 就業市場

個轉銜目標，設計如何結合特殊教育課程的實施，再納入「個別化教育計畫」之「五、學生之轉銜輔導及服務內容」的案例。以生活領域的轉銜目標：「知道如何維持良好情緒和心理健康」為例，該設計小組將此轉銜目標結合融入特殊需求領域社會技巧科目的**學習表現**之「處己」向度，包含：特社 1-V-1 根據情緒的情境或程度，適當的運用各種情緒，促進成長；特社 1-V-4 持續嘗試與使用有效的方式抒解壓力；特社 1-V-6 遭遇不如意時，以正向思考方式調整心態。**學習內容**之「自我的行為與效能」主題，包含：特社 A-V-2 問題解決的外在資源；特社 A-V-3 正向思考的技巧。圖 5-10 呈現此轉銜目標融入社會技巧科目的流程。依據此轉銜目標的內容規劃出每週一節課，共 8 節課的社會技巧科目之教學內容，以培育學生未來成人生活的自我情緒調整之能力。表 5-8 呈現此轉銜目標融入社會技巧科目之學期教育目標規劃，以及如何將此課程目標納入學生的「個別化教育計畫」之「五、學生之轉銜輔導及服務內容」的敘述。

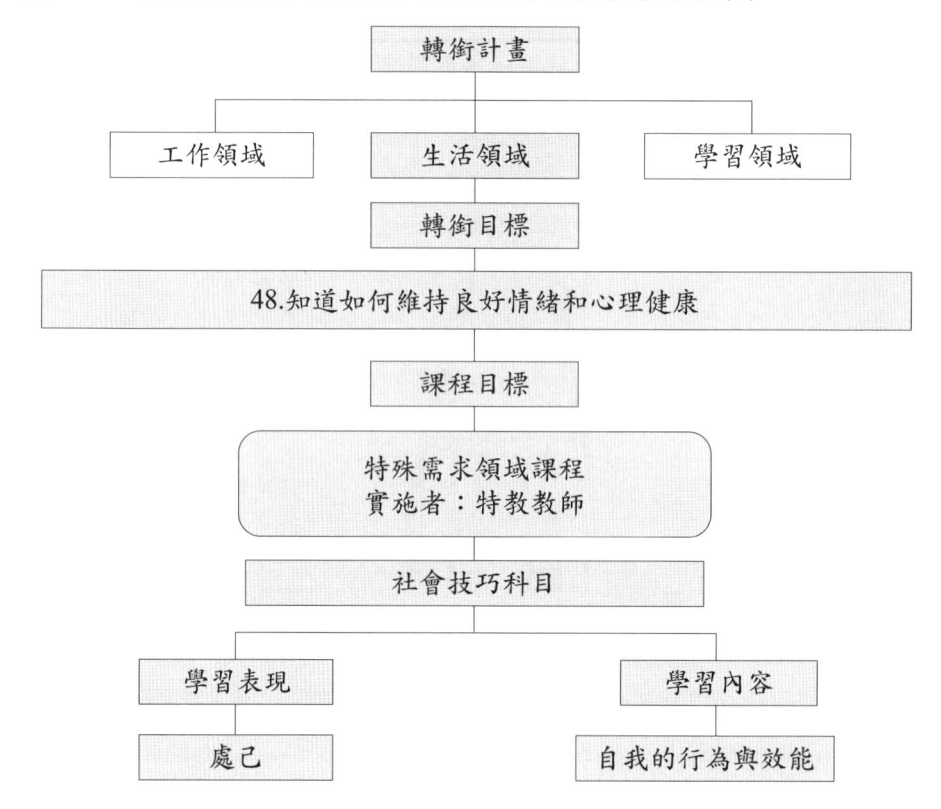

圖 5-10　轉銜目標融入社會技巧科目教學重點實施流程圖

```
                    轉銜計畫
        ┌──────────────┼──────────────┐
    工作領域         生活領域         學習領域
                      │
                   轉銜目標
                      │
        48.知道如何維持良好情緒和心理健康
                      │
                   課程目標
                      │
              特殊需求領域課程
              實施者：特教教師
                      │
                  社會技巧科目
              ┌───────┴───────┐
           學習表現          學習內容
              │                │
             處己          自我的行為與效能
```

表 5-8　轉銜目標融入社會技巧科目的「個別化教育計畫」之學期教育目標設計表

領域／科目：社會技巧科目　　　　　　　　　授課時數：一週一節

### 現　況

1. 學生碰到挫折時，常以非常大聲哭叫表達情緒。
2. 學生碰到心情不佳時，會啃咬指甲，以致指甲常有傷口。

### 學期教育目標

| 週次 | 教學目標（含學習內容、評量方式、評量標準） | 評量結果 | 評量日期 |
|---|---|---|---|
| 一 | 給學生 1 個情緒和心理量表，學生能根據量表結果分析說出自己現在的情緒和心理狀態。 | | |
| 二 | 1. 給學生 3 個正向情緒和 3 個負向情緒的短片，學生能正確說出 3 個正向和 3 個負向的情緒。<br>2. 給學生 2 個情境短片（1 個正向和 1 個負向），學生能正確說出其可能的情緒反應。 | | |
| 三 | 1. 學生能說出自己各 3 個可能會有好心情和壞心情的情境及原因。<br>2. 學生能說出自己可以如何轉換壞情緒的 2 種方式。 | | |
| 四 | 1. 學生能說出自己可以如何維持好情緒的 3 種方式。 | | |
| 五 | 1. 給學生三個心情不好時的模擬情境，學生能夠使用句型「我覺得心情不好，因為……」說出自己的情緒。<br>2. 給學生三個心情不好時的模擬情境，學生能夠說出三種適當的求助方式。 | | |
| 六 | 給學生 2 個學校的模擬情境，學生能做出適合自己的 2 個因應壞情緒之處理方式。 | | |
| 七 | 給學生 2 個家庭的模擬情境，學生能做出適合自己的 2 個因應壞情緒之處理方式。 | | |
| 八 | 給學生 2 個工作職場的模擬情境，學生能做出適合自己的 2 個因應壞情緒之處理方式。 | | |

以下案例為我在大學部和教師在職進修研習教導「個別化教育計畫」課程中，以實際案例讓修課學生做團體個案報告的部分內容，此些案例為在不同教育階段的身心障礙學生，他們的「個別化教育計畫」中之轉銜輔導與服務的實施狀況。

個案一為安置於私立幼兒園大班的智能障礙學生，針對其即將升學至國小一年級的資源班，其「個別化教育計畫」的轉銜輔導與服務內容如下。此學期個案皆無心理輔導、就業輔導與生活輔導的需要，因此僅需要實施「**升學輔導**」：幼兒園畢業後，個案將轉銜至大大國小一年級，接受資源班的特殊教育服務。幼兒園針對所有的大班學生，4 至 8 月將實施幼小轉銜計畫，逐漸調整上課作息時間以和國小相同，每節課 40 分鐘，以及上課形式的改變，包含：課堂提供上課用桌椅，小朋友上課要坐在椅子上；教導注音符號（直接拼讀，用注音符號造詞）；為了建構學生的學習習慣，開始設計有少量的回家作業等。

個案二為安置於普通學校資源班的八年級學生，在「個別化教育計畫」中身心障礙學生轉銜輔導與服務的心理輔導、就業輔導與生活輔導，此學期個案皆無此些需求，其「個別化教育計畫」中的「**升學輔導**」內容說明如下：

1. **生涯覺知與探索**：綜合輔導室提供個別晤談結果、「國中生涯興趣量表」、「身心障礙學生一般轉銜技能量表」等生涯及職業性向測驗，以及學生參與「生涯試探」的觀察和學生能力表現，以協助學生了解自己適合進入普通型高中或技術型高中。
2. **加強學科能力**：(1)搭配原班的課業輔導課程；(2)搭配一週一節課特殊需求領域的「學習策略」課程規劃，加強記憶技巧、整理重點、考試技巧等學習策略的能力；(3)段考週下午將安排學生至輔導室做測驗及相關升學說明等生涯輔導課程，一學期共三次。
3. **親職教育**：父母希望孩子未來能就讀技術型高中的集中式特教班。教師將向家長說明個案的能力表現和性向是適合就讀技術型高中的資源班，並提供學生性向測驗結果為學科學習導向；此外，就讀高中集中式特教班也要符合相關規定，個案的條件並未符合集中式特教班的條件，因此會同時提供家長升學高中的相關資訊，包含：

「十二年國民基本教育技職教育宣導手冊」、「國中教育會考問與答手冊」、「十二年國民基本教育身心障礙學生就學安置高級中等學校實施要點」。

個案三為特殊教育學校高職部二年級的學生，此一階段學生的轉銜輔導與服務開始呈現多元化，針對個案二年級上學期「個別化教育計畫」的「五、學生之轉銜輔導及服務內容」，個案皆無升學輔導和心理輔導的需求，而針對就業、生活、福利服務的轉銜內容如下所述：

1. **就業輔導**：(1)考量學生能力、興趣以及家長的期望，在轉銜服務中提供就業輔導的服務，其中包括「職業輔導評量」、「傑考氏職前技巧評量」等，幫助學生能順利轉銜至家長所期望，以及學生本身也有興趣的「希望文創庇護商店」，進行**門市服務**的工作；(2)搭配一學期六節課的「門市服務實務」專業課程，強化學生的職業技能和工作態度，以利未來的就業。

2. **生活輔導**：配合「特殊需求領域」中生活管理科目一整學期的課程，培養學生能擁有未來獨立的成人生活。針對學生自我照顧及居家自理的部分進行加強教育，並培養學生之興趣，以便未來於工作之餘可進行社區之休閒活動。

3. **福利服務**：利用親師座談的時間，向學生和其家長講解說明與學生自身利益有關之法律，如「身心障礙者生活補助費發給辦法」、「身心障礙者搭乘國內大眾運輸工具優待實施辦法」。

## 三、「個別化教育計畫」之主軸三：相關專業服務

「個別化教育計畫」的三大主軸為特殊教育的課程教學與行為輔導、轉銜輔導與服務、相關專業服務，本書將「相關專業服務」放在第三個主軸，主要是以教師的角度出發，教師需要協助相關專業服務的實施，此和由教師主導的主軸一「特殊教育的課程教學與行為輔導」和主軸二「轉銜輔導與服務」並不相同。

美國《身心障礙者教育促進法》（IDEIA）在 300.34 條款（Sec. 300.34 Related services）中，乃直接定義「個別化教育計畫」中所謂的「相關專

服務」，相關專業服務乃指身心障礙兒童因其特殊教育的需求，需要協助提供其交通工具以及有利其身心發展、矯治與其他支持性服務的活動。相關專業服務的內容，包含交通工具、障礙幼兒之早期鑑定與評估、語言治療與聽力檢查服務、口語翻譯、心理諮商輔導、家長諮商與訓練、物理治療與職能治療、休閒娛樂活動（含治療性娛樂）、社會工作服務、學校健康中心的服務、學校護理師工作內容、諮商服務（包括康復諮商）、定向行動和行動服務、醫療服務（用於評估生理性身心障礙）等。

我國針對「個別化教育計畫」內容的相關法規條文，並未規範相關專業團隊的內容，但是在 2012 年修訂之《特殊教育法施行細則》第 6 條即明確出現「特殊教育相關專業人員」一詞：「本法第十五條所定特殊教育相關人員，包括各教育階段學校普通班教師、行政人員、特殊教育相關專業人員及助理人員。」而在 2020 年修訂之《特殊教育法施行細則》第 6 條中，則再明確區分：「本法第十五條所定特殊教育相關人員，包括各教育階段學校普通班教師、行政人員、特殊教育相關專業人員、教師助理員及特教學生助理人員。」

依據目前適用之 2019 年修訂的《特殊教育法》第 24 條第 2 項，則是明確說明特殊教育相關專業團隊的設置和支援服務的內容：「各級學校對於身心障礙學生之評量、教學及輔導工作，應以專業團隊合作進行為原則，並得視需要結合衛生醫療、教育、社會工作、獨立生活、職業重建相關等專業人員，共同提供學習、生活、心理、復健訓練、職業輔導評量及轉銜輔導與服務等協助。」依據此法規，則有《特殊教育支援服務與專業團隊設置及實施辦法》，以做為我國特殊教育之相關專業團隊設置及實施的依據。該法第 4 條第 3 項乃對於特殊教育的「相關專業人員」提出最明確的界定：「前項所稱特殊教育相關專業人員，指醫師、物理治療師、職能治療師、臨床心理師、諮商心理師、語言治療師、聽力師、社會工作師及職業輔導、定向行動等專業人員。」第 5 條則是提出教師和相關專業人員的合作方式：「專業團隊之合作方式及運作程序如下：一、由專業團隊成員共同先就個案討論後再進行個案評估，或由各專業團隊成員分別實施個案評估後再共同進行個案討論，做成評估結果。二、專業團隊依前款評估結果，確定教育及相關支持服務之重點及目標，完成個別化教育計畫之擬訂。

三、個別化教育計畫經核定後,由專業團隊執行及追蹤。」

我國與美國在「個別化教育計畫」的相關專業服務之定義上,最大的差別是美國將身心障礙學生交通工具的提供,優先納入「個別化教育計畫」的內容之一,我國則未列入「個別化教育計畫」的內容之中。美國將交通工具的提供納入「個別化教育計畫」之相關專業服務,其主要原因為若沒有提供無障礙的交通工具,許多身心障礙學生將無法到學校去接受教育,所以美國《特殊教育法》將交通工具的提供,列為相關專業服務的首項內容。美國於其《特殊教育法》中將相關專業服務先做廣泛性定義,再做排除性說明,即哪些項目不包含在相關專業服務的內容中,最後再逐一說明可以提供給身心障礙學生的共計 16 項相關專業服務之內容和適用狀況,例如:交通工具的提供,包含:(1)學生從家裡來回學校,以及在不同學校之間的交通需求;(2)在校園內不同建築物之間的移動需求;(3)特殊設備,如改裝或加裝特殊設備的巴士、電梯和斜坡道等。

相較之下,臺灣則一直未將交通工具的提供納入學生的「個別化教育計畫」之內容,所以從 1998 年首次出現在《特殊教育法施行細則》所詳列的「個別化教育計畫」內容中,即未出現提供身心障礙學生交通工具的考量。事實上,我國 1997 年修訂公布之《特殊教育法》第 19 條第 3 項即有規範,對於無法自行上下學之身心障礙學生,各級政府必須免費提供交通工具或補助交通費:「身心障礙學生於接受國民教育時,無法自行上下學者,由各級政府免費提供交通工具;確有困難,無法提供者,補助其交通費。」然而,多年來各級政府對於執行身心障礙學生所謂的「無法自行上下學」的交通工具和交通費補助,一直有實施上的爭議,也因此 2012 年教育部首次公布《身心障礙學生無法自行上下學交通服務實施辦法》(2023 年再次修訂),以做為實施之準則,其中第 3 條第 3 項提及:「第一項所稱專業評估,指經學校組成專業團隊,參酌學生個別化教育計畫、特殊教育方案或其他相關資料,召開會議綜合評估,必要時得邀請身心障礙學生及其法定代理人或實際照顧者參加。」意即我國身心障礙學生交通工具的提供,並不納入學生「個別化教育計畫」內容的考量,而是「個別化教育計畫」的後續追蹤發展。

若從身心障礙學生的特殊教育需求之資源整合的觀點來看,在擬訂學生的「個別化教育計畫」時,若能一併考量學生的交通工具之需求,對於提供身心障礙學生的特殊教育服務確實非常重要且必要。因為我國長期未能將交通工具的提供納入「個別化教育計畫」內容之一,無形中變成僅有特殊教育學校或集中式特教班會考量學生的交通工具或交通費之提供,絕大部分就讀普通學校的身心障礙學生,特殊教育需求之免費交通工具的提供則常常會被忽略。

簡言之,針對提供身心障礙學生的特殊教育需求,從始至今我國「個別化教育計畫」的實施,對於教育以外的專業人員都稱之為「相關專業人員」,主要是以醫療和社會服務人員為主,包含:醫師、物理治療師、職能治療師、臨床心理師、諮商心理師、語言治療師、聽力師、社會工作師及職業輔導、定向行動等專業人員。相關專業人員將與普通教育教師或特殊教育教師合作,共同進行身心障礙學生的評量、教學及輔導工作。亦即是針對有需要相關專業人員介入服務的身心障礙學生,相關專業人員需要個別實施個案的評估,再依據評估結果,確定此身心障礙學生需要的相關支持服務之重點及目標,再由相關專業人員完成「個別化教育計畫」內容之「二、學生所需相關服務」。

相關專業服務以非教育範疇之交通、醫療和社會福利服務為主,然而並非是每一位身心障礙學生都需要特殊教育服務,也因此大多數身心障礙學生的「個別化教育計畫」內之「二、學生所需相關服務」內容,將會是——無此需要;但對於某些身心障礙學生而言,相關專業服務乃是非常重要且必要的特殊教育服務,如果沒有相關專業服務,將會嚴重影響他們接受教育的機會和品質,例如:身體病弱、腦性麻痺、肢體障礙或視覺障礙的學生等。

相關專業服務之交通、醫療和社會福利服務的三個主要向度中,又以醫療相關服務最具顯著性和重要性,因為美國社會尚未實施全民健康保險制度,醫療費用的支出乃是每個家庭重要的經濟考量,身心障礙學生需要相關醫療服務的比例遠遠高於非身心障礙學生。美國《身心障礙者教育促進法》(IDEIA)的核心價值是提供身心障礙學生**免費**、適當的公立教育(FAPE),每一位身心障礙學生的「個別化教育計畫」中的相關專業服

務，即是直接實踐此「免費」的特殊教育服務之其中一個重要方式。也就是說，身心障礙學生的家庭不用負擔符合《特殊教育法》定義的交通、醫療和社會福利服務之經費支出，其教育的理念乃是身心障礙學生因其身心障礙所引起之治療和教育費用的支出，乃由政府之社會整體支出，而非由身心障礙學生之單一家庭承擔，此亦是福利社會的理念體現。

相較於每一位身心障礙學生都需要的特殊教育之課程教學與行為輔導，特定階段也都需要轉銜輔導與服務，但相關專業服務則並非是每一位身心障礙學生都需要的特殊教育服務內容。我國現階段除了特殊教育學校有編制內的物理治療師、職能治療師等以外，在普通學校接受特殊教育的身心障礙學生，大致由縣市教育局（處）提供巡迴輔導形式的相關專業服務，而縣市教育局（處）所聘用的相關專業人員也以兼任為主，對於參與身心障礙學生的「個別化教育計畫」之擬訂和執行相關專業服務，在服務的數量與品質上，仍有許多發展空間。

以 113 年度《特殊教育統計年報》（教育部，2024）的資料為例，112 學年度的直轄市及縣（市）特殊教育相關服務類型，包括：物理治療、職能治療、語言治療、心理諮商／臨床、聽能管理、社會工作等專業服務。高中以下身心障礙學生相關專業服務情形，總計有 16 萬 9,669 人次接受前述各項服務，人次依序以職能治療最高（6 萬 5,231 人次）占 38.45%，語言治療居次（5 萬 4,057 人次）占 31.86%，物理治療占 18.22，心理諮商／臨床占 10.42，聽能管理占 0.80%，最少為社會工作占 0.25%。此外，心理諮商／臨床、聽能管理、社會工作等三個項目亦非每一個縣市皆有提供此服務。同一學年度，教育部國民及學前教育署所屬高中以下學校（不包含特殊教育學校），所提供的特殊教育相關專業服務內容項目亦如直轄市及縣（市），其服務總計有 3930 人次，以心理諮商／臨床最高占 41.73%，職能治療居次占 21.07%，語言治療占 19.92%，物理治療占 15.39%，最少仍為社會工作占 1.88%，聽能管理則未見服務人次。從上述實務實施上的資料顯見，我國在特殊教育相關專業服務上的數量與內容，可能存在著縣市區域上的落差，以身心障礙學生接受相關專業服務的公平機會而言，確實值得深入研究，以謀求解決之道。

以下為我在大學部開設的「個別化教育計畫」課程中，以實際案例讓

修課學生做團體個案報告的部分內容，此些案例呈現臺灣現行不同的特殊教育環境裡，常見的「個別化教育計畫」中相關專業服務的實施狀況。

個案一為安置於普通學校資源班的七年級學生，相關專業服務是學校專業輔導教師的定期輔導。個案因為挫折容忍度低，遇到困難時會用大聲哭鬧或大聲吼叫的方式表達；個案因為家庭因素而沒有安全感，對於自我的評價也屬於較負面。學校專業輔導教師規劃擬訂給予個案兩週一次的個別輔導諮商，時間為單數週的星期三早自習時間，專業輔導教師以適當的情緒表達方式和肯定自我兩個主題，逐週進行個別輔導。

個案二為就讀於特殊教育學校的國小中年級學生，相關專業服務是物理治療和職能治療。物理治療師評估個案因為長期乘坐輪椅，肢體上容易出現緊張、高張力和僵直現象；職能治療師則評估發現個案背部也有低張力，而導致駝背的現象。本學期此個案將安排每週一第六節課進行「功能性動作訓練一」課程，利用輪椅腳踏車進行訓練，以協助其改善肢體行動上的問題。職能治療師則設計每週三第三節課的「功能性動作訓練二」課程，利用地墊做訓練，同時做舉手訓練，訓練其手部協調，以改善背部肌力問題，另外還提供手眼協調動作訓練，以利於其使用電動車。

個案三為國小一年級集中式特教班學生，為一位智能障礙併有肢體障礙的多重障礙學生，此個案報告的設計者為到校巡迴輔導的職能治療師，經過評估之後，決定安排每週三一次連續兩節的「功能性動作訓練」課程。職能治療師在此個案的「個別化教育計畫」的「現況―學年教育目標―學期教育目標（週教學目標）」中，以一～三週為例內容說明，如表5-9所示。

表 5-9 功能性動作訓練之「現況—學年教育目標—學期教育目標」範例說明

領域／科目：功能性動作訓練
教學時間：每週三第五、六節
教學者：張○○職能治療師

現況

一、粗大動作
1. 關節活動度：四肢均有強的肌肉張力，左右手肘無法做出手肘伸直掌面向上的動作，右手手腕無法做出旋轉動作，兩手大拇指也無法比出讚的動作。
2. 維持身體姿勢：可維持坐姿；俯臥姿勢（趴著），能用雙手掌和膝蓋支撐身體（肚子離地）50秒；俯臥姿勢下只能肚子貼地來爬行（匍匐前進）。
3. 改變身體姿勢：會左右翻身，但無法從仰臥姿勢坐起。
4. 移位：會左右翻身，只能肚子貼地爬行，目前雙腳有穿矯正鞋，但無法獨立站立和走路。
5. 平衡：在坐姿下會丟球，但常因為動作過大，身體會往後或往兩側傾倒。
6. 傳遞物品：在坐姿下會丟接大球，但雙手協調不佳。

二、精細動作
1. 手部基本動作：右手肌肉張力很強，只能有抓放動作，右手手指對掌動作不佳；左手肌肉張力稍強，左手指有抓握和對掌動作，目前為慣用手，吃飯可用左手拿湯匙。
2. 雙手協調：學生上肢肌肉張力強，很多雙手操作性活動無法完成。
3. 手指靈巧：右手用食指勾住碗，手指按壓能力不佳。
4. 手眼協調：會穿珠，但常會掉落；吃餅乾會撕開包裝，但動作協調不佳。
5. 書寫前運筆技巧：目前可用左手兩指握筆，會畫圓和描寫數字和簡單國字。

學年教育目標

1. 學生能在俯臥姿勢下維持趴的姿勢（腹部離地），能做出前後左右輕微晃動身體而不會傾倒。
2. 學生能以連續翻身的方式在地板上左右移位，能向前匍匐爬行。
3. 學生能從仰躺姿勢下坐起。
4. 學生能在坐姿下做出丟接球之動作，能維持身體平衡不傾倒。

表 5-9 功能性動作訓練之「現況—學年教育目標—學期教育目標」範例說明（續）

| 學年教育目標 |
|---|
| 5. 學生能雙手向前伸直，手肘和手腕能旋轉，大拇指能比出「讚」的動作。 |
| 6. 學生能將自己的東西收入書包中。 |
| 7. 學生能打開保特瓶的瓶蓋。 |
| 8. 學生能從袋子拿出餅乾，能撕開包裝紙。 |
| 9. 學生能用左手畫圖，能書寫簡單的數字與國字。 |

| 學期教育目標 ||||
|---|---|---|---|
| 週次 | 教學目標<br>（含學習內容、評量方式、評量標準） | 評量結果 | 評量日期 |
| 第一～三週 | **粗大動作——維持身體姿勢**<br>1. 給學生一塊墊子趴著，腹部離地，學生能在 1 分鐘內手掌支撐身體而不倒下。<br>2. 給學生一塊墊子趴著，腹部離地，學生能在 2 分鐘內手掌支撐身體而不倒下。<br>3. 給學生一塊墊子趴著，腹部離地，學生能在 3 分鐘內手掌支撐身體而不倒下。<br>4. 給學生一塊墊子趴著，腹部離地，學生能在 5 分鐘內手掌支撐身體而不倒下。<br>5. 給學生一塊墊子趴著，腹部離地，學生能在 2 分鐘內維持趴著姿勢做左右輕微晃動十次而沒有倒下。<br>6. 給學生一塊墊子趴著，腹部離地，學生能在 2 分鐘內維持趴著姿勢做前後輕微晃動十次而沒有倒下。 | | |

## 第三節　結合領域／科目之學習內容至IEP的現況、學年教育目標，以及學期教育目標的擬訂

「個別化教育計畫」乃是美國《身心障礙者教育法》的核心，而學生在課程的學習「現況—學年教育目標—學期教育目標」，乃是「個別化教育計畫」的核心，即是核心之中的核心。如前所述，在「個別化教育計畫」的擬訂過程中，一旦此身心障礙學生的獨特性需要確定後，針對個別化教育的課程與教學主軸，緊接而至的即是擬訂「個別化教育計畫」內容的「一、學生能力現況」，以及「三、學年與學期教育目標、達成學期教育目標之評量方式、日期及標準」。目前，「個別化教育計畫」所採用的用詞：「現況—學年教育目標—學期教育目標」，即是以往「個別化教育計畫」所採用的用詞：「現況—長程教育目標—短程教學目標」，其概念是相同的，差異在於現行的用詞更明確的將長程和短程的時間，規範為一學年和一學期。

學生的課程與教學之學習現況以及學年和學期教育目標的設計，乃是「個別化教育計畫」的核心，亦是教師設計「個別化教育計畫」的最大挑戰。教師在擬訂「個別化教育計畫」最感困擾者，乃是不知道如何找出學生在此課程或學科的現況？該如何設計出此學期或此學年的教育目標？以及如何具體明確的敘述「達成學期教育目標之評量方式、日期及標準」等，本節將針對上述重點依序討論之。

### 一、現況、學年教育目標、學期教育目標三者的關係

在「個別化教育計畫」中，「**現況**」乃指學生在擬訂未來的學年或學期教育目標時，在某些領域／學科學習成就或技能／能力發展上的目前水準，此資料需要教學者藉由正式性評量或非正式性評量結果得知。「**學年教育目標**」則是教師根據學生現況、學習能力、其教育之獨特需要，再配

合家長之期待等,決定一學年之後,此學生期待可以達到的某些領域／學科學習或能力發展之教育目標。「**學期教育目標**」則是指在「學年教育目標」指引下,將領域／學科學習、能力發展之教育目標,依課程內容架構、技能組織或能力發展程序等原則,配合學校的教學時程,以時間分配因素將「學年教育目標」分割為上下兩個學期,以做為實施教學、訓練或行為輔導之依據。學期教育目標又可以再搭配學校的教學實施以週為單位做敘述,亦即是以完成一個單元或一課教學目標所需要的教學時間長短來決定;如此的敘述亦可以呼應教師需要擬訂的「學校課程計畫」之教學進度內容,只是「學校課程計畫」是以團體教學為考量,若以單一學生為考量,則可形成「個別化教育計畫」的學期目標之敘述。學期教育之週教學目標的擬訂,需考量到此課程領域／科目一週有幾節課來實施此教學目標,若搭配實際教學的教學進度,短則可以一週計算,長則可以數週之久,此亦是「個別化教育計畫」內容所要求之「教學起訖時間」。教學起訖時間的規劃可以協助教師掌握教學的實施進度,也有助於檢核此個別化教育目標的品質之適切性,例如:此教學目標內容並不難,教學實施時間是否規劃得太長了?也有可能此教學目標內容較艱難,而教學實施時間是否規劃得太短了?因此,以週為單位的教學起訖時間規劃,對於身心障礙學生「個別化教育計畫」的實施來說,確實可以掌握教學的時間適切性特質。圖 5-11 乃以時間軸發展方式,說明現況、學年教育目標、學期教育目標之間的關係。

圖 5-11 「現況─學期教育目標─學年教育目標」之關聯圖

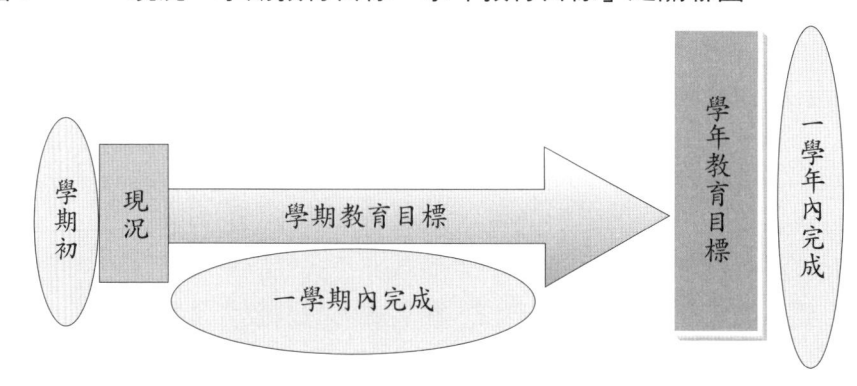

「現況─學年教育目標─學期教育目標」之間，實際存在著先後相屬關係。「個別化教育計畫」的「現況─學年教育目標─學期教育目標」的理念，相似於教師在職前師資培育過程中，所學習之教學設計中的起點行為和終點行為的概念。「現況」就是教學設計中的學生起點行為，「學年教育目標」即是教學設計中學生的終點行為，而「學期教育目標」正是起點和終點目標之間的中途目標。整體而言，現況、學年教育目標、學期教育目標到週教學目標皆是教育目標，教育目標通常也以教師觀點的教學目標，或是學生觀點的學習目標稱之。教學目標若以教學者的觀點敘述之，即是能訓練學生數數 1 到 10；學習目標則是由學習者的觀點敘述之，即是學生能由 1 數到 10。教育目標又可以學生學習的過程或是學習的結果敘述之，學習過程的敘述是：學生能熟練肯定句的用法；學習結果的敘述是：學生能正確答對五題肯定句用法的選擇題。簡言之，「個別化教育計畫」的「現況─學年教育目標─學期教育目標」，乃可以教學目標或學習目標方式呈現，也可以學習過程或學習結果敘述，此四者皆可以表達學生學習的教育成效。然而，針對「個別化教育計畫」需要評估身心障礙學生的教育介入後之成效原則，「現況─學年教育目標─學期教育目標」的編擬，乃宜以學生為主體的具體學習結果敘述，亦即是「個別化教育計畫」內容之「三、達成學期教育目標之評量方式、日期及標準」。圖 5-12 亦以時間軸發展的方式，以「學年─學期─週」的邏輯關係，說明現況、學年教育目標、學期教育目標到週教學目標之間的關係

## 二、如何運用課程綱要編擬現況、學年教育目標、學期教育目標

現況、學年教育目標、學期教育目標之間既有一脈相承的關係，學年教育目標、學期教育目標和週教學目標之間，更有課程設計之總和與細項的關聯性。對於學科性（如數學加法、識字量、閱讀理解等）或技能性（如洗滌衣物、清洗碗盤等）的學習目標而言，學年教育目標可參考針對此學生能力現況調整後的普通教育領域／科目之課程綱要內容，而特殊需求領域的課程綱要內容，再分成上下兩學期的學期教育目標，然後再參考教學內容設計成以週為單位的教學目標，亦即是三層次的分級制，例如：

圖 5-12 「現況─學年教育目標─學期教育目標─週教學目標」之關係

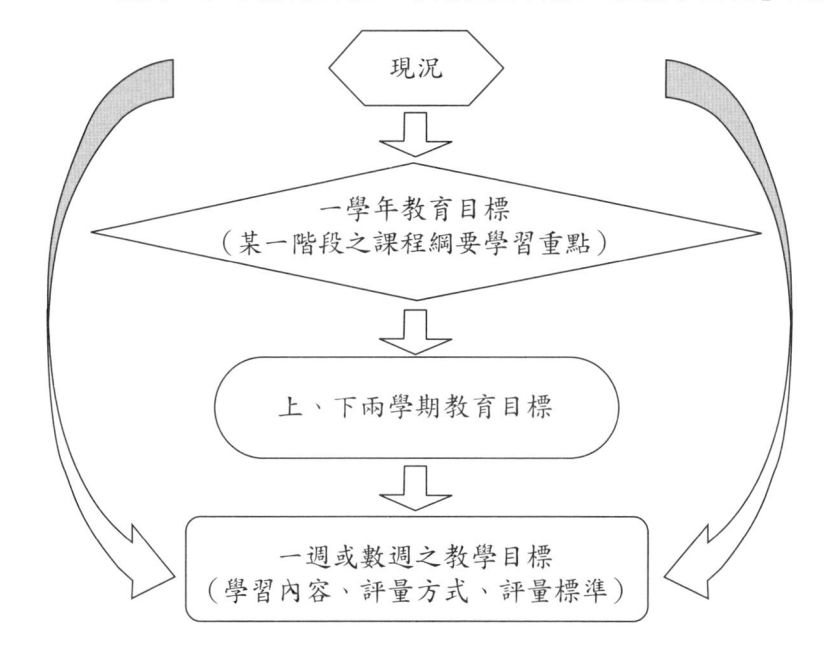

```
                    ┌─────────┐
                    │  現況   │
                    └────┬────┘
                         ↓
              ◇─────────────────────◇
              │    一學年教育目標      │
              │（某一階段之課程綱要學習重點）│
              ◇─────────────────────◇
                         ↓
              ╭─────────────────────╮
              │   上、下兩學期教育目標   │
              ╰─────────────────────╯
                         ↓
              ┌─────────────────────┐
              │   一週或數週之教學目標   │
              │（學習內容、評量方式、評量標準）│
              └─────────────────────┘
```

對於某些能力訓練的學習目標，如延長注意力的持續時間、增加句子表達能力等，即可依據能力發展之順序，運用工作分析的方式，組合成連續性的週教學目標，如學生的注意力能持續 1 分鐘、注意力能持續 2 分鐘、注意力能持續 3 分鐘……等；或是從完成「我要……」的句子、「我要吃……」的句子，到表達「我要吃糖果」的完整句子等。

　　一套完整結構的課程綱要，乃可提供學習者一系列完整的結構性內容，有些教學綱要更提供所有教學目標之評量表，例如：第一兒童發展文教基金會出版之「中重度智障者功能性教學綱要」，此評量表可以提供使用者評量出學生之起點行為（即現況）及其學習後之成果（即評量結果）。大抵而言，課程綱要乃以範圍、領域、副領域、綱要、細目、行為目標等方式做結構性呈現，以「中重度智障者功能性教學綱要」為例，此課程適用之對象，約是中重度智能障礙者或多重障礙者，經過評量表評估後，即可了解個案之現況，亦即藉由此課程之八項領域以決定此個案特殊教育的獨特需求之方向，再參考圖 5-6 所述之教學需求考量，即可決定此階

段的「個別化教育計畫」之學年教育目標和學期教育目標,而此課程之「學習目標」極適合列為學年教育目標之設定,例如:「中重度智障者功能性教學綱要」之領域二是居家生活,領域二中之副領域(一)是獨立飲食,獨立飲食的綱要 B 是「吃」,綱要 B「吃」總共有十四項學習目標,對中重度智障者而言,此十四項學習目標即可作為學年目標;假若某一學期以學習目標(4)會使用湯匙舀取食物吃為個別化教育目標的內容,此個案之:

- 現況為:需要完全協助,方能拿起湯匙。
- 學期教育目標之(1)為:會使用湯匙舀取食物吃。
- 週教學目標計有:

　1-1.在協助下單手拿住湯匙達 30 秒。

　1-2.在協助下單手拿住湯匙達 1 分鐘。

　1-3.能獨立單手拿住湯匙達 30 秒。

　1-4.能獨立單手拿住湯匙達 1 分鐘。

　1-5.能獨立單手用湯匙舀一口乾飯送至口中,而不掉落飯粒。

　1-6.能獨立單手用湯匙舀一匙炒青菜／肉塊送至口中,而不掉落菜餚。

　1-7.能獨立單手用湯匙舀一匙稀飯送至口中,而不灑落飯粒和湯汁。

　1-8.能獨立單手用湯匙舀一匙湯／牛奶等液體,而不灑落湯汁。

現階段我國的「十二年國民基本教育特殊教育課程實施規範」和普通教育課程綱要,都可以有效協助教師編擬「個別化教育計畫」的現況之評估、學年教育目標和學期教育目標。圖 5-13 乃呈現如何應用調整普通教育課程綱要或特殊需求領域課程內容,以決定從學生特殊教育需求到學生實際學習目標之擬訂的整體流程。

圖 5-13　從學生特殊教育需求到實際教學之學習目標擬訂的實施流程

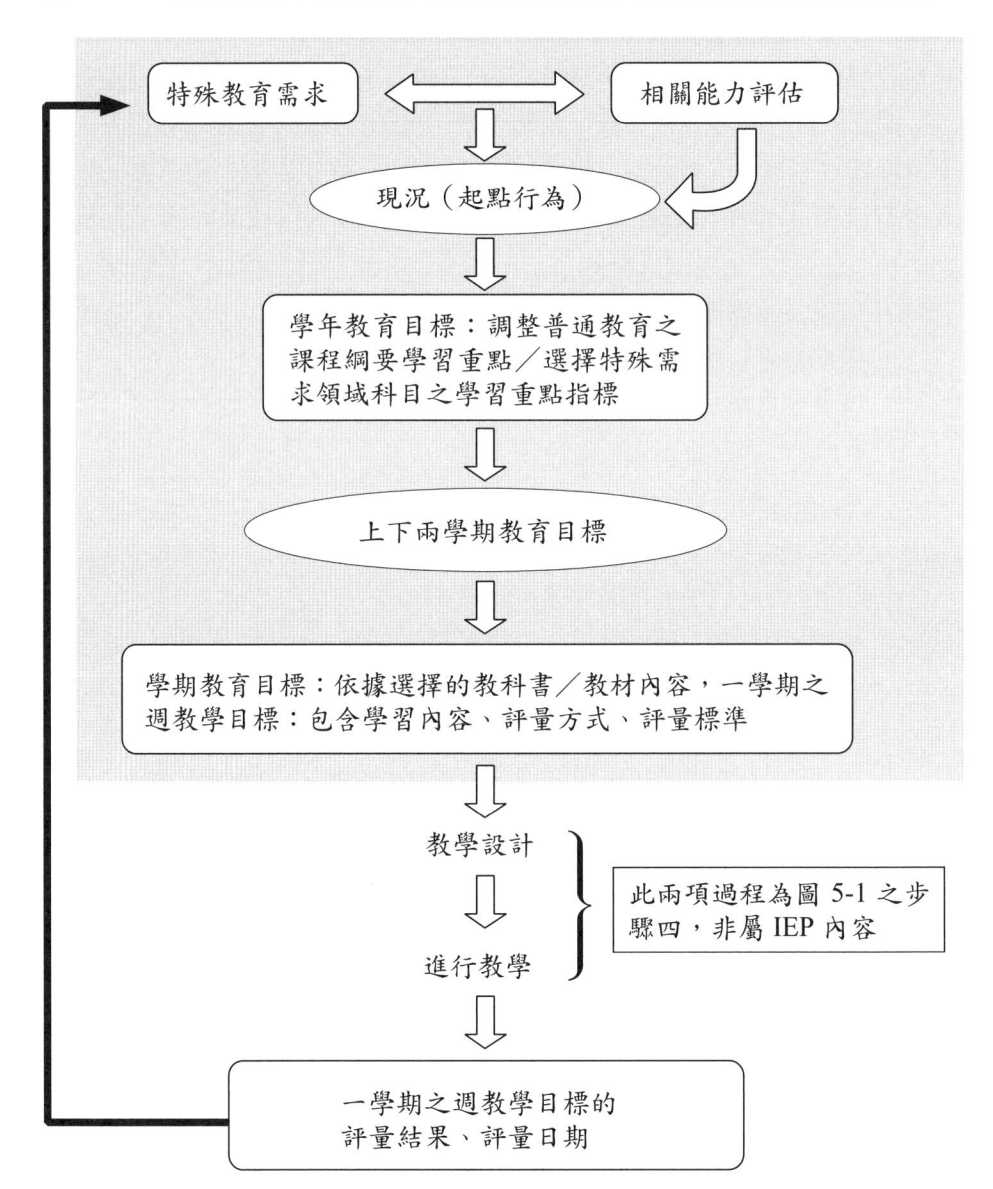

```
　　　　特殊教育需求 ⟷ 相關能力評估
　　　　　　　　↓        ↙
　　　　　　現況（起點行為）
　　　　　　　　↓
　　　　學年教育目標：調整普通教育之
　　　　課程綱要學習重點／選擇特殊需
　　　　求領域科目之學習重點指標
　　　　　　　　↓
　　　　　　上下兩學期教育目標
　　　　　　　　↓
　　　　學期教育目標：依據選擇的教科書／教材內容，一學期之
　　　　週教學目標：包含學習內容、評量方式、評量標準
　　　　　　　　↓
　　　　　　　教學設計　　　⎫　此兩項過程為圖 5-1 之步
　　　　　　　　↓　　　　　 ⎬　驟四，非屬 IEP 內容
　　　　　　　進行教學　　　⎭
　　　　　　　　↓
　　　　　一學期之週教學目標的
　　　　　評量結果、評量日期
```

# 第五章　如何擬訂「個別化教育計畫」的內容

　　當教師評估完成身心障礙學生的**特殊教育課程與教學的需求及其現況能力**後,接續可以進行調整普通教育課程的學習重點,再選擇適當的教科書內容或自編教材,以完成「個別化教育計畫」內容之「三、學年與學期教育目標(週教學目標)」。表 5-10 即以「個別化教育計畫」的格式呈現此三步驟的邏輯程序:**步驟一:現況**——評估此一學期實施特殊教育的某一領域/科目的學習起點行為;**步驟二:學年教育目標**——調整普通教育課程某一階段的學習重點(學習內容+學習表現);**步驟三:學期教育目標(週教學目標)**——選擇適合的教科書內容/自編教材,完成數週內欲完成的單課/單元教學目標。

### 表 5-10　「個別化教育計畫」格式之「現況—學年教育目標—學期教育目標」空白表格

領域/科目:　　　　　　　　　　　　　　一週授課時數:　　節課

**現況**

1.
2.
……

**學年教育目標**

| 調整後學習內容 | 調整後學習表現 |
|---|---|
|  |  |
|  |  |
|  |  |

**學期教育目標**

| 教學起訖時間 | 教學目標<br>(含學習內容、評量方式、評量標準) | 評量結果 | 評量日期 |
|---|---|---|---|
| 第一週<br>(課名/<br>單元名稱) |  |  |  |
| 第二週<br>(課名/<br>單元名稱) |  |  |  |

步驟一：現況的評估需要確認學生此一學期某一領域／科目的學習起點行為。若是舊生，教師可以參考上一學期的「個別化教育計畫」的評量結果，以做為新學期的學生現況能力；若是新生，教師可以透過標準化測驗結果、各式的學習評量結果和行為評估，或是透過教師的觀察，以找出學生的起點行為能力。

步驟二：特殊教育需求之領域／科目的學年教育目標的擬訂，需先找到學生所處的教育階段別，再參考「十二年國民基本教育課程綱要」之此一領域／科目的學習重點，依據學生的現況能力進行調整。因為「十二年國民基本教育課程綱要」每一階段的領域／科目的學習重點，都是以兩個學年或三個學年為基礎做設計，因此以調整後的一至五階段的課程綱要之學習重點，設計成「個別化教育計畫」的學年目標，乃是以課程綱要規劃的學年目標對應身心障礙學生的學年學習目標，亦即是從各領域／科目的階段性課程架構發展，導引出調整後身心障礙學生的學年教育目標。

步驟三：學期教育目標（週教學目標），則是選擇適合的教科書內容／自編教材，完成數週內欲完成的單課／單元教學目標。一學年的教育目標需要透過兩學期的教育目標完成，而每一學期的教育目標更需依賴每一週的教學目標，以逐漸完成預定目標。當教師擬訂完成一學年和一學期的教育目標之後，仍然要反應至教室內以週為單位的教學目標設計，此時採用調整審定本教科書教材後編擬的教學目標，對教師擬訂「個別化教育計畫」和實際教學都非常有幫助。

事實上，教科書的選用也屬於課程綱要規範的內容之一。依據「十二年國民基本教育課程綱要總綱」的「柒、實施要點」之「四、教學資源」，其中的（一）「教科用書選用」明確指出：「1.教科用書應依據課程綱要編輯，並依法審定；學校教科用書由學校依相關選用辦法討論通過後定之。2.各級各類學校相關課程及教材，應採多元文化觀點，並納入性別平等與各族群歷史文化及價值觀，以增進族群間之了解與尊重。3.除審定之教科用書外，直轄市、縣（市）主管機關或學校得因應地區特性、學生特質與需求、領域／群科／學程／科目屬性等，選擇或自行編輯合適的教材。全年級或全校且全學期使用之自編自選教材應送學校課程發展委員會審查。」如上所述，我國中小學學校教師選用教材，可以有選用審定本教科

書和自編教材兩種方式，但兩種方式都需要送學校課程發展委員會審查之。

我國從小學至高中的教科書，都曾經歷由國立編譯館統一編輯，及至今日由民間出版業者編輯，再由國家教育研究院審定的機制。國小於 1996 年進入全面審定教科書時代，高中是 1999 年進入開放民間出版業者編輯的審定教科書，國中則是 2002 年進入教科書全面審定的時代（陳明印，2000；楊國揚、何思瞇，2013）。我國因應 2014 年所公布的「十二年國民基本教育課程綱要總綱」，2019 年（108 學年度）開始實施「十二年國民基本教育課程綱要」，因此教育部於 2018 年公布《國民小學及國民中學教科圖書審定辦法》（2023 年改為《國民小學及國民中學教科用書審定辦法》），其中的第 1 條：「本辦法依國民教育法第三十五條第三項規定訂定之。」第 2 條：「本辦法所稱教科圖書，指依國民中小學課程綱要（以下簡稱課程綱要）規定編輯，並依本辦法審定之學生課本及其習作。前項教科圖書，於課程綱要修正發布後，應重新申請審定。……」，以及 2018 年公布之《高級中等學校教科用書審定辦法》（2024 年再次修訂），其中的第 1 條：「本辦法依高級中等教育法第四十八條第二項規定訂定之。」第 2 條：「本辦法所稱教科用書，指依高級中等學校課程綱要（以下簡稱課程綱要）規定編輯，並依本辦法審定之學生課本。前項教科用書，於課程綱要修正發布後，應重新申請審定。……」

上述資料乃欲說明經過審定通過的教科書，即是符合「十二年國民基本教育課程綱要」的內容所編輯而成，可以落實達成課程綱要所欲達成的教育目標。調整普通教育課程乃是目前「十二年國民基本教育特殊教育課程實施規範」的基本原則，特殊教育的實施需要針對身心障礙學生的獨特教育需求，進行普通教育課程之學習內容、學習歷程、學習環境和學習評量的調整，此原則也可以落實在選用審定本教科書的內容，再進行上述的四項調整。

我乃鼓勵特殊教育教師選擇適當的審定本教科書，再依據學生的現況能力與需求做適當的調整，除了審定本教科書已經符合課程綱要的規範外，另一項重要理由是民間出版業者編輯的審定本教科書有非常豐富的教學相關資源，可以協助教師進行備課與教學活動，讓身心障礙學生可以有

更多元與豐富的學習經驗,但是適當的減量、簡化、分解、替代、重整等調整原則的運用,乃是特殊教育教師在調整審定本教科書時,必須要善用的教學備課技能。針對教學目標的擬訂,除了調整審定本教科書之外,特殊教育教師也可以依據課程綱要自行編製教材,以利身心障礙學生學習。然而,自編教材仍然要依據「十二年國民基本教育課程綱要總綱」之規定,每學年送交學校課程發展委員會審查之。

「個別化教育計畫」的教育目標之實踐,需要連結至教學現場的實務,教育的現場是每週每日都在進行教學活動,亦即是單課／單元的教學目標最能直接反映出學生的學習內容。學期教育目標的編寫若能呈現單課／單元的教學目標,才能設計出「個別化教育計畫」的學生能「達成學期教育目標之評量方式、日期及標準」,也才能達到具體、客觀、可以評量的教育目標,也唯有透過如此詳細的教學目標擬訂,「個別化教育計畫」才能和教學緊密結合,對教師的教學和學生的學習結果有所幫助,若不能具體且客觀引導教育實施的成效,「個別化教育計畫」將僅是書面作業,對於教學實務並無法提供實質的協助。

以下再從本書第三章所論述的調整普通教育課程綱要來做說明,表5-11是國文科的範例,表5-12是特殊教育需求領域之社會技巧科目的範例,表5-13是特殊教育需求領域之學習策略科目的範例,說明如何進行某一領域／科目從學生的現況、學年教育目標到建立一學期之週教學目標的邏輯關係,以完成「個別化教育計畫」內容之第一和第三項內容:「一、學生能力現況、家庭狀況及需求評估」和「三、學年與學期教育目標、達成學期教育目標之評量方式、日期及標準」。

## 表 5-11　國文科之學生「現況—學年教育目標—學期教育目標」內容

領域／科目：國文科　　　　　　　　　　　　　　一週授課時數：5 節課

| | 現況 |
|---|---|
| 聆聽 | 1. 能夠聆聽各項發言，並加以記錄。<br>2. 需要花費較多時間釐清聆聽內容的邏輯性，會努力找出解決問題的方法。<br>3. 會運用科技與資訊，增進聆聽能力，加強互動學習效果。 |
| 口語表達 | 1. 語音較不清晰，語速較慢，音量偏小，造成口語表達不順暢。<br>2. 會運用適當詞語、正確語法表達想法。<br>3. 較不會把握說話的重點與順序，對談時能做適當回應。<br>4. 會運用語調、表情和肢體等變化輔助口語表達。<br>5. 能夠結合科技與資訊，提升表達效能。<br>6. 與他人溝通時較不會等待及注重禮貌。 |
| 識字與寫字 | 1. 認識的國字至少約有 2,700 字，使用約 2,000 字（第三學習階段），對生活常見之字詞具一定熟悉度。<br>2. 認識部分文字的字形結構，但不會利用部件了解文字的字音與字義。<br>3. 較不會運用字辭典查找字詞，擴充字詞量。<br>4. 因手部精細動作略為不佳，能書寫但速度較慢，字體偏大。 |
| 閱讀理解 | 1. 朗讀文本速度較慢，咬字較不清晰，也較不會表現抑揚頓挫。<br>2. 能夠獨立讀懂第四學習階段的白話文本，文言文需耗費較多時間或是需他人協助。<br>3. 不太能掌握句子和段落的意義與主要概念。<br>4. 對於摘要文本重點較為不熟練。<br>5. 認識記敘、抒情、說明及應用文本的特徵。 |
| 寫作 | 1. 會運用仿寫培養寫作能力。<br>2. 對於寫作步驟的安排較不熟悉（記敘文本較擅長，抒情、說明、應用文本較少接觸）。<br>3. 寫作常無法確切契合主題，或是段落不具結構性。<br>4. 能夠完成三段 400 字的文章。 |
| | 學年教育目標 |
| | 調整後學習內容 ｜ 調整後學習表現 |

| | 調整後學習內容 | | 調整後學習表現 |
|---|---|---|---|
| 文字篇章 | Ab-V-1 字形和字音。<br>Ab-V-2 字詞的意義和使用。<br>Ab-V-3 詞的組成方式。<br>Ac-V-1 句的意義。<br>Ac-V-2 常用的句型。<br>Ad-V-1 篇章的意義。<br>Ad-V-2 篇章的組織。<br>Ad-V-3 篇章的表現。 | 聆聽 | 1-V-2 能從聆聽中，釐清自我認知。（減量）<br>1-V-3 能適切掌握講者的核心內容。（減量） |
| | | 口語表達 | 2-V-1 能清楚了解說話的目的、對象、場合，做簡易對答。（簡化）<br>2-V-2 能運用合宜的表情和語氣，呈現內心情感。（簡化）<br>2-V-3 能選擇適當的語辭，透過表情、肢體語言的組織技巧，表達個人觀點。（簡化） |

## 表5-11 國文科之學生「現況—學年教育目標—學期教育目標」內容（續）

| 調整後學習內容 | 調整後學習表現 |
|---|---|
| **文本表述** Ba-V-1 記敘的元素。<br>Ba-V-2 敘述方式。<br>Ba-V-3 摹寫手法。<br>Bc-V-1 理路的安排。<br>Bc-V-2 客觀資料的輔助。<br>Bc-V-3 加入情感的表達。<br>Be-V-1 應用文本的格式。<br>Be-V-2 應用文本的表達要領。 | **識字與寫字** 2-V-4 能利用電子科技，統整訊息的內容，做簡要的口頭報告。（簡化）<br>4-III-2 認識文字的字形結構，運用字的部件了解文字的字音與字義。（添加）<br>4-III-4 了解偏旁變化和間架結構要領書寫正確的硬筆字。（添加、簡化）<br>4-V-1 能因應日常或文化接觸，透過自主學習儲備識字量。 |
| **文化內涵** Ca-V-1 食、衣、住、行等物質文化知識。 | 4-V-2 認識文字的字形結構，運用字的部件了解文字的字音與字義。（添加） |
|  | **閱讀理解** 5-IV-1 能朗讀各類文本，並表現情感的起伏變化。（添加、簡化）<br>5-IV-2 理解各類文本的句子、段落與主要概念。（添加、簡化）<br>5-IV-3 理解各類文本內容、形式和寫作特色。（添加）<br>5-IV-4 應用閱讀策略增進學習效能。（添加、減量） |
|  | **寫作** 6-V-1 能經由觀摩、分享與欣賞，養成良好的寫作態度。（減量）<br>6-V-2 能夠整理並記錄個人生命經驗。（簡化、減量）<br>6-V-3 能使用正確與適當的文字、詞彙寫作，提升語文在生活與職場的應用能力。（簡化） |

### 一年級下學期教育目標

| 教學起訖時間 | 教學目標（含學習內容、評量方式、評量標準） | 評量結果 | 評量日期 |
|---|---|---|---|
| 第一週：第一課〈丁挽〉 | 聆聽＋口語表達<br>給學生三題口頭問題，學生能在3分鐘內說出三題正確答案：<br>1.〈丁挽〉的作者是誰？<br>2. 作者常以什麼主題為文章題材？<br>3. 本文是什麼文體？ | | |

## 表 5-11　國文科之學生「現況─學年教育目標─學期教育目標」內容（續）

**識字與寫字**

1. 認讀字：給學生七個字的字音填空題，學生能在 3 分鐘內說出七個字的讀音：「踉蹌」、詭「譎」、「暈」開、「黝」黑、「扳」下、肩「胛」。
2. 使用字：給學生七個字的字形填空題，學生能在 5 分鐘內用電腦打出七個字的字形：黑「潮」、「湧」動、「翱」翔、「腥」熱、跳「躍」、「漂」流、「踐」履。

**閱讀理解**

1. 詞彙：給學生五個詞彙配合題，學生能在 5 分鐘內配對出五個正確的詞彙解釋：「踉蹌」、「詭譎」、「唐突」、「瞟」、「屹立不搖」。
2. 字面理解：給學生五題選擇題，學生能在 5 分鐘內選出五題正確答案：
   A. 丁挽是漁民對什麼魚的俗稱？
   B. 漁人通常用什麼字來表示發現丁挽？
   C. 丁挽做出什麼動作讓人覺得他很狡猾？
   D. 作者將丁挽的尖嘴比喻為什麼？
   E. 「像掀開美女面紗或破蛹而出的美麗蝴蝶」是在描寫什麼？
3. 推論理解：給學生三題選擇題，學生能在 5 分鐘內選出三題正確答案：
   A. 作者說誰像個旗手？
   B. 為什麼作者會認為海湧伯體內流著的不是溫紅腥熱的血液，而是藍澄澄的冰冷海水？
   C. 作者為何說捕獵丁挽是「岸上或風平浪靜的港內無法敘述的過程」？

**寫作**

1. 造詞：給學生三個字：「潮」、「漂」、「躍」，學生能在 5 分鐘內用電腦各打出一個詞彙。
2. 造句：學生能在 3 分鐘內用「……就像……般……」造出並用電腦打出一個句子。
3. 段落：學生以「海洋世界」為題，能在 30 分鐘內用電腦打出 400～450 字，架構三段的記敘短文。

表5-11 國文科之學生「現況─學年教育目標─學期教育目標」內容（續）

| | |
|---|---|
| | **閱讀理解**<br>1. 詞彙：給學生五個詞彙配合題，學生能在 5 分鐘內配對出五個正確的詞彙解釋：「踉蹌」、「詭譎」、「唐突」、「瞟」、「屹立不搖」。<br>2. 字面理解：給學生五題選擇題，學生能在 5 分鐘內選出五題正確答案：<br>　A. 丁挽是漁民對什麼魚的俗稱？<br>　B. 漁人通常用什麼字來表示發現丁挽？<br>　C. 丁挽做出什麼動作讓人覺得他很狡猾？<br>　D. 作者將丁挽的尖嘴比喻為什麼？<br>　E.「像掀開美女面紗或破蛹而出的美麗蝴蝶」是在描寫什麼？<br>3. 推論理解：給學生三題選擇題，學生能在 5 分鐘內選出三題正確答案：<br>　A. 作者說誰像個旗手？<br>　B. 為什麼作者會認為海湧伯體內流著的不是溫紅腥熱的血液，而是藍澄澄的冰冷海水？<br>　C. 作者為何說捕獵丁挽是「岸上或風平浪靜的港內無法敘述的過程」？<br><br>**寫作**<br>1. 造詞：給學生三個字：「潮」、「漂」、「躍」，學生能在 5 分鐘內用電腦各打出一個詞彙。<br>2. 造句：學生能在 3 分鐘內用「……就像……般……」造出並用電腦打出一個句子。<br>3. 段落：學生以「海洋世界」為題，能在 30 分鐘內用電腦打出 400～450 字，架構三段的記敘短文。 |
| 第二週<br>：第二課<br>文言文〈醉翁亭記〉 | **聆聽＋口語表達**<br>給學生三題口頭問題，學生能在 3 分鐘內說出三題正確答案：<br>1.〈醉翁亭記〉的作者是誰？<br>2. 作者的字號為何？<br>3. 後人對作者的評價為何？<br><br>**識字與寫字**<br>1. 認讀字：給學生七個字的字音填空題，學生能在 3 分鐘內說出七個字的讀音：林「壑」、「潺潺」、若「夫」、「傴」僂、「觥」籌、野「蔌」、陰「翳」。 |

224

### 表 5-11　國文科之學生「現況─學年教育目標─學期教育目標」內容（續）

2. 使用字：給學生六個字的字形填空題，學生能在 5 分鐘內選出六個字的字形：「醉」翁、喝「酒」、「釀」泉、岩穴「暝」、「繁」陰、「頹」然。

**閱讀理解**
1. 詞彙：給學生六個詞彙配合題，學生能在 5 分鐘內配對出六個正確的詞彙解釋：「蔚然」、「潺潺」、「繁陰」、「風霜」、「觥籌交錯」、「頹然」。
2. 字面理解：給學生三題選擇題，學生能在 5 分鐘內選出三題正確答案：
   A. 幫醉翁亭取名字的人是誰？
   B. 賓客快樂的場面有哪些？
   C. 文中的太守是誰？
3. 推論理解：給學生兩題選擇題，學生能在 5 分鐘內選出兩題正確答案：
   A. 醉翁為什麼喜愛飲酒？
   B. 太守是因為什麼原因而快樂？

**寫作**
1. 造詞：給學生三個字：「醉」、「酒」、「釀」，學生能在 5 分鐘內用電腦各打出三個詞彙。
2. 造句：給學生兩個字彙：「釀造」、「觥籌交錯」，學生能在 5 分鐘內用電腦各打出兩個句子。

### 表 5-12　社會技巧科目之學生「現況─學年教育目標─學期教育目標」內容

| 領域／科目：特殊需求領域／社會技巧科目 | 一週授課時數：1 節課 |
|---|---|

| | 現況 |
|---|---|
| 處己 | 1. 無法以適當的方式，抒發自己的情緒。<br>2. 面對挫折時，常表現出哭泣或憤怒。 |
| 處人 | 1. 能夠理解他人之表情動作。<br>2. 能使用簡單語句與他人交談。<br>3. 較少主動與同儕接觸，因此同儕關係不佳。 |
| 處環境 | 1. 缺乏合作意識，團體配合度低。<br>2. 面對問題時，不知道該如何向他人求助。 |

表 5-12　社會技巧科目之學生「現況─學年教育目標─學期教育目標」內容（續）

| 學年教育目標 |||
|---|---|---|
| | 調整後學習內容 | 調整後學習表現 |
| 自我的行為與效能 | 特社 A-V-1 如何適當的表達、抒發強烈情緒。<br>特社 A-V-2 認識解決問題的外在資源。 | 處己 | 特社 1-V-1 能根據情境或情緒的強烈程度，選擇適當的方式表達自己的各種情緒。<br>特社 1-V-4 能嘗試使用紓解壓力的方法。<br>特社 1-V-6 面對不如意時，能以正向的思考方式調整心態。 |
| 溝通與人際的互動 | 特社 B-V-3 友誼維持的技巧。<br>特社 B-V-4 如何向他人求助。<br>特社 B-V-5 如何預防危險。 | 處人 | 特社 2-V-4 能以適當的方式和他人互動溝通。<br>特社 2-V-9 能夠分享自己的感受或想法。<br>特社 2-V-10 面對衝突情境，能夠處理自己的情緒。<br>特社 2-v-12 能反省衝突原因，避免下次再發生。<br>特社 2-V-14 面對問題時，會主動尋求他人協助。<br>特社 2-V-15 認識與人相處時的安全情境條件。<br>特社 2-V-16 面對他人不當的觸摸或言語，懂得自我保護與求助。 |
| 家庭與社會的參與 | 特社 C-V-1 學校的參與及合作。<br>特社 C-V-2 家庭的參與及合作。<br>特社 C-V-3 社區的參與及合作。 | 處環境 | 特社 3-V-3 在遭遇困難時能依問題性質尋求特定對象或資源的協助（例如：遇到不會的數學題能求助數學老師或數學成績較好的同學）。<br>特社 3-V-4 能主動參與課堂或小組的討論。 |

| 一年級下學期教育目標 ||||
|---|---|---|---|
| 教學起訖時間 | 教學目標<br>（含學習內容、評量方式、評量標準） | 評量結果 | 評量日期 |
| 第一週 | 給學生四種情緒的圖卡或影片，學生能夠在 5 分鐘內正確說出四種情緒辨識答案（激動、挫折、焦慮、慌張）。 | | |

## 表 5-12 社會技巧科目之學生「現況—學年教育目標—學期教育目標」內容（續）

| 第二週 | 給學生四種情緒（激動、挫折、焦慮、慌張），學生能在 5 分鐘內口語描述自己曾經經歷過的情緒感受。 |
|---|---|
| 第三週 | 給學生社會故事中主角面對的問題（考試考不好、被同學拒絕、被父母責備），學生能夠說出面對任何一種問題，主角可能產生的情緒。 |
| 第四週 | 1. 給學生三種不適當的情緒表達方式（大吼大叫、摔東西、打人），學生能說出自己或看見他人曾有過的經驗。<br>2. 給學生三種不適當的情緒表達方式（大吼大叫、摔東西、打人），學生能說出此三種不適當情緒表達方式的後果。<br>3. 學生能夠說出一種自己如何紓解挫折情緒的方式。 |

## 表 5-13 學習策略科目之學生「現況—學年教育目標—學期教育目標」內容

| 領域／科目：特殊需求領域／學習策略科目 | 一週授課時數：1 節 |
|---|---|

| 現況 ||
|---|---|
| 注意力 | 1. 注意力集中尚可，可維持約半小時的集中時間。<br>2. 對於不擅長、不喜歡的科目較容易分心，需要提醒後才能持續專注。 |
| 記憶力 | 記憶力正常，與一般同儕無明顯差異。 |
| 理解能力 | 對於單一概念的理解沒問題，但連結多種概念之間的連通有困難。 |
| 邏輯推理能力 | 1. 邏輯推理能力待加強，對於文本架構的組織能力弱，無法獨立分析一篇文章的概念架構，需要大量提示才能完成。<br>2. 無法類化分析不同類型的文章架構，需提示協助。 |
| 後設認知能力 | 1. 對於自己的優弱勢能力有認知，大致了解自己擅長和不擅長的能力，但無法自己想出維持優勢和補強弱勢的方法。<br>2. 學習態度佳，對於指派的任務和指令會盡力完成，對喜歡的科目也有強烈的動機主動學習。<br>3. 使用學習策略的能力待加強，不太會自行運用有效的方法和調整環境及工具進行學習。<br>4. 問題解決的能力待加強，對於相似的學習困難無法自行類化出解決方法，需要大量提示和協助。<br>5. 反思的能力待加強，能記住過去的經驗，但無法從中了解如何改善。 |

表 5-13　學習策略科目之學生「現況—學年教育目標—學期教育目標」內容（續）

| 學年教育目標 |||||
|---|---|---|---|---|
| | 調整後學習內容 || 調整後學習表現 ||
| 認知策略 | 特學 A-IV-2 多元的記憶和組織方法。<br>特學 A-IV-3 文章架構。<br>特學 A-IV-5 教材中的輔助解釋、脈絡或關鍵字句。<br>特學 A-V-3 自我的組織策略。<br>特學 A-V-4 自我的理解策略。 || 提升認知學習 | 特學 1-IV-3 重新組織及歸納學習內容。<br>特學 1-IV-4 分析不同類型文章的架構。<br>特學 1-V-3 發展出適合自己的組織策略。<br>特學 1-V-4 發展出適合自己的理解策略。 |
| 態度與動機策略 | 特學 B-V-1 展現優勢能力的方式。 || 提升動機與態度 | 特學 2-V-1 展現個人的優勢能力。 |
| 一年級下學期教育目標 |||||
| 教學起訖時間 | 教學目標<br>（含學習內容、評量方式、評量標準） ||| 評量結果 | 評量日期 |
| 第一週<br>【解析文章一：文章組織大搜查】 | 1. 給學生五種文本架構的文章（時間序列、異同比較、因果關係、步驟或程序、問題與解決），學生能說出五種不同的文本架構形式。<br>2. 給學生五種文本架構的文章（時間序列、異同比較、因果關係、步驟或程序、問題與解決），學生能說出自己擅長和不擅長的文本架構形式。 ||| | |
| 第二週<br>【解析文章二：公民課本的逆襲】 | 1. 給學生公民課本第一課的文章，學生能畫出各段落的概念階層。<br>2. 給學生公民課本第一課的文章，學生能畫出／寫出該文章的心智圖。 ||| | |
| 第三週<br>【解析文章三：生物課本的逆襲】 | 1. 給學生生物課本第三課的文章，學生能說出文章各段落的重點。<br>2. 給學生生物課本第三課的文章，學生能使用五種文本架構中的任一種方式，畫出該文章的內容架構。 ||| | |

## 第四節　運用課程本位測量（CBM）編寫具體、客觀、可評量的學期教育目標

「個別化教育計畫」乃是依據身心障礙學生獨特之教育需求，再依據不同時程（學年、學期、週）的教學前之教學目標設定，以及教學後之教學成效檢核，再加上「個別化教育計畫」需要進行教育人員和家長的溝通，以及特殊教育不同專業人員之間的協調溝通；基於上述理由，所以「個別化教育計畫」內容之現況、學年教育目標與學期教學目標，就必須以具體、客觀和可評量的方式擬訂。

針對「個別化教育計畫」之現況、學年教育目標與學期教學目標的編擬，學年教育目標乃建議教師可以參考課程綱要的學習重點進行內容調整，學期教育目標則可以先參考審定本教科書進行內容調整，或者自編教材，然而教學內容決定後，接下來是如何擬訂各課或各單元的教學目標。本節將介紹課程本位測量（CBM）的教學目標編寫方式，以協助教師設計具體、客觀且可評量的現況與學期教育目標中的各週教學目標。

課程本位測量之所以適用於「個別化教育計畫」的教學目標之訂定，主要原因有二：一為課程本位測量與教師之教學內容緊密結合，以具體且明確的評量結果，協助教師準確評估出學生的學習現況和學習目標是否達成；二是「個別化教育計畫」內容文件要求學期教育目標之內容、評量方式和評量標準，而課程本位測量的教學目標之敘述，即以一次敘述而涵蓋學習內容、評量方式和評量標準，因此可以省卻分開撰寫學期（週）教學目標、評量方式和評量標準之時間和精力。以下將就課程本位評量（Curriculum-Based Assessment [CBA]）與課程本位測量的內容和關係，以及如何設計課程本位測量的教學目標做概述與應用範例介紹。

## 一、課程本位評量（CBA）

　　課程本位評量是 1980 年代在美國漸形興盛的一種教育評量模式，此一教育評量方式的革新，源自於教育界對於傳統心理評量之常模參照標準化測驗的無助之反省（Deno, 1986; Marston, 1989）。許多教育工作者，尤其是特殊教育教師在長期應用標準化常模參照測驗後發現，心理評量測驗之設計和應用兩層面間存在著嚴重落差：(1)大多數的常模參照標準化測驗在常模建立時，並未將身心障礙群體列入樣本之中，因此鑑定過程以外，若欲參考此些測驗結果，以了解身心障礙學生之學習狀況實存有爭議；(2)標準化成就測驗的內容效度和不同課程之間存有歧異，亦即是標準化成就測驗的試題內容和教師在課堂中所用的教材相關性不高，例如：同一學生在不同版本之標準化成就測驗上的表現是有差異的，若其教師所用之教材內容接近於某一套測驗，則此生在此套測驗上之表現就較佳，反之亦然；(3)傳統標準化測驗的結果，例如：約為國小二年級程度，並無法協助教師做正確的教材程度或內容上的抉擇；(4)傳統標準化測驗的答題方式，常使用是非題、選擇題、配對題或指認方式，因此考試技巧或猜測因素常可以影響測驗結果，而無法真正測出受試者的朗讀能力、識字程度或寫作能力；(5)傳統標準化測驗比較少考量流暢性／精熟度（fluency）的因素，更有研究指出當某學生反應速度很慢，即使答案正確，仍顯現其精熟度不夠，而傳統的標準化測驗通常比較強調正確性，而忽略了精熟度之重要性（Deno, 1986, 1989, 1992; Marston, 1989）。

　　課程本位評量一詞乃涵蓋了兩個中心理念：一是「課程本位」；另一是「評量」。簡言之，課程本位評量的定義即為：根據學生的上課課程內容，評量學生學習的結果（Deno, 1992; Marston, 1989）。此概念在教育評量的領域上絕非創新之物，然而直到 1981 年，「課程本位評量」一詞才由 Gickling 與 Havertape 首次以專有名詞的形式發表於學術刊物之上，而此第一個出現的定義為：以學生在現有課程內容上的持續性表現來決定其學習需要的一種歷程，目前仍是最受肯定的課程本位評量之定義（葉靖雲，1996）。

　　課程本位評量與常模參照測驗的主要差異是測驗材料的來源不同：課

程本位評量是採用學生的上課內容為測驗題目,常模參照測驗則以某測驗之建構效度為主發展出的測驗,強調個體間能力表現或發展的相對性比較,它的測驗題目和學生的實際上課內容不見得有相關。而課程本位評量與標準參照測驗則有密切關係,標準參照測驗的目的在於評量個體本身的進步發展狀況,和個體間的比較無關。標準參照測驗是擇定某一技能或學科課程內容為測驗題目,以測驗所得的分數代表個體之精熟程度,亦用以顯現個體之自我比較的進步或退步狀況(葉靖雲,1996;Marston, 1989; Shinn et al., 1988)。

Tucker(1987)乃提出符合「課程本位評量」定義之三項基本條件:一為測驗材料需來自學生上課的課程教材;二是要經常性施測;三是評量結果乃為教學決策之依據。由此可見,課程本位評量乃是一統稱的名詞。

## 二、課程本位評量的分類

課程本位評量既是一統稱名詞,符合其定義之評量系統多年來已發展出許多類型,以下僅介紹其中主要之三個模式:標準參照模式(Criterion-Referenced Model)、正確性本位模式(Accuracy-Based CBA Model)、流暢性本位模式(Fluency-Based CBA Model)(葉靖雲,1996;Marston, 1989),請參見圖 5-14。

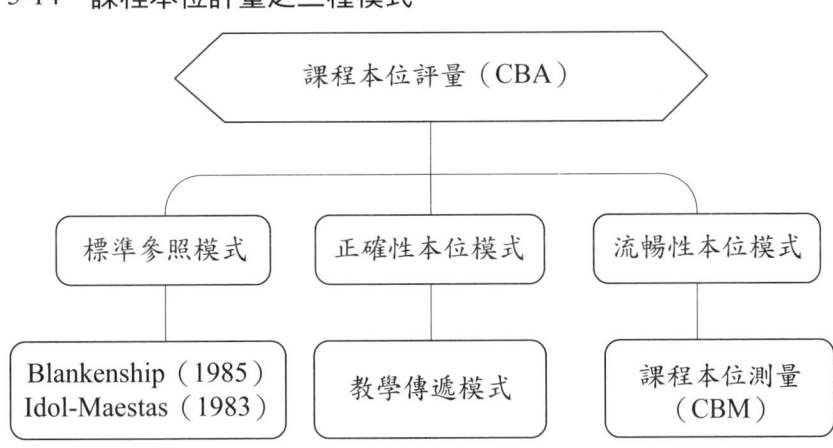

圖 5-14 課程本位評量之三種模式

```
                    課程本位評量(CBA)
          ┌──────────────┼──────────────┐
     標準參照模式      正確性本位模式      流暢性本位模式
          │              │                │
   Blankenship(1985)   教學傳遞模式      課程本位測量
   Idol-Maestas(1983)                      (CBM)
```

**標準參照模式**，乃將課程之教學目標依工作分析做順序安排，再編製成試題和決定通過標準，學生由評量結果可知其精熟程度，教師由學生的評量結果做教學決策，其代表性之發展者有 1985 年的 Blankenship 以及 1983 年的 Idol-Maestas。

　　**正確性本位模式**，是教師在教學前運用由教學內容設計成測驗題目的評量工具，來了解學生對學習此一教材內容的準備狀況，以做為教師教學目標之抉擇。此模式之評量結果正確率為 90%以上是「獨立層次」，表示此學生對此教材內容已達精熟程度，教師必須再選取更高難度或深度之教學目標；正確率為 70%～85%是「教學層次」，表示此教材對此學生而言是適合學習的內容；正確率為 70%以下則為「挫折層次」，顯示此教材內容在此階段不適合此學生之學習，因為難度太高了。此正確率的層次之百分比率頗具彈性，必須依據不同測驗內容做調整。此模式最具代表性者是 Gickling 與 Thompson 於 1985 年間發展出之「教學傳遞模式」（Instructional Delivery Model）。

　　**流暢性本位模式**，亦是將課程教學內容發展成測驗題目，其與上述兩模式不同的是評量標準強調在單位時間內的正確反應次數。此外，流暢性本位模式亦發展出可做常模參照和標準參照之雙重用途，此模式是以數據資料做為解決教學問題之依據，主要的代表者即是 S. Deno 等人所倡導之「課程本位測量」（CBM），亦是本書所欲介紹應用之系統。

## 三、課程本位測量（CBM）

　　課程本位測量是以 S. L. Deno 為首，所發展出之結合評量與教學為一之實用模式。1977 年，Deno 等人於美國明尼蘇達大學的「學習障礙研究機構」（Institute for Research on Learning Disabilities）開始進行研究，至 1983 年「課程本位測量」已成為具有完整規模之評量模式（Deno, 1992; Shinn, 1989）。課程本位測量之目的是希望能提供一套有效且可靠的測驗工具和評量程序，其評量結果將協助教師決定「是否」或「何時」該改變某學生的教學計畫。

　　本質上，課程本位測量模式是一個學科基本能力的動態偵測者。「學

科基本能力」是指讀、寫、算之學習,例如:朗讀、拼字、寫作、克漏字和數學計算等能力之評量。「動態」意謂高頻率的評量,以隨時掌握學生的學習狀況。「偵測者」是表示課程本位測量將鎖定某些特定能力的了解。基於上述課程本位測量之發展原則,課程本位測量乃具有下列六項特色(Deno, 1985, 1992; Shinn, 1988; Shinn et al., 1988):

1. 課程本位測量是一種形成性評量,可以用來了解學生的學習發展狀況。

2. 課程本位測量並非診斷性測驗,它僅能顯示學生學習的結果是成功或失敗,但它並無法找出學生學習成敗的原因。Deno 即是將課程本位測量比喻為一支溫度計,溫度計僅能利用度數高低來顯示個體是否發燒,卻無法告知個體是何原因而導致發燒。如同課程本位測量的結果數據,可以顯示學生的學習成果是否通過標準,卻無法告知教師是何因素促成此結果,導因的探究則需要教師依據其他資料之判斷,或是教師的觀察分析。

3. 課程本位測量提出區域性常模(local norm)的理念和作法,此區域的定義可指全市、某學區、某學校、某一學年或某一班級。區域性常模的觀點乃有別於常模參照測驗所常用之全國性常模,其用意乃強調常模對照的相對性,生活環境條件相似之區域性常模的信度和效度,都高於全國性或州際性的常模,而且更富意義。

4. 課程本位測量只計算正確度,即做對多少測驗內容。

5. 課程本位測量強調熟練度或流暢性(fluency),即評量方式是要求學生在短短幾分鐘內能做對若干測驗題目。

6. 課程本位測量的結果皆有數據資料,可據以建立學生的學習目標和評估教師的教學成效。

綜論之,之所以運用課程本位測量來編寫「個別化教育計畫」之現況和學期(週)教學目標,乃因為課程本位測量具有下列優點,其將可以有助於「個別化教育計畫」之成效評估(Deno et al., 1984):(1)內容效度高,因為評量的是教師所教的教學內容;(2)簡單易行,因為題目內容少,每一題的答題方式只有單一形式;(3)由評量結果可以反應學生的學習成敗,從而協助教師做教學決策;(4)評量結果之數據皆需轉換成進步追蹤(progress monitoring）圖，讓學生之學習結果一目了然，此學生學習結果之進步追蹤圖範例，請參見圖 5-15；(5)由於為經常性評量，可以靈敏反應學生的學習狀況；(6)試題以紙張影印即可，不需購買市售套裝測驗，具有省錢優點；(7)課程本位測量的施測時間約在 1 至 5 分鐘內，具有省時優點。

圖 5-15　林生之朗讀能力學習成果的進步追蹤圖

學生姓名：林生　　年級：國小二年級
科目：國語科——閱讀能力
現況：給明倫版第四冊第一課課文共 110 個字，學生能在 1 分鐘之內唸對 98 個字。
學期教育目標：十五週後，從明倫版國語課本第一至第十課中，隨機抽取一課課文，學生能在 1 分鐘內唸對 100 個字。

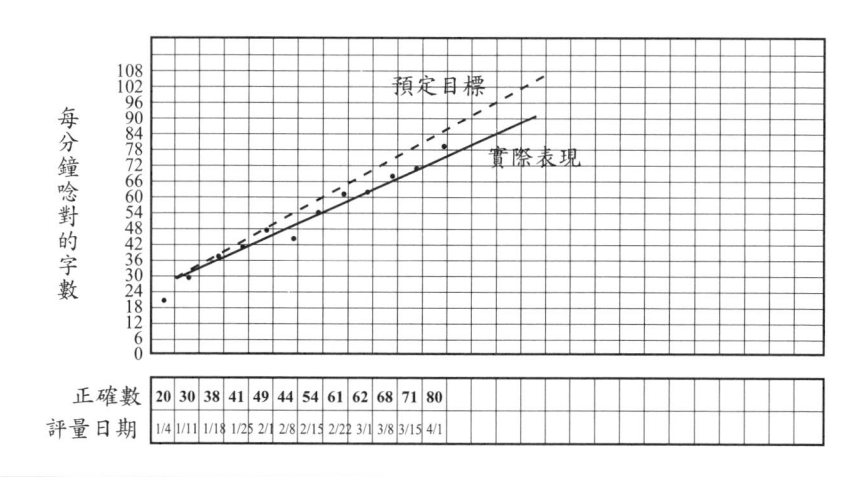

| 正確數 | 20 | 30 | 38 | 41 | 49 | 44 | 54 | 61 | 62 | 68 | 71 | 80 |
|---|---|---|---|---|---|---|---|---|---|---|---|---|
| 評量日期 | 1/4 | 1/11 | 1/18 | 1/25 | 2/1 | 2/8 | 2/15 | 2/22 | 3/1 | 3/8 | 3/15 | 4/1 |

（縱軸：每分鐘唸對的字數；圖中標示「預定目標」與「實際表現」）

## 四、如何運用流暢性本位模式的課程本位測量編擬教學目標

Deno（1986）、Deno 等人（1984），以及 Fuchs 與 Shinn（1989）曾提出如何運用課程本位測量於「個別化教育計畫」之教育目標的擬訂，此教育目標的擬訂過程三步驟是：(1)運用學生所學之課程內容設計評量題目，

再與使用相同測驗的同儕做比較，以找出學生的現階段程度；(2)根據現況程度，擬訂具體之未來學生需學習的課程內容、評量方式及日期；(3)擬訂出需達到之評量標準。

課程本位測量與傳統常模參照測驗的一大相異處，乃是課程本位測量強調評量通過標準的設定可以採用區域性常模之特色（Shinn, 1988），其可分同年級組常模和跨年級組常模；同年級組常模是和同年齡組的學生做比較，通常用在學生鑑定或回歸時的標準參照比較，而跨年級組常模是指用提升或下降年級組的常模做對照，通常適用於輕度障礙學生之現況的評量，或是長程教育目標的訂定。然而，仍屬常模參照模式之區域性常模，有時仍不適用於某些身心障礙學生之學習特性，或強調身心障礙學生和自己的進步做比較之教育意義，因此除了常模參照標準外，課程本位測量又提出不需運用區域性常模之三種評量標準設定方式：(1)專家判斷（老師是其一）；(2)某一套裝課程或教材之設定標準；(3)某些教育實驗研究之結果。目前，根據我國在課程本位測量之發展現況，我們並未發展出各年級之常模參照標準、課程已訂定之及格標準，或是經由教育實驗研究所發展出之及格標準。因此，在上述五種評量通過標準的設定中，我國目前唯一可採用之標準僅有：專家判斷，亦即是由特殊教育教師根據其經驗之專業判斷，自訂出此學生精熟此教學目標的通過標準，例如：甲老師認為某一課生字共 10 個，學生必須在 1 分鐘內聽寫出 8 個才算通過標準；乙老師則認為這一課 10 個生字，學生只需要在 2 分鐘內看注音寫出 7 個國字即可通過。教師之專家判斷提供設計者有較大之決定彈性，更符合身心障礙學生之高異質性的特質，所以尤其適合應用於「個別化教育計畫」中現況和學期教學目標之擬訂。以下為運用區域性常模和不用區域性常模兩種類型之下，五種課程本位測量所建議使用之評量標準設定範例。

## A.運用區域性常模

1.同年級組常模（生理年齡）
- 唸給學生國小第七冊第十一至第十四課中，任何一課的生字共 10 個，學生在 1 分鐘內，能正確寫出 10 個生字。

2.跨年級組常模（降低年級組）
- 唸給學生國小第二冊第十至第十四課中，任何一課的生字共 10 個，學生在 1 分鐘內，能正確寫出 8 個生字。

B.不用區域性常模

3.專家判斷（老師）──特殊教育
- 唸給學生國小第二冊第十一至第十四課中，任何一課的生字共 10 個，學生在 3 分鐘內，能正確寫出 8 個生字。

4.課程／教學目標標準
- 唸給學生國小第二冊第十一至第十四課中，任何一課的生字共 10 個，學生在 3 分鐘內，能正確寫出 10 個生字。

5.實驗／研究標準
- 唸給學生國小第二冊第十一至第十四課中，任何一課的生字共 10 個，學生在 3 分鐘內，能正確寫出 10 個生字。

Fuchs 與 Shinn（1989）以及 Shinn 與 Hubbard（1992）亦提出編寫閱讀、數學、拼字和作文之「個別化教育計畫」現況和教學目標的公式，我參考其模式，再根據中文的語法，轉換成下列編寫國語、數學、作文和動作技能之現況、學年教育目標和學期（週）教學目標之公式，其中的動作技能為我自行設計之公式，非屬原始課程本位測量之訂定公式。然而，經過我多次於研習會和教學中介紹給特殊教育教師練習應用，驗證試用之結果成效頗佳，故在此予以推廣。以下為運用中文之課程本位測量公式，所示範編擬之國語科「個別化教育計畫」的現況、學年教育目標和學期（週）教學目標之間的銜接關係，其中評量標準之依據是根據專家判斷，即可依據特殊教育教師的經驗所擬訂；其後為四類中文之課程本位測量「個別化教育計畫」之教學目標編擬的參考公式。表 5-14 僅提供國語文領域之「現況─學期教育目標─週教學目標」的完整架構範例，後續再提供不同領域／科目流暢性本位模式之課程本位測量的教學目標之設計公式，以供讀者參考使用。

## 表 5-14　國語文領域之「現況─學期教育目標─週教學目標」範例

**現況**
1. 聽寫：唸明倫版第三冊第八課的生字 7 個，在 5 分鐘內能正確寫出 14 個國字與注音。
2. 朗讀：給明倫版第三冊第八課之課文 90 字，在 60 秒內能正確讀出 85 字。
3. 理解：問三個明倫版第三冊第八課課文中的問題，在 3 分鐘內能正確答出三題。
4. 造句：給第八課的句型二個，在 2 分鐘內能正確寫出二個照樣造句。

**學期教育目標**
1. 聽寫生字：一學期後，能正確聽寫出第三冊第九至第十八課的生字。
2. 朗讀課文：一學期後，能正確讀出第三冊第九至第十八課的課文。
3. 課文理解：一學期後，能理解國語第三冊第九至第十八課的課文內容。
4. 照樣造句：一學期後，能依所給的句型，正確造出照樣造句。

**週教學目標**
〔將長程教育目標，以一週／一課為單位，區分成學期（週）教學目標〕
第一週：3 月 16 日至 3 月 26 日
1-1 唸第九課生字 14 個（孩、條、步、蛇、身、角、形、衣、服、更、失、敗、法、刻），能在 8 分鐘內正確寫出國字與注音共 25 個。
2-1 給第九課課文 101 個字，能在 70 秒內正確唸出 95 個字。
3-1 給三個第九課課文中的問題（愛娜是哪一族的女孩？愛娜所織的花紋是學哪一種動物？愛娜是不是很快就織出她想要的花紋？），能在 2 分鐘內正確回答三題。
4-1 給三個第九課的句型，能在 3 分鐘內正確寫出三句。

### 課程本位測量教學目標編寫公式──國語

**範例**
- 唸給學生國小第二冊第十課的生字 10 個，學生在 3 分鐘內能正確寫出 8 個生字。
- 給學生國小國語啟智教材第一冊第五課的課文共 15 個字，學生在 1 分鐘內能正確唸出 15 個字。

表5-14　國語文領域之「現況—學期教育目標—週教學目標」範例（續）

**公式**
- 情境
  給學生第＿＿＿冊、第＿＿＿課中任何一（課、段）的（字、詞、解釋、句子、課文）。
- 評量標準
  學生在＿＿＿分鐘內，能正確（唸出、寫出、造出）＿＿＿個（字、詞、解釋、句子）。

**評量標準之依據**
專家判斷（老師）
☺
同年級組常模
☺
跨年級組常模
☺
課程教學目標標準
☺

課程本位測量教學目標編寫公式──數學

**範例**
- 給學生五題一位數加一位數直式加法，學生在 5 分鐘內，能正確算出三題。
- 給學生八題 10 以內之數數題，學生在 5 分鐘內，能正確算出八題。

**公式**
- 情境
  給學生＿＿＿題＿＿＿（某一課程單元）。
- 評量標準
  學生在＿＿＿分鐘內，能正確（唸出、寫出、算出、指出）＿＿＿題。

**評量標準之依據**
專家判斷（老師）
☺

表5-14　國語文領域之「現況—學期教育目標—週教學目標」範例（續）

同年級組常模
☺
跨年級組常模
☺
課程教學目標標準
☺

### 課程本位測量教學目標編寫公式——作文

**範例**
- 給學生任何一個記敘文題目，學生在 5 分鐘內，能正確寫出十個句子的文章。
- 給學生任何一個說明文題目，學生在 5 分鐘內，能正確寫出三個段落的文章。

**公式**
- 情境
  給學生任何一個（說明文、記敘文、論說文、抒情文）題目。
- 評量標準
  學生在____分鐘內，能正確寫出____個（字、句子、段落）的文章。

**評量標準之依據**
專家判斷（老師）
☺
同年級組常模
☺
跨年級組常模
☺
課程教學目標標準
☺

### 課程本位測量教學目標編寫公式——動作技能

**範例**
- 給學生一件長袖襯衫，學生在 5 分鐘內，能正確折疊完整。

表5-14 國語文領域之「現況—學期教育目標—週教學目標」範例（續）

- 給學生一個五邊形圖形，學生在3分鐘內，能正確用剪刀剪出此五邊形圖形。

**公式**
- 情境
  給學生＿＿＿＿＿＿＿＿＿＿（某一個動作技能）。
- 評量標準
  學生在＿＿分鐘內，能正確（做出、使用、操作）＿＿＿＿（某一個動作技能）。

**評量標準之依據**
專家判斷（老師）
☺
同年級組常模
☺
跨年級組常模
☺
課程教學目標標準
☺

## 五、如何編寫具體、客觀、可評量的學期教育目標

　　上述以流暢性本位模式之課程本位測量模式編寫現況、學期教育目標和週教學目標，我亦依據我國的課程與教學模式，調整流暢性本位模式之課程本位測量設計，以協助教師編寫具體、客觀且可評量的現況和學期教育目標。此模式和流暢性本位模式之課程本位測量最大的差異是沒有一定要將施測時間列入考量，也就是可以沒有考量到流暢性的特質，此公式可以簡易、有效的運用兩個句式，完整呈現出教學目標的學習內容／具體評量內容、學習評量方式和學習精熟水準。第一句：（試題呈現方式）**給學生**＿＿＿＿（教學／學習內容），代表教師的施測方式和施測內容（教學內容）；第二句：**學生能在**＿＿（分鐘時間，亦可省略）**內正確**（評量方式）＋（達成

的學習內容），代表學生所反應之評量方式和通過標準／精熟水準。而從教師施測的評量內容，除以學生正確達成的評量內容，正好足以輕易看出評量的精熟水準之百分比。此公式乃源自於課程本位測量，課程本位測量的基本要素為以課程內容為單位的「經常性評量」，所以每一個教學目標所設計的題目內容數量都不會太多，基本上評量結果正確率都設定在 90% 以上是「獨立層次」。課程本位測量如此以教學內容為評量內容，再加入評量方式和評量標準要素，乃非常適合用於身心障礙學生的教學目標之設定，更符合我國個別化教育目標的內容項目「三、達成學期教育目標之評量方式、日期及標準」。

此具體、客觀、可評量的兩句式教學目標編寫公式與範例如下：

<u>（試題呈現方式）</u>**給學生**（教學／學習內容），**學生能在**（分鐘時間，亦可省略）**內正確**（評量方式）＋（達成的學習內容）。

1. 給學生第一冊國語課本，第一課的課文共 40 個字，學生能在 3 分鐘內唸對 38 個字。
2. 唸給學生第一冊第一課的英文單字共 14 個，學生能在 5 分鐘內拼寫出 14 個單字。
3. 給學生六種圖形（平行四邊形、菱形、長方形、正方形、箏形與梯形），學生能在 2 分鐘內正確配對出六種圖形的名稱。
4. 給學生五題扇形圖示（標示出半徑與角度），學生能在 5 分鐘內用計算機正確算出五題扇形的面積。
5. 給學生三種不同生物（藍綠菌、魚類、哺乳類）的圖片，學生能在 2 分鐘內正確排列出三種不同生物出現的時間順序。
6. 給學生一張臺灣、澎湖、金門、馬祖的地圖，學生能在 4 分鐘內圈畫出九個國家公園的所在位置。

表 5-15 是此一明確、可評量教學目標設計模式的雙向細目表，此模式將結合某一特定領域的教學內容和其多元評量方式的雙因素，教學內容分析由容易到高階水準，多元評量的概念可由獨立完成到需要他人完全協助以完成，或是由基本能力表現到複雜能力表現兩種評量陳述方式。此模式並將對某一個案某一期間內的預期教學成效設定為進步區、成功區和卓越

區,此三個區域的設定完全依據教師對此一教學內容精熟水準界定的專業考量,可以做彈性調動。此模式每一個細格都代表著一個具體、客觀、可評量的教學目標,可以設定為現況,也可以設定為學期(週)教學目標,完全依據學生的學習能力做區分,所以有許多的變化。卓越區指達到此一教學內容的最高階層且最複雜的雙項能力指標,可以參照普通教育的要求標準,此乃與美國 2004 年《身心障礙者教育促進法》(IDEIA)的要求相同,可參照普通教育精熟水準,以擬訂身心障礙學生的長程目標原則。成功區設定為此一教學內容和評量方式的基本精熟水準,進步區則針對某些重度或多重身心障礙學生而言,因為受限於其障礙狀況,有些教學目標在一學期的時間內可能也無法達到基本的精熟水準,仍需要他人協助或是學會最簡單基本的內容層次,因此可以將教學目標設定在進步區,以呈現孩子的成長和進步。

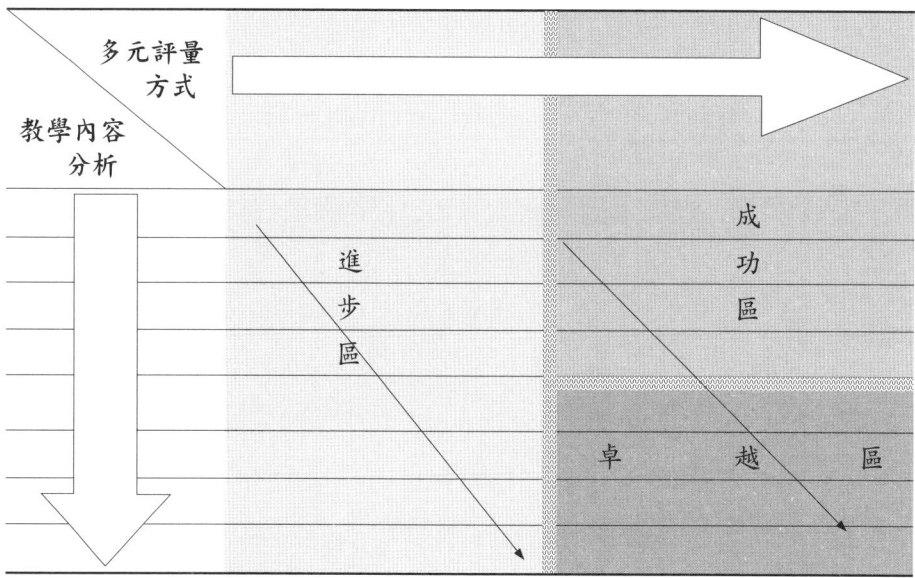

表 5-15 明確且可評量之教學目標設計模式基本架構表

表 5-15 內箭頭線的設計,是為了幫助教師訂定現況至學期教育目標,箭頭線的起點細格可做為學生的現況,箭頭所在細格可以設定為學期(週)教學目標。參照此一教學目標設計模式,教師必須精熟某一學科領域或能力發展的內容,多元評量的概念將可考量到身心障礙學生的個別差異,讓不同能力的學生都可以學習到不同層次的同一教學內容,或是相同的評量方式之下多寡不同的學習內容。換言之,從教學內容和多元評量兩個因素,可以整合成學期(週)教學目標,設計出許多個別化考量的變化,也就是所謂多層次教學目標的設定,這個理念即是特殊教育個別化教學的意義。以團體教學國語文某一課為例,團體教學目標之一的習寫字若訂定為「寫出 10 個生字」,其中一位書寫障礙學生的「個別化教育計畫」之學期(週)教學目標,則可以是「選出 10 個生字」,因為此學生是無法書寫出這 10 個生字的字形,但是他╱她可以學會認讀這 10 個生字;同時,在此團體中,另外一位智能障礙學生的「個別化教育計畫」之短程目標,則可能是「寫出 5 個生字」,此智能障礙學生可以達到書寫出新生字的學習水準,但是受限於其學習能力有限,所以教師應從 10 個習寫字的內容中,再選擇出最常用或最重要的 5 個生字,擬訂為此智能障礙學生的短程教育目標。

特殊教育的信念就是所有的孩子都能學習,端視有無個別化考量的教學目標之設定以及有效教學的實施。對於某些重度或極重度身心障礙兒童而言,此一具體明確的教學目標設計模式,可以提供教師設定某學生一整個學期的某些能力訓練之現況到學期(週)教學目標,然而其長程目標會比較止於進步區,因為重度或極重度身心障礙學生的學習,需要更細緻化的內容工作分析和學習時間,但若每一項能力的學習成效都可以達到進步區,那也是足以堪慰的成就。若針對能力較佳的個案,其長程目標的設定(箭頭所在)會傾向落在成功區和卓越區,因為透過有效的教學介入,這群學生的學習能力應該努力朝向更接近普通教育學生的成就水準。表 5-16、表 5-17、表 5-18 依序呈現清潔便利商店貨架、國文和數學的教學目標擬訂之實際範例說明,細格內的「★」代表有具體、明確、可評量的完整教學目標範例敘述。

表 5-16　明確且可評量之教學目標設計模式範例——清潔便利商店貨架

| 多元評量方式<br>教學內容分析 | 1.他人完全身體協助下完成 | 2.他人部分身體協助下完成 | 3.示範動作下完成 | 4.手勢提示下完成 | 5.直接口語提示下完成 | 6.間接口語提示下完成 | 7.獨立完成 |
|---|---|---|---|---|---|---|---|
| A. 能正確準備清潔的用具（水桶、抹布、籃子） | ★ | ★ |  | ★ |  |  |  |
| B. 能在水桶內裝入適當的水量（約一半的水量） |  |  |  |  | ★ |  |  |
| C. 能洗淨、擰乾抹布並折疊成適當的大小 |  |  |  |  |  | ★ |  |
| D. 能把一種或數種貨品整齊的擺放入籃子裡 |  | 進 |  |  |  | 成 | ★ |
| E. 會視貨架乾淨的程度來決定擦拭之次數 |  | 步 | ★ |  |  | 功 |  |
| F. 能擦拭貨品，並排放回原來的格局，且注意商標朝外排列整齊 | ★ | 區 |  |  |  | 區 |  |
| G. 能觀察水桶內水的透明度來更換汙水 |  | ★ |  |  |  |  |  |
| H. 能將汙水倒入水槽內，並把水桶清理乾淨 |  |  | ★ |  |  |  |  |
| I. 能把用具回歸原位並排列整齊 |  |  |  | ★ |  |  |  |
| J. 貨品不多時，能補滿前面的空缺，並注意門面 |  |  |  |  | ★ 卓　越　區 |  |  |
| K. 貨品太多須排兩排時，能先排穩下層再排第二層，並注意門面 |  |  |  |  |  | ★ |  |

表 5-16 的清潔便利商店貨架雙向分項模式,共可發展出 77 項不同內容的具體、明確教學目標,部分範例如下:

A-1 學生能在他人完全身體協助下正確準備清潔的用具(水桶、抹布、籃子)。

A-2 學生能在他人部分身體協助下正確準備清潔的用具(水桶、抹布、籃子)。

A-4 學生能在手勢提示下正確準備清潔的用具(水桶、抹布、籃子)。

B-5 學生能在直接口語提示下在水桶內裝入適量的水量(約一半的水量)。

C-6 學生能在間接口語提示下洗淨、擰乾抹布並折疊成適當的大小。

D-7 學生能獨力完成把一種或數種貨品整齊的擺放入籃子裡。

E-3 學生能在示範動作下視貨架乾淨的程度來決定擦拭之次數。

F-1 學生能在他人完全身體協助下擦拭貨品,並排放回原來的格局,且注意商標朝外排列整齊。

G-2 學生能在他人部分身體協助下觀察水桶內水的透明度來更換汙水。

H-3 學生能在示範動作下將汙水倒入水槽內,並把水桶清理乾淨。

I-4 學生能在手勢提示下把用具回歸原位並排列整齊。

J-5 學生能在直接口語提示下當貨品不多時,能夠補滿前面的空缺,並注意門面。

K-6 學生能在間接口語提示下當貨品太多須排兩排時,能先排穩下層再排第二層,並注意門面。

表 5-17　明確且可評量之教學目標設計模式範例——國文：〈全民公敵——感冒〉

| 教學內容分析 \ 多元評量方式 | 指出 | 說出 | 讀出 | 配對 | 選出 | 寫出 |
|---|---|---|---|---|---|---|
| A.課文主旨<br>〈全民公敵——感冒〉一文的主旨是什麼<br>→對感冒要有正確的觀念，不能輕忽它。 |  | ★ |  |  | ★ |  |
| B.字形字音<br>病「ㄅㄨˊ」→毒、「ㄈㄢˊ」多→繁、習<br>「ㄍㄨㄢˋ」→慣、「ㄉㄞˋ」口罩→戴、<br>「一」生→醫、「ㄑㄩ」勢→趨。 |  | ★ | 進 |  |  | 成 |
| C.詞意<br>均衡、專業、輕忽、耳熟能詳、不二法門、<br>趨勢、預防、機率。 |  |  |  | ★ |  | 功 |
| D.句型<br>雖然……但是……；只要……就能…… |  |  |  |  | ★ |  |
| E.聽覺理解口語表達<br>**高組學生**<br>1.我們如何預防感冒呢？<br>2.我們如果感冒了該怎麼辦？<br>3.我們怎麼做可以減輕感冒的症狀？<br>**低組學生**<br>1.你感冒時會怎樣？<br>2.你去看病時要帶什麼東西？<br>3.我們要怎麼做感冒才會趕快好？<br>4.你嚴重感冒時都去哪裡看病？ |  | ★ | 步 |  |  | 區 |
| F.閱讀理解<br>1.感冒是由什麼所引起的？<br>2.感冒是經由什麼傳染？<br>3.我們如果感冒了該怎麼辦？<br>4.我們如何預防感冒？ |  |  | 區 | ★ |  | 卓越 |
| G.寫作<br>**低組學生**<br>題目：如果你感冒了，你會怎麼處理呢？<br>**高組學生**<br>題目：請依自己的經驗，寫出一篇「我感冒了」的文章。 |  |  |  |  |  | 區<br>★ |

表 5-17 的雙向細目分析共可發展出 35 種可能的教學目標，以因應不同學生的需求，其中「選出」和「寫出」是普通教育所要求的基本精熟水準，而「選出」的評量方式，尤其適用於有書寫障礙學生或是對認字有困難的學生，再提供報讀題目的改變評量方式。部分範例如下：

A-2 給學生 1 題課文主旨的選擇題（〈全民公敵──感冒〉一文的主旨是什麼→對感冒要有正確的觀念，不能輕忽它），學生能在 30 秒內正確說出 1 題答案。

B-2 給學生 8 題填充題（耳「ㄕㄨˊ」能詳→熟、病「ㄅㄨˋ」→毒、「ㄈㄢˊ」多→繁、習「ㄍㄨㄢˋ」→慣、「ㄉㄞˋ」口罩→戴、均「ㄏㄥˊ」→衡、「一」生→醫、「ㄑㄩ」勢→趨），學生能在 4 分鐘內正確說出 8 題答案。

C-3 給學生 8 題字詞的配合題（均衡、專業、輕忽、耳熟能詳、不二法門、趨勢、預防、機率），學生能在 8 分鐘內正確配對出 8 題符合句意的字詞答案。

D-5 給學生 2 題句型造句題（雖然……但是……；只要……就能……），學生能在 4 分鐘內正確寫出 2 題符合句意的完整句子。

E-2 給學生 3 題課文理解的問答題，學生能在 30 秒之內，每一題至少說出 1 個以上的正確答案。

高組學生
1.我們如何預防感冒呢？
2.我們如果感冒了該怎麼辦？
3.我們怎麼做可以減輕感冒的症狀？

低組學生
1.你感冒時會怎樣？
2.你去看病時要帶什麼東西？
3.我們要怎麼做感冒才會趕快好？

F-4 給學生 4 題有關課文內容的選擇題，學生能在 2 分鐘之內正確配對出 4 題的答案。

1.我們如何預防感冒？
2.我們如果感冒了該怎麼辦？

3.如何可以防止感冒大流行？

4.「感冒的流行期似乎有加長的趨勢」是什麼意思？

G-6 給學生一個題目或一個課內的主題，請學生寫出一段文章。

**低組學生**

「如果你感冒了，你會怎麼處理呢？」學生能夠在 30 分鐘內寫出至少 50 個字的一段內容。

**高組學生**

「請依自己的經驗，寫出一篇『我感冒了』至少 100 個字的兩段內容的文章」。

表 5-18 乃以 300 以內數值為主題，希望教師可以設計出具體、明確且可評量之教學目標，以多元評量方式搭配此一主題教學內容的分析，將可以形成 40 項教學目標，以因應不同能力學生之需求，其中的「選出」、「操作」到「計算」是普通教育所要求的基本學習精熟水準。部分範例如下：

**表 5-18 明確且可評量之教學目標設計模式範例——國小數學**

| 教學內容分析 \ 多元評量方式 | 指認 | 說出 | 讀出 | 聽寫 | 配對 | 選出 | 操作 | 計算 |
|---|---|---|---|---|---|---|---|---|
| A.認識 300 以內的數 | ★ | ★ | | | | 成 | | ★ |
| B.進行 300 以內各數位值、化聚的活動 | | | | ★ | | 功 | | |
| C.進行 300 以內各數位值、進位的活動 | | 進 | | | ★ | ★ | | 卓 |
| D.操作積木對應 300 以內各數位值、進位、化聚的活動 | | | 步 | | | | ★ | 越區 |
| E.利用數線表明 300 以內數的順序 | | | | | 區 | 區 | ★ | |

A-1 給學生 1～300 以內的數值共 10 個，學生能正確指認其中 300 以內的數值有 6 個。

A-2 給學生 1～300 以內的數值共 10 個，學生能正確說出 10 個 300 以內的數值。

A-8 給學生 1～300 以內的圖示物件共 5 個，學生能正確計算出 5 個 300 以內的圖示物件。

B-4 給學生 1～300 以內的數值共 10 個,學生能正確聽寫出 300 以內各數位值、化聚的活動。

C-5 給學生 1～300 以內的數值共 10 個,學生能正確配對出 300 以內各數位值、進位的活動。

D-6 給學生一個積木,學生能正確操作積木對應 300 以內各數位值、進位、化聚的活動。

E-7 給學生一個數線的操作表,學生能正確利用數線操作表標示出 300 以內數的順序。

「個別化教育計畫」之現況和學期教學目標,都是用以敘述學生的學習結果,因此透過明確、客觀和可評量的敘述,方能具體了解學生的進步狀況,尤其是重度和極重度身心障礙學生的學習發展與進步比較緩慢,其「個別化教育計畫」的教學目標更需要精細且具體敘述。撰寫明確、可評量的教學目標需要專業訓練與不斷練習,我參考 Bateman 與 Herr(2003)以及 Bateman(2007)的看法,認為撰寫明確、可評量的教學目標,必須掌握「3W 原則」:(1)內容是什麼?(What):明確的教學內容是什麼;(2) 如何評量/學生將如何反應?(How):學生如何表現出其學習成果,或是所謂的評量學生的方式;(3)預期學生可以達到的精熟水準/通過水準?(How much):學生的預期精熟水準,或是所謂的通過標準或及格標準。具備上述 3W 原則,方可以讓長程或短程目標易於評量,也就是看得出「個別化教育計畫」的成效。如此的教學目標陳述也更能促進不同專業領域之間的溝通,以及讓家長更明確了解到孩子的進步,所以具體、明確、可評量的教學目標陳述,是一份成功的「個別化教育計畫」之關鍵,也是「個別化教育計畫」的核心。

上述乃期待透過課程本位測量對教學目標的設計,導引出運用具體、客觀、可評量的教學目標於「個別化教育計畫」學期目標的撰寫。二十多年來,我長期教導職前師資培訓的「個別化教育計畫」課程,也常常擔任教師在職進修的個別化教育工作坊講座講師,發現實務教學工作者常常會引用下列方式撰寫個別化教育目標的內容項目「三、達成學期教育目標之評量方式及標準」。

- 評量方式：A.紙筆、B.問答、C.指認、D.觀察、E.實作、F.檔案、G.其他。
- 評量標準：5.100%～90%、4.90%～80%、3.80%～70%、2.70%～60%、1.60%以下。

　　紙筆、問答、觀察、實作、檔案等的評量方式，基本上是教師專業訓練中，對教學評量介紹的主要類別和內容，所以是以**教師為主體**考量如何進行教學評量。然而，「個別化教育計畫」的**達成學期教育目標之評量方式及標準**，乃是以**學生為主體**，考量到學生的障礙狀況，其在不同學習領域／科目中，可以如何以其優勢能力表現出其可以達成的具體學習內容。因此，在擬訂「個別化教育計畫」時，教師需要更深入去思考針對此學生的弱勢和優勢能力，再針對不同的學習內容，此位學生如何可以有效反應表達此學習內容之方式，而不是用教師的角度去思考如何評量學生。「個別化教育計畫」的學年或是學期教育目標，都是以學生為主體的學習目標之敘述，因此我將教學上以教師為主體的評量方式，轉換成以學生為主體的評量方式，呈現於表 5-19 以供參考。期待教師們能更有效的設計出具體、客觀、可評量的「個別化教育計畫」之以學生為主體的教育目標。

表 5-19　以教師和學生為主體敘述的評量方式差異表

| 教師為主體 | 紙筆 | 觀察 | 實作 | 檔案 | 問答 |
|---|---|---|---|---|---|
| 學生為主體 | 圈選、寫出、選出、配對、連連看、畫出、計算…… | 做出、拿出、指出、操作、唱出、拍手、跑、跳、排列出…… | 以（方式）……完成、做出…… | 以（方式）……完成、做出…… | 說出 |

　　我希望透過以上的說明，可以避免教師在學習目標已經明顯寫出評量方式之時，卻仍要呼應「表格」設計的要求，而在「A.紙筆、B.問答、C.指認、D.觀察、E.實作、F.檔案、G.其他」之中進行勾選，如此一來有時反而容易造成混淆。運用上述設計理念，常見混淆案例如表 5-20 所示。

表 5-20　容易混淆的學期教育目標之設計案例

| 學期教育目標 | | |
|---|---|---|
| 學習目標 | 評量方式 | 評量標準 |
| 1. 學生能透過操作性的活動，**數出**正確數量的錢幣完成換錢。 | A.紙筆<br>C.指認<br>E.實作 | 4 |
| 2. 學生能拿出／指出／說出第一課文本中，個人、班級、家庭常用的實物／圖片／文字（字、語詞）。 | C.指認<br>E.實作 | 4 |
| 3. 學生能依餅乾配方正確秤重五種配料。 | D.觀察 | 3 |
| 4. 給學生兩個狀況情境的影片，學生能說出陌生人騷擾時該如何應對的方式。 | E.實作 | 4 |

　　上述案例一學習目標之敘述，已經明確指出評量方式是學生要能學會**數出**正確的幣值，但教師卻必須再勾選出：A.紙筆、C.指認、E.實作的評量方式，事實上可以省略此重複工作。案例二學習目標之敘述，已經非常明確說明評量方式為**拿出**實物／**指出**圖片／**說出**字、語詞，但教師卻還是要勾選出：C.指認、E.實作的評量方式，確實是重複了。案例三學習目標之敘述，學生的評量方式是能做到用秤量出配料的重量，而不是觀察，此一學習目標若要學生觀察老師或其他同學的秤重配料，這應該是學習歷程，不宜列為學生此學期的學習教育目標。案例四學習目標之敘述，是教師希望學生能以口述方式，表達他們認知上已經學會如何應對陌生人的騷擾，所以這尚未達到實作評量的內容；若要實際達到實作評量的層次，則學習目標可列為：給學生兩個模擬情境，學生能**做出**陌生人騷擾時該如何應對的方式。

　　「個別化教育計畫」是一種預定計畫的設計理念，內容中**達成學期教育目標之評量方式及標準**，乃是在教師擬訂好學生下一學期預計要學習的內容之後，同時要預設此學生可以達到的精熟／通過水準，即是所謂的預設評量標準。教育實務現場常看到「個別化教育計畫」的評量標準，預定在 90%～80%、80%～70%、70%～60%，或 60%以下，這是有爭議的評量標

準預設值。基本上，學生表現出 90%以下的正確率學習成效，都屬於未成功需要再教學的學習內容，更遑論預設 60%以下的評量標準，此意味著教師預設此學習內容此學生一定無法學會？

我曾經分析使用上述評量標準系統的「個別化教育計畫」案例，發現有自信的教師們常常設定在 90%～80%標準，如表 5-20 所述。僅有非常少數教師會非常有自信的訂在 100%～90%的標準，有些學校和教師則會更籠統的訂在 100%～80%的評量標準，但是這中間將近有 20%正確率的落差，以具體性而言確實值得再考量。就以 10%為間距的評量標準來看，比較保守的教師們則多將評量標準設定在 80%～70%和 70%～60%；然而，若再仔細檢視學習內容描述時，有時卻也會心驚膽跳，例如：「學生能正確過馬路達 90%～80%正確率」和「學生能正確開關瓦斯達 90%～80%正確率」，此些學習目標的設定，代表此學生過馬路、開關瓦斯的能力仍會有 10%～20%的錯誤率發生。這些是需要再思考的學習內容和評量標準的設計，也代表教學目標設定的適切性。曾經有教師表示是因為學生無法學習到 100%的正確率，或是學生需要非常長的時間學習開關瓦斯這個學習內容。事實上，「個別化教育計畫」也是希望教師在考量學生的評量標準時，也同時要考量此學期此學習目標對此學生的需求性和優先順序，如果此學生確實無法在開關瓦斯行為上達成 100%正確率，是不是可以調整成用「開關電鍋」替代「開關瓦斯」的學習內容。教師可以在全班級的使用炊具煮食物課程中，利用多層次課程的教學活動設計，完成不同需求學生的差異化教學目的，例如：有的學生可以學習「開關瓦斯」，有的學生可以學習「開關電磁爐」，有的學生可以學習「開關電鍋」。

再者，以「學生能正確過馬路達 90%～80%正確率」此學習目標而言，倘若教師對此學生這學期能學會正確過馬路達 100%正確率尚有疑慮，或許可以將學習目標先**分解**為以下四個學習目標：(1)學生能正確做出看見紅燈停止不前進；(2)學生能正確做出看見綠燈可以前進；(3)學生能正確做出還沒過馬路時，看見黃燈停止不前進；(4)學生能正確做出正在過馬路時，看見黃燈快步向前進，再逐一將其列入學生的「個別化教育計畫」之學期教育目標，而每一個學習目標必須做到 100%的精熟度。此外，若是教師對於學生可能一直無法學會正確過馬路此一教育目標感到困擾，則可以考慮用

替代的教育目標，以教導學生獨立生活能力之需求。

教師在擬訂學期教育目標之前，已經了解身心障礙學生在此領域／科目的學習能力現況，所以學習內容都應該已經調整成學生「適合」學習的內容，因此預設的評量標準應該設定在「成功」的水準，如果教師已經決定了此學生可以學習的精確內容，就應該可以肯定的預設評量標準為100%。如前所述，如果教師沒有把握學生對教師所擬訂的學習內容可以達到100%正確率，是否可以考量將此學習內容簡化、減量、替代、分解或重整，締造以精確的教學目標，營造學生成功的學習經驗。

「個別化教育計畫」的擬訂，除了學期教育目標的評量方式和評量標準值得討論外，我也常發現許多學生「個別化教育計畫」的學期教育目標中，還有《特殊教育法》規定以外的內容，例如：支持程度、評量決定、評量歷程紀錄等項目。通常支持程度包含：A.完全協助、B.部分肢體協助（示範）、C.口語／姿勢提示、D.監督、E.完全獨立，主要應用在對中重度障礙學生的學習目標之設計。事實上，支持程度亦可以涵蓋在評量方式的設計中陳述，例如：以學生能「做出」某一個學習內容，結合支持程度的評量方式，則可以敘述為：學生能在完全協助下做出……、學生能在部分肢體協助下做出……、學生能在口語／姿勢提示下做出……、學生能在監督下做出……、學生能在完全獨立下做出……。還是可以一個句子涵蓋評量方式的支持程度。

評量決定通常包含：A.通過、B.延後使用、C.繼續、D.修改後繼續、E.充實、F.加深加廣、G.類化、H.延伸，這些是屬於學生評量結果的後續——教師的教學決策。「個別化教育計畫」既然是以學生為本位的教育計畫，教師的教學決策或許不需要記載在學生的「個別化教育計畫」之中。再者如前所述，如果學生的學習目標都有透過學生的現況分析，學習內容也做過了適當的調整，評量結果應該都可以通過高正確率的教師預期水準，所以上述的評量決定，除了「通過」以外的結果，其餘狀況發生的機率並不高。然而，確實也有可能發生學生和預期的評量結果落差很大的現象，當發生此現象時，教師只要在法規要求的評量結果項目內做紀錄即可，實在不需要所有身心障礙學生的每一項學習內容都做此額外的評量決定，積少成多對於實務教學教師也是不小的工作負擔。

個別化教育計畫之擬訂：從特殊教育課程和幼兒園教保活動課程導入

評量歷程紀錄是指每一個學習目標一學期中要記錄多次的評量結果和日期。「個別化教育計畫」是學習內容的教學前規劃和教學後檢核成效的理念，它屬於總結性評量性質，評量歷程紀錄則屬於教學中的學習歷程，因此並不符合「個別化教育計畫」的意義。「個別化教育計畫」的設計理念，是預期教師能擬訂適切的學習目標，包含在適當的時間內完成此學習目標，而教師在預計時間內完成此學習目標，即可在評量結果內記錄學生的學習成效，並不需要記錄多次的評量結果。此外，若教師採用本書建議的「週」當預計完成此學習內容的時間，則評量結果應該也會在一週或數週內完成，教師只要記錄學生最後達成評量標準的時間即可。「個別化教育計畫」的評量結果與日期的記錄，一方面是用以評估教師教學有無依據預定計畫進行的成效檢核，另一方面可以檢視此「個別化教育計畫」是否符合學生的現況需求和實施成效。

當然，學生最後的學習結果不見得都可如事先計畫般完美，所謂計畫趕不上變化，在學期末檢核「個別化教育計畫」時，教師只要在評量結果上記錄學生最後的表現狀況即可，所以在「個別化教育計畫」的評量標準設定上，教師確實可以採 100% 的精熟水準。此外，「個別化教育計畫」的學期教育目標預設 100% 的評量標準之前提，仍然有賴教師必須先對學習內容有明確和精細的分析，每一項教學目標都必須符合具體、客觀和可評量的原則。

## 第五節　如何擬定幼兒園學生的「個別化教育計畫」

本章前四節主要是說明一至十二年級身心障礙學生適用的「個別化教育計畫」之擬定與實施歷程，本節則針對幼兒園的身心障礙學生，其主要原因為兩者的教育目標與課程大綱皆不同。更重要的是，對於 2 至 6 歲的身心障礙學生而言，我國《兒童及少年福利與權益保障法》的早期療育亦可能早於特殊教育就啟動介入，因此在擬定幼兒園學生的「個別化教育計畫」時，事實上可以整合運用已接受早期療育服務的學生相關資料和資

源，這是幼兒園學生比小學以上學生更有利的優勢條件。

在我國《特殊教育法》所稱之身心障礙類別中，有一類僅適用於未滿 6 歲兒童，即是「發展遲緩」。然而，《兒童及少年福利與權益保障法》第 23 條亦有明訂：「建立發展遲緩兒童早期通報系統，並提供早期療育服務。」而在《兒童及少年福利與權益保障法施行細則》第 8 條規定：「本法所稱早期療育，指由社會福利、衛生、教育等專業人員以團隊合作方式，依未滿六歲之發展遲緩兒童及其家庭之個別需求，提供必要之治療、教育、諮詢、轉介、安置與其他服務及照顧。經早期療育後仍不能改善者，輔導其依身心障礙者權益保障法相關規定申請身心障礙鑑定。」簡言之，從年齡（未滿 6 歲）和類別名稱（發展遲緩）兩個條件觀之，《特殊教育法》所保障之未滿 6 歲的各類身心障礙學生，極有可能更早於適用《特殊教育法》之前，他們早就已經以「發展遲緩兒童」的身分接受早期療育服務。

根據周映君等人（2019）的報告，早期療育是指針對出生至 6 歲的發展遲緩或疑似發展遲緩兒童，透過跨專業團隊所提供的整合性介入服務，目的在於促進其身心發展，減少未來障礙的嚴重程度，並強化家庭照顧功能。早期療育的服務對象，包括：0 至未滿 6 歲經評估為發展遲緩兒童、疑似發展遲緩兒童、高風險（如早產、低出生體重、腦性麻痺等）兒童。臺灣的早期療育服務始於 1980 年代，初期由民間機構推動，隨後政府逐步介入並建立相關政策與法規；1993 年，早期療育相關條文被納入《兒童福利法》，顯現政府對發展遲緩兒童的重視；1996 年，內政部成立跨部會的「發展遲緩兒童早期療育服務推動小組」，整合醫療、教育與社政體系，建立完整的服務模式。1997 年，衛生福利部設立首批「發展遲緩兒童聯合評估中心」，提供多專業團隊的評估與服務。值至 2021 年，全國已有 53 家「兒童發展聯合評估中心」，顯示早期療育服務網絡的擴展與完善（陳慧如，2023）。亦即，我國 0 至 6 歲發展遲緩兒童、高風險嬰幼兒及疑似個案，皆可透過「發展遲緩兒童通報暨個案管理服務網」（https://system.sfaa.gov.tw/cecm/），由醫療機構、托育單位、幼兒園等發現疑似個案時，能夠轉介至地方政府或聯合評估中心進行後續評估與服務銜接（周映君等人，2019）。

早期療育系統的地區「兒童發展聯合評估中心」對轉介之個案會進行跨專業的評估，評估結果則整合為「綜合報告書」，以做為後續療育安置與服務連結的重要依據。該報告整合來自小兒神經科、小兒復健科、精神科、語言治療師、職能治療師、心理師等多位專業人員的觀察與測驗結果，提供完整的診斷結論與療育建議。根據衛生福利部國民健康署於2022年所出版的《兒童發展聯合評估「綜合報告書」操作手冊》，「綜合報告書」不僅是評估結果的總結，同時也具備行政功能，可做為特殊教育鑑定安置或早期療育轉介的憑據，更是跨單位整合照顧體系中的核心工具，特殊教育行政與教學機構應妥善運用此些資料。「綜合報告書」主要包括下列五大項（衛生福利部國民健康署，2022，頁6-7）：

1. 主訴與就診問題：此部分記錄兒童就診時的主要訴求及所提出的問題，涵蓋生理、視力、聽覺功能、粗大發展、精細動作、認知、情緒等面向。
2. 團隊評估總結：此部分彙整參與聯合評估的各專業科別醫師（如小兒神經科、兒童青少年精神科、復健科等）的評估總結，以及團隊的整體評估建議。
3. 疾病診斷：此部分記錄了醫療團隊根據評估結果做出的疾病診斷，可能包含「疑似」和「確定」兩種。
4. 評估結果：此為報告的核心部分，涵蓋兒童在各個發展領域的評估結果。
5. 綜合建議：此部分係基於以上的評估結果，提供後續建議，包括：是否符合證明申請資格（如身心障礙證明等）、是否需要追蹤評估諮詢（包含門診追蹤的科別）、是否需要藥物治療、手術治療、輔具配置、相關檢查（如聽力、視力、牙齒矯正）、遺傳或營養或護理諮詢，以及建議進行的相關療育與資源（如物理治療、職能治療、語言溝通治療、吞嚥治療、聽能復健等）。

「綜合報告書」的評估皆由小兒神經科醫師、兒童精神科醫師、心理師、語言治療師、職能治療師等專業團隊共同執行後進行整合成報告，除反映幼兒的整體發展狀況，也提出具體診斷結果（如自閉症、語言障礙、感覺統合困難等），以及後續的療育建議（如安排早期療育服務、醫療追

蹤或轉介特殊教育）。一般而言，幼兒的評估結果主要涵蓋以下六大向度（衛生福利部國民健康署，2022，頁 8-25）：

1. 知覺動作功能：評估粗大動作、精細動作、感覺統合等方面，並判斷是否為發展遲緩、臨界發展遲緩或無異常。
2. 吞嚥／口腔功能：評估口腔動作、吞嚥反射、吞嚥功能等方面是否有異常。
3. 口語溝通功能：評估口語理解、口語表達、說話等方面是否有異常。
4. 認知功能：評估認知功能的整體發展狀況，可能提及認知全面遲緩或內部能力表現不一致等情況。
5. 社會情緒功能：評估情緒表現、環境適應、人際互動等方面，並判斷發展狀況。
6. 日常生活功能：評估飲食、穿脫衣、盥洗衛生、遊戲活動、生活作息與參與等方面是否有異常。
7. 環境支持：評估輔具、無障礙環境諮商與設計是否有需求。
8. 家庭評估：評估家庭功能、親職照顧、資源使用的狀況。
9. 親職功能：評估親職功能。

上述是我國 0 至 6 歲發展遲緩兒童、高風險嬰幼兒及疑似個案若有轉介至「兒童發展聯合評估中心」後，家長即可獲得的一份「綜合報告書」。目前我國《特殊教育法》所指的身心障礙類別，基本上皆可涵蓋於《兒童及少年福利與權益保障法》所稱之「發展遲緩兒童」，只是適用年齡限縮為 2 至 6 歲，亦即是「兒童發展聯合評估中心」有可能比特殊教育服務更早發現且診斷出身心障礙學生。因此，當幼兒園教保服務人員發現學生曾經參與早期療育時，應參考「兒童發展聯合評估中心」的「綜合報告書」內容與建議，以幫助幼兒發展；若此學生也透過《特殊教育法》鑑定為身心障礙學生時，「個別化教育計畫」的擬定即可應用此「綜合報告書」的內容。

依據 113 年度《特殊教育統計年報》（教育部，2024）的資料，112 學年度的學前教育階段身心障礙學生有 99.28%皆安置在一般幼兒園或機構接受特殊教育服務，其中接受特殊教育教師的定期「巡迴輔導」有 84.47%，

未有特殊教育教師介入的「在普通班接受特殊教育服務」則有 7.90%，此意味著九成以上的身心障礙幼兒主要之特殊教育服務乃是由一般幼兒園的教保服務人員實施。基於幼兒園的教育實施型態特質，我在 2021 年即開始於私立幼兒園實施「全園性特殊教育支持運作模式」之行動研究，研究對象是幼兒園的行政人員和教保服務人員，培訓教保服務人員如何設計與實施差異化教學和擬定「個別化教育計畫」，期待教保服務人員皆能在特殊教育教師的諮詢與合作教學協助下，逐漸發展出帶起班上每一位身心障礙幼兒的專業能力，因為這是現在與未來身心障礙幼兒教育安置的真實情況。以下所述如何在幼兒園擬定「個別化教育計畫」的步驟與操作，皆為經過實務研究驗證運作的經驗分享。

以下依循本書圖 5-1 的整體實施五步驟，說明如何訂定與實施身心障礙幼兒的「個別化教育計畫」。此五步驟包含：

1. 「前置作業階段」的步驟一：進行個案教育與相關專業服務的各項能力評估與資料蒐集，以確認個案在此時期的特殊教育需求，再因應個別需求設計差異化教學方案。
2. 「執行作業階段一」的步驟二：草擬「個別化教育計畫」內容，以及籌劃和通知相關人員召開「個別化教育計畫」會議。
3. 「執行作業階段二」的步驟三：召開「個別化教育計畫」會議，經過家長同意確定具體可行的學年和學期教育目標／相關服務／轉銜輔導與服務，完成一份完整的「個別化教育計畫」內容文件。
4. 步驟四：依據「個別化教育計畫」內容，進行學生的教學／相關服務和轉銜輔導與服務，此一步驟乃是特殊教育最重要的一環，但並非屬於「個別化教育計畫」之「計畫」的定義和內容。
5. 「成效評估階段」的步驟五：於學期結束時進行教學／相關專業／轉銜輔導與服務的實施成效評估，以確認「個別化教育計畫」的目標是否如期達成。

針對身心障礙幼兒的「個別化教育計畫」五步驟中，步驟三是召開「個別化教育計畫」會議進行討論，步驟四是依據計畫內容進行教學／相關服務和轉銜輔導與服務，步驟五是在學期結束時對學期初的預定計畫評估結果成效，理念和運作基本上在幼兒園與國小以上學生皆相同，以下僅

就差異較大的步驟一和步驟二說明如下。

## 「前置作業階段」的步驟一

此步驟在進行幼兒各項能力的評估與資料蒐集，以完成內容項目一「學生能力現況、家庭狀況及需求評估」。教保服務人員面對剛完成鑑定安置的身心障礙學生之「個別化教育計畫」擬定時，可參考《特殊教育學生及幼兒鑑定辦法》第24條所規範：「身心障礙學生及幼兒之教育需求評估，應包括健康狀況、感官功能、知覺動作、生活自理、認知、溝通、情緒、社會行為、領域（科目）學習等。」此內容亦即是縣市鑑輔會在鑑定身心障礙學生時所作的評估報告相關資料。若幼兒已有接受早期療育服務，幼兒園亦可向家長徵詢參考幼兒的「兒童發展聯合評估中心」的報告書內容與建議，以完成「個別化教育計畫」項目一的內容，後續的學期「個別化教育計畫」亦可依循這些向度繼續進行評估學生的能力現況等。

表 5-21 呈現特殊教育鑑定時所需實施的幼兒教育需求能力評估，對照「兒童發展聯合評估中心」的報告書，兩者內容項目幾乎相同，唯一差別是教育系統會評估學生的領域（科目）學習現況能力，而醫療系統則無特別評估幼兒的課程學習項目發展狀況。

表 5-21 幼兒教育需求能力評估、「兒童發展聯合評估中心」報告書與「幼兒園教保活動課程大綱」領域對照表

| 幼兒教育需求能力評估 | 「兒童發展聯合評估中心」報告書 | 「幼兒園教保活動課程大綱」領域 |
|---|---|---|
| 1. 健康狀況、知覺動作 | 1. 知覺動作功能 | 1. 身體動作與健康 |
| 2. 感官功能 | 2. 吞嚥／口腔功能 | 2. 語文 |
| 3. 溝通 | 3. 口語溝通功能 | 3. 認知 |
| 4. 認知 | 4. 認知功能 | 4. 社會 |
| 5. 情緒、社會行為 | 5. 社會情緒功能 | 5. 情緒 |
| 6. 生活自理 | 6. 日常生活功能 | 6. 美感 |
| 7. 領域（科目）學習 | 7. 其他 | |

個別化教育計畫之擬訂：從特殊教育課程和幼兒園教保活動課程導入

在步驟一完成「學生能力現況、家庭狀況及需求評估」之後，即可規劃差異化教學方案，以完成內容項目二「學生所需特殊教育、相關服務及支持策略」。本書第四章已說明了差異化教學（課程調整）與「個別化教育計畫」的關係，也就是依據學生的需求評估，先規劃即將開始新學期或學期中的學習環境、學習歷程、學習內容、學習評量的課程調整。幼兒教育需求能力評估與「兒童發展聯合評估中心」的報告書內容有其高相似性，亦皆可呼應「幼兒園教保活動課程大綱」的六大領域內容，符應從需求到教育課程與教學介入的因果關係，從表 5-21 亦可對照出三者的相同處。此即代表教保服務人員可依據內容項目一的幼兒現況評估結果，規劃出適合身心障礙幼兒的學期課程調整，而其學習環境和學習歷程的調整內容可放在內容項目二的「支持策略」。

內容項目二的「相關專業服務」則載明會來幼兒園的相關專業人員之姓名、一整個學期或一週到校的服務頻率，以及預定的服務訓練重點。教保服務人員可將上述支持策略或相關專業服務的執行確定時間和內容，放在內容項目二的「特殊教育」，亦即是每學期的一週中會有特殊教育介入之時段或課表，以及介入主題。目前，我國身心障礙幼兒的特殊教育安置，乃以特殊教育教師到公私立幼兒園的巡迴輔導為主，項目二的「特殊教育」即是載明巡迴輔導教師會定期到園對此幼兒進行個別教學的時段與主題，以及特殊教育教師和教保服務人員協同教學的時段與活動主題等。

## 「執行作業階段一」的步驟二

步驟二即是草擬完成「個別化教育計畫」的五項內容。在完成步驟一的項目一和項目二之後，項目三至五通常是一至十二年級身心障礙學生的重要核心內容，然而幼兒園學生的「個別化教育計畫」則明顯有別，主要來自於幼兒園教育與十二年國民基本教育的差異。「十二年國民基本教育課程綱要」涵蓋國民小學、國民中學和高級中等學校教育，對應五個學習階段，包含不同的領域／群科／學程／科目；課程設計需統整不同領域／科目以及各教育階段間的縱向銜接，重視學習評量但強調方式多元，包括：紙筆測驗、實作評量、檔案評量等。「幼兒園教保活動課程大綱」涵

蓋 2 歲以上至入國民小學前的幼兒園教育，學習六大領域乃由幼兒的發展出發，而非以學科方式劃分，強調須以統整方式實施，且考量幼兒的生活經驗；學習評量則不宜用紙筆測驗的方式進行，也不宜做為同儕之間的比較，其評量方式以平日觀察和蒐集幼兒學習表現狀況為主要途徑。

基於幼兒園教育的課程與教學模式，以及融合教育普及之下，身心障礙幼兒主要在普通班學習，所以幼兒園的調整學習內容與評量方式之重要性相對並無特別需求。以「社會領域」為例，一個大班幼兒的一學年教育目標可能是「考量自己與他人的能力和興趣，和他人分工合作」或「樂於體驗生活環境中的在地文化」。在設計一學期的教育目標時，班級規劃與「認識社區」相關的主題，學習指標可以是「認識生活環境中不同族群的文化特色」（社-大-1-6-2）或「認識生活環境中文化的多元現象」（社-1-6），教學則透過參訪活動、米食分享等方式，引導幼兒達成這些教育目標。整體而言，幼兒園教育本身具有主題性、活動性和遊戲性之特質，重視學生的自我發展與進步，身心障礙幼兒在此普通班級的課程與教學情境中，亦能獲得個別化教育之成效。因此，「個別化教育計畫」內容項目三「學年與學期教育目標、達成學期教育目標之評量方式、日期及標準」，乃在幼兒園階段極可能有「不需要調整」的決議，因為幼兒園教學情境本身已具備高度彈性做到個別化考量。

我從 2018 年開始，系列性的從事學前特殊教育的相關研究（林素貞、吳佩芳，2021；林素貞、蔡欣坪，2018；Lin, 2021），表 5-22 即呈現一份適用幼兒園身心障礙學生的「個別化教育計畫」文件內容。這是一份由我和幼兒園教保服務人員一起研發的格式，透過定期在私立幼兒園教保服務人員的研習以及幼兒園個案研討之應用，期待能協助教保服務人員都會設計其班上身心障礙幼兒的「個別化教育計畫」。

簡言之，教保服務人員亦能在幼兒園應用差異化教學方案設計，將身心障礙幼兒的個別化教育目標和班級學習目標與教學活動合而為一，幼兒園可透過「支持策略」來協助身心障礙幼兒在融合班級內的學習，達到幼兒園課程與教學的零拒絕，真正落實「學習無障礙」的融合教育。

表 5-22　幼兒園身心障礙學生的「個別化教育計畫」內容文件

| |
|---|
| ＿＿＿＿＿＿＿幼兒園　　＿＿＿＿＿學年度　＿＿＿學期 |
| 學生姓名：　　　　　　班級：　　　　　　實際年齡： |
| 一 1.學生能力現況及需求評估<br>1. 健康狀況（行動能力）：<br>2. 知覺動作發展：<br>3. 感官功能：<br>4. 語言、溝通能力：<br>5. 認知發展：<br>6. 情緒：<br>7. 人際關係：<br>8. 生活自理能力：<br><br>一 2.學生家庭狀況<br>（家庭結構圖） |
| 二 1.學生所需特殊教育<br>（一星期中有特殊教育介入的時段或課表，以及介入主題）<br><br>二 2.相關專業服務<br>（相關專業人員的姓名，服務頻率與服務重點）<br>　□無此需求<br>　□語言治療：<br>　□職能治療：<br>　□物理治療：<br>　□定向行動訓練：<br>　□社工：<br>二 3.支持策略（有需求者再勾選）<br>□學習環境調整<br>　A.物理空間<br>　　□優先座位安排：<br>　　□安排正向楷模同學坐在旁邊： |

表 5-22 幼兒園身心障礙學生的「個別化教育計畫」內容文件（續）

　　　□學習區排除干擾：音樂、燈光、顏色、氣味：
　　　□無障礙空間設計：
　　　□提供輔助科技：
　　　□提供個人安靜角落（座位）：
　　　□提供學習角落：
　B.人力支援
　　　□安排正向楷模同學協助：
　　　□安排特教學生助理人員：
□學習學習歷程
　A.感官知覺：視覺、聽覺、味覺、觸覺
　　　□提供輔助器具：
　　　□先備經驗基礎技巧訓練：
　　　□提供減量、替代或減敏的方法：
　　　□目標融入作息訓練：
　B.生活自理
　　　□提供輔助器具：
　　　□飲食材料調整：
　　　□技巧訓練（熟練度＋精確性）：
　　　□其他人員協助：
　　　□先備經驗基礎技巧訓練：
　　　□工作分析：步驟化的視覺提示圖：
　　　□提供減量、替代或減敏的方法：
　　　□個人工作櫃和用品標示配對（如利用名字、照片、數字等線索）：
　　　□目標融入作息訓練：
　C.認知能力
　　　□提供輔助器具：
　　　□刺激學習動機：
　　　□一節課時間提供中間休息時間：
　　　□提示策略：
　　　□協助建立成功經驗：
　　　□個別指導：

表 5-22　幼兒園身心障礙學生的「個別化教育計畫」內容文件（續）

　　　□提供教具操作：
　　　□提供示範、覆述、提問、練習：
　D.粗大動作能力
　　　□提供輔助器具：
　　　□先備經驗基礎技巧訓練：
　　　□目標融入作息訓練：
　E.精細動作能力
　　　□提供輔助器具：
　　　□先備經驗基礎技巧訓練：
　　　□目標融入作息訓練：
　F.溝通能力
　　　□提供輔助器具：
　　　□增加口語表達機會：
　　　□提供提示策略（手勢、動作、語言、圖示）：
　　　□提供仿說練習：
　　　□提供同儕模仿：
　　　□降低溝通語句難度：
　　　□先備經驗基礎技巧訓練：
　G.社會情緒與人際關係
　　　□提供輔助器具：
　　　□安排學伴提供協助：
　　　□設計個人增強系統：
　　　□運用合作學習：
　　　□提供社交技巧訓練：

三、學年與學期教育目標、達成學期教育目標之評量方式
（視需要進行調整）
　　□無此需求
　　□身體動作與健康：
　　□語文：
　　□認知：

表 5-22　幼兒園身心障礙學生的「個別化教育計畫」內容文件（續）

| |
|---|
| □社會： <br> □情緒： <br> □美感： |
| 四、具情緒與行為問題學生所需之行為功能介入方案及行政支援 <br> 　□無此需求 <br> 　□正向行為介入方案： <br> 　□行政支援： |
| 五、學生之轉銜輔導及服務內容 <br> 　□無此需求 <br> 　□升學輔導： |

　　本章主要說明如何擬訂「個別化教育計畫」的實施步驟與內容，目前這是特殊教育教師每學期初和學期末要完成的工作，也是在進行實際教學之前重要的計畫作業，「個別化教育計畫」的擬訂正足以展現特殊教育教師與幼兒園教保服務人員的專業能力。「個別化教育計畫」內容的三大主軸和五個項目，乃是「個別化教育計畫」的重點，而「個別化教育計畫」的成形，必須透過「個別化教育計畫」會議的團隊討論，如何召開「個別化教育計畫」會議，也是教師必須具備的基本能力之一。在編擬「個別化教育計畫」內容時，學生的現況、學年教育目標和學期教育目標的擬訂，乃是教師們最感棘手的項目，本章說明如何結合領域／科目之學習內容，以編寫設計學生的現況、學年教育目標和學期教育目標，並提出撰寫學期教育目標時，可以週為單位擬訂學生一學期的學習目標，如此的設計亦可與第四章所述之學校課程計畫的「各週進度」結合，其實這也是教師實際教學的歷程。最後，本章建議採用課程本位測量（CBM）的設計理念，運用兩個句式，編寫具體、客觀、可評量的學期教育目標，也就是明確的評量方式和評量標準，如此方可落實「個別化教育計畫」的精神：一份以特殊教育學生獨特教育需求的明確且具體計畫，一份家長和教育人員可以溝通對話的文件工具。

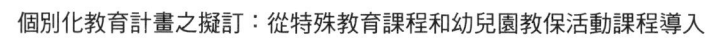

第 六 章

# 「個別化教育計畫」實例與檢核分析

**· 重點提要 ·**

1. 何謂適當的「個別化教育計畫」？
2. 從一份學生的「個別化教育計畫」中可以了解哪些事項？
3. 如何檢核一份適當的「個別化教育計畫」？

SMART 原則是目標管理中的一種方法，由管理學大師彼得‧杜拉克（Peter Drucker）於 1954 年首先提出。目標是指描述個人、團隊或組織希望實現的目標陳述，目標管理的任務是有效進行成員的組織與目標的制定和控制，以達到更好的工作績效。SMART 原則目前廣泛應用於企業界，以執行對計畫或任務的訂定和績效管理，其代表五個概念的首字字母之簡稱：具體（**s**pecific）、可評量（**m**easurable）、可實現（**a**chievable）、相關性（**r**elevant）、有時限性（**t**ime-bound）。一個符合 SMART 目標設立模式的計畫，必須：(1)具體：能明確陳述內容；(2)可評量：包括一項措施，使組織能夠監控進度，並了解何時可以達成目標；(3)可實現：指設計目標具有挑戰性，但必須確保目標不會難以達成；(4)相關性：指注重成果，而不是實現成果的手段；(5)有時限性：指同意目標必須達成結果的日期（Mindtools, n.d.）。

　　企業領域一直重視組織、團隊或個人的經營目標管理，教育領域事實上也有目標管理的機制，例如：學校課程計畫即是普通教育的目標管理機制，普通教育的學生需求傳統上都是用年級來區分，普通教育教師要為一整個年級的學生設計不同領域／科目的課程計畫，包含各單元／主題名稱與教學重點、教學進度和評量方式。特殊教育為了達到身心障礙學生長達數十年的適性教育之目的，特殊教育教師也必須為每一位身心障礙學生設計「個別化教育計畫」，其中最核心的關鍵，就是依據學生的特殊教育需求之現況，規劃一整學年和一整學期的學習目標，包含適性的評量方式和評量標準，此亦和企業界所使用以團隊進行任務目標設定與檢核的本質相似。因此，所以本章乃以 SMART 五個原則：具體、可評量、可實現、相關性、有時限性，以對應出「個別化教育計畫」的績效檢核之內容（如表 6-1 所示），此七項檢核原則將可用以討論和檢視「個別化教育計畫」的內容。

## 表 6-1　SMART 原則之「個別化教育計畫」的績效檢核表

| SMART 原則 | 「個別化教育計畫」內容檢核原則 |
| --- | --- |
| 具體 | 內容是否符合《特殊教育法》的五個項目規定？ |
| 可評量 | 學期教育目標的評量方式是否具體、客觀、可評量？ |
| 可實現 | 1. 學生所需特殊教育、相關服務及支持策略，是否符合學生的特殊教育需求和現況能力？<br>2. 學期教育目標的評量標準是否符合學生的學習潛能？ |
| 相關性 | 1. 學期教育目標之現況、學年教育目標、學期教育目標，是否有連貫性？<br>2. 學期教育目標的評量方式和評量標準，是否符合學生的能力和現況？ |
| 有時限性 | 教育目標之學習內容、相關專業服務、行為支持計畫，是否有明確的執行起訖時間？ |

　　本章乃呈現三個特殊教育學生的「個別化教育計畫」實際案例：案例一是私立幼兒園融合教育班級的大班學生；案例二是國中資源班的學生；案例三是技術型高中集中式特教班的學生。其中，案例二是已經完成的「個別化教育計畫」，案例一和案例三則是尚未執行「個別化教育計畫」。三個案例皆由實務教師提供內容，實務教師們所提供的原始內容都很完整，基於篇幅有限，案例二和案例三的學年和學期教育目標，原則上僅呈現一個領域或科目。當我蒐集到案例資料時，發現各學校的「個別化教育計畫」內容都非常厚實精彩，從個案的成長史、各種鑑定診斷測驗內容、醫生診斷證明、身心障礙手冊、教學決策、教材資源、學習目標實施場所、輔導紀錄、競賽獎狀等，通通都放在學生一個學期的「個別化教育計畫」文件內，所以一份一學期的「個別化教育計畫」內容的分量都很驚人。我認為「個別化教育計畫」應該回歸一份一學期的教育計畫之本質，新一學期即將會實施的特殊教育內容，是以特殊教育法規要求的內容項目為準，所以我對原版的案例內容做了許多減量，再進行部分的簡化和調整，期待能夠呈現一份完整且明確的獨特教育需求之「一學期」教育計畫。

　　「個別化教育計畫」是針對身心障礙學生的特殊教育需求，特殊教育

## 個別化教育計畫之擬訂：從特殊教育課程和幼兒園教保活動課程導入

團隊人員所擬訂以一學年和一學期為實施期限的教育計畫，「個別化教育計畫」也有其特定的五個項目之內容要求，這是一份有特定性、具體性、要評估成效的教育計畫；如同都市中我們所見一間間有特定功能的商店，例如：書店、服飾店、電器行、餐廳等，這些商店有其特定性質，販售的物品或服務的內容都不同。「個別化教育計畫」應該就像這一間間有特定功能的商店，有其特定的功能；然而，現階段好像許多教師所擬訂的「個別化教育計畫」，其性質已經包羅萬象，將學生的所有資料都放入一學期的「個別化教育計畫」，如同原本是一間特定功能的商店，如今卻已經變成了百貨公司或大賣場。

針對內容包羅萬象之一學期的「個別化教育計畫」內容，教育現場有些教師會反映這是縣市教育局（處）要求的格式或內容，或是因為每一次來學校評鑑的委員對「個別化教育計畫」內容都有不同建議等，學校端亦必須對每一次的評鑑建議做出回應，因此歷經數次評鑑之後，學校的「個別化教育計畫」內容就包羅萬象了。但我還是希望「個別化教育計畫」能回歸其原始功能和目的，以身心障礙學生的特殊教育需求為出發點，特殊教育團隊所擬訂的一學期教育計畫，主軸以一學期特殊教育所需實施的課程和行為輔導為首，延伸出學生所需要的相關專業服務，以及為下一個階段所預做準備的轉銜教育。「個別化教育計畫」是一學期教學前的預先規劃，所以要在開學前擬訂確認完成，以及在學期末進行整體實施成效的期末評估，以保證能對身心障礙學生提供適性的個別化教育目標。

「個別化教育計畫」必須回歸其原本功能，以避免不需要的文書作業影響了「個別化教育計畫」之本質，也讓教師疲於奔命，就像一家原本有特定功能的商店，當店內充斥過多不同功能特質的物品時，就會失去這家商店的本質與特色，外人也會困惑，這家商店到底是要做什麼？如同「個別化教育計畫」如果涵蓋了學生所有的學校相關資料，也會令他人疑惑「個別化教育計畫」到底是什麼？為什麼要有「個別化教育計畫」？基於避免上述的困惑與問題，我誠摯期待各縣市或學校教師對於「個別化教育計畫」內容的要求，能回歸有效教學基礎所形成的特殊教育法規的項目內容規定，讓教師們可以將心力放在擬訂學生下一學期優先需要學習的教育目標，規劃學生需要且適合的課程，設計具體、客觀、可評量的教學目

標，以及具情緒與行為問題學生所需要的行為功能介入方案，返璞歸真，讓「個別化教育計畫」回歸一學期的目標設定和成效檢核的本質機制。

## 第一節　案例一：幼兒園融合教育班級學生的「個別化教育計畫」

私立幼兒園普通班～王小小「個別化教育計畫」內容文件

○○○學年度第○學期（○○○年○月○日～○○○年○月○日）

學生姓名：王小小　班級：幼兒園大班　實齡：7足歲（緩讀國小一年）

### 壹-1、學生能力現況及需求評估

一、健康狀況：正常。

二、感官功能：聽覺敏感，容易受聲音吸引或干擾，對噪音容易產生焦慮情緒，但很喜歡有旋律的音樂。

三、動作能力

1. 粗大動作
   - 優勢能力：可自行上下樓梯、雙腳跳躍、跑步、單手拍球、雙手丟接球、單腳站立5秒、踩高蹺等活動。
   - 弱勢能力：單腳站立5秒（平均10秒），無法單腳站立跳躍。

2. 精細動作
   - 優勢能力：能仿畫簡單形狀（圓形、三角形）。
   - 弱勢能力：可以描寫數字及注音符號，但手肌力不足及手眼協調不佳，仿寫能力不佳。

四、溝通能力

1. 口語理解
   - 日常生活：可以聽懂並完成一個步驟指令，可以完成兩個步驟指令，但是執行速度較慢，經再次提醒方能完成全部兩個步驟指令。
   - 課堂：單一指令可以完成，兩個步驟指令以上有困難。

2. 語言表達
   - 日常生活：能使用簡單句及問句表達自己的意思，尚未能完整描述事件順序及因果；他人以問句引導後，能回答因果關係的簡單句。
   - 課堂：能使用簡單句回答老師問話，能表達索取有特定興趣的物品。
   - 因小小興趣較為狹隘，口語對話時容易跳脫進行中的話題，但是若是小小有興趣的話題，仍可持續對話或應答。

五、自我情緒處理／心理

情緒尚稱平穩，若事先說明規則，可降低遭受拒絕或受挫時的負面情緒。小小會以耍賴、閃躲的方式表達不想做、被拒絕的情境，但教學者或父母以堅定態度堅持小小需完成的事件時，小小仍能完成活動。

六、人際關係

以被動反應為主，有與同儕互動的意願但尚無社交技巧；對團體活動之規則理解仍有困難，可經由同儕引導而加入團體。

七、認知能力
1. 記憶：對有節奏的旋律記憶力較佳，也能背誦歌謠，但無法完全理解歌謠的意思。
2. 推理理解：基於生活經驗，可以理解生活事件中的因果關係，但對抽象的推理理解仍有困難，例如：透過因果關係的理解可以說出大人生氣的原因，但在面對拒絕或挫折時，容易受情緒干擾，經引導能知道如何求助。
3. 注意力：無特定興趣，注意力持續時間在 5 秒以內，易受周遭環境聲音的干擾。

八、生活自理能力
1. 飲食：無挑食習慣，可自行飲食及收拾餐具，但動作慢，喜歡食物。
2. 如廁：可自行如廁，唯蹲式廁所受限腳肌力仍需練習。
3. 盥洗：可自行刷牙洗臉，但速度慢。
4. 購物：可表達欲購買之物，但結帳需部分協助。
5. 穿脫衣服：可自行完成但速度慢。

6. 校園的行動能力：可從校門口至教室，但易受外界吸引分心，花費的時間變很長。

## 九、學業認知能力

1. 語文：可認讀簡單國字及注音符號，注音符號聲調尚在練習中，還未熟稔。
2. 閱讀：可閱讀簡單繪本，可於繪本中找尋已認得的國字，不會的國字可藉由帶領自行拼音唸出。
3. 書寫：可描寫數字及注音符號，仿寫能力練習中；手部肌力及靈活度稍弱，須持續練習，以利後續書寫學習。
4. 數學：可認讀數字1～100；可排列數序1～10；數量配對1～10能力部分順數穩定，雜數與取數需再加強；可分辨上下長短粗細等相對概念；數量加減、時間（星期月份等）概念尚在建立中。

### 壹-2、學生家庭狀況（家庭結構圖）

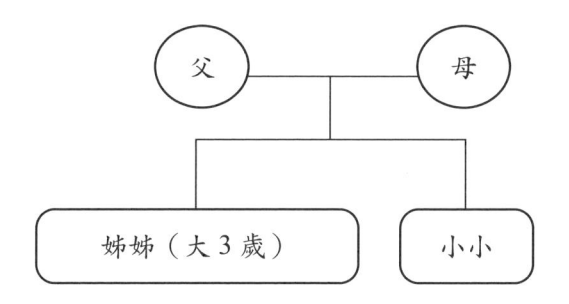

```
        父 ─── 母
         │
    ┌────┴────┐
  姊姊(大3歲)  小小
```

### 貳、學生所需特殊教育相關服務及支持策略

#### 一、學生所需特殊教育

　　小小就讀於私立幼兒園，屬於融合教育班級。小小的特殊教育服務主要由巡迴輔導教師採間接諮詢方式，特殊教育教師協助普通班任課教師進行差異化教學，在每週到校輔導的三節課時間裡，特殊教育教師將進入普通班教室觀察記錄小小的學習表現和同儕互動方式，以做為和原班級任課教師討論小小之教學歷程的協助介入重點，並做為「個別化教育計畫」評量結果之依據。小小在幼兒園的一週課表如下：

| 時間＼星期 | 一 | 二 | 三 | 四 | 五 |
|---|---|---|---|---|---|
| 07：30～08：30 | 幼兒入園（享受美味早餐） ||||||
| 08：30～08：50 | 角落自由活動 |||||
| 08：50～09：10 | 晨間韻律活動 |||||
| 09：10～09：50 | 繪本閱讀 | 童詩童謠 | 符號遊戲 | 數量的腦力激發 | 語文遊戲 |
| 09：50～10：10 | 點心時間 |||||
| 10：10～10：50 | 團體討論～表達與溝通 | 藝術創作 | 團體討論～表達與溝通 | 團體討論～表達與溝通 | 團體討論～表達與溝通 |
| 10：50～11：30 | 角落活動 | 角落活動 | 遊戲時間 | 音樂活動 | 角落活動 |
| 11：30～12：20 | 午餐盥洗 |||||
| 12：20～13：50 | A診所治療（認知發展活動＋精細動作） | B診所治療（大動作訓練＋精細動作訓練） | 尋夢園活動（視聽教室） | B診所治療（大動作訓練＋精細動作訓練） | 尋夢園活動（視聽教室） |
| 14：00～14：50 | ::: | ::: | 韻文（Chant） | ::: | 動作遊戲（TPR Activity） |
| 14：50～15：10 | ::: | ::: | 點心時間 | ::: | 點心時間 |
| 15：10～16：00 | ::: | ::: | 大家來說美語（conversation） | ::: | 美勞活動（Kinesthetic） |
| 16：00～16：20 | | | 回顧分享～明日計畫 | | 回顧分享～明日計畫 |
| 16：20 | | | 快樂賦歸 | | 快樂賦歸 |

## 二、相關服務

由家長自費至私人診所進行訓練，每週三個下午共 6 小時。

- 職能治療：A 職能復健診所＋B 職能復健診所。
- 物理治療：B 職能復健診所。

## 三、支持策略：融入所有普通教育班級教學

環境調整

A. 物理空間：
- 結構化的作息時間：提供一週的作息表護貝放在小小的桌子

上，每一節課下課時，要預告下一節課課程：「下課了，我們下一節課要做什麼？」老師可以在他的桌子前面預告，同時老師也可敲點他的護貝作息表做視覺提醒。
- 優先座位安排：在教師的左邊桌，面對教師。
- 學習區排除干擾——聽覺噪音：睡覺時間有聲音干擾，經過老師的說明可以撫慰焦慮，尚無法安靜下來，可以戴耳塞或耳機隔絕聲音干擾。
- 學習區規則：在正向楷模學伴的協助之下，可以聽從指令到完成不同的學習活動。
- 班級規約：增加圖示說明，個別指導每一個規約的行為。

B. 人力支援：
- 安排正向楷模同學協助：同桌 3 位都是正向楷模學伴。

學習歷程調整：教學策略調整

A. 感官知覺——聽覺、觸覺：過度敏感
- 提供減低敏感的方式：
  1. 介入式：教師給予肢體、語言的實際行動之撫慰與協助引導。
  2. 替代式：若情緒反應過大，就暫停活動，讓小小可以安靜下來以其他活動替代，以轉移注意力。

B. 生活自理：
- 小幫手協助，可以完成。
- 飲食材料調整：食物翻倒時，對於濕和雜亂無法接受。
  1. 液體類：口語提示：(1)拿起抹布；(2)擦乾就好；(3)抹布收好。在家開始訓練，從少量的水開始（水、柳橙汁、可樂、湯）。
  2. 固體類：工作分析：步驟化的實際操作加口語提示：(1)東西先撥到碗裡；(2)拿著碗到廚餘桶倒掉；(3)碗拿到洗手檯沖水；(4)拿起抹布；(5)擦乾就好；(6)抹布收好；(7)換衣服。
- 技巧訓練——正確性＋熟練度：
  1. 如廁擦屁股需要正確性持續訓練。

2. 吃飯的熟練度（視覺提示：擺放鬧鐘）、口語提示（吃飯請專心）。

C. 認知能力（記憶力、專注力、理解能力）：
- 提升學習動機：利用增強系統，若今天有專心，就給獎勵點數。
- 提示策略：語言提示：小小看這裡；肢體提示：小小到這裡（在他的桌子點一下提醒）、拍一下他的肩膀。
- 建立成功經驗：表現佳，在他面前就給予語言或肢體比讚，提示獎勵。
- 個別指導：團體教學時，以小小當示範者提出示範或口語指令。
- 提供更具體的指令。

D. 粗大動作能力：
- 融入作息訓練。

E. 精細動作能力：
- 先備經驗基礎技巧訓練：握筆器、拿尺畫直線、著色練習、拿剪刀、穿針線、對折後擰抹布、拿筷子吃飯。
- 目標融入作息訓練。

F. 溝通能力：
- 增加口語表達機會：隨機提問問題，示範小小的回覆，讓小小回答。若無法回應，開始進行回應的提示，例如：去哪裡？和誰去？坐什麼車去？
- 提供提示策略：手勢、動作、語言、圖示。
- 提供仿說練習。
- 提供同儕提示：陳佐佐、張佑佑。
- 降低溝通語句難度：簡單句用代號 1.2.3.4…，目前可使用 1.＋2.的簡單句，慢慢強化 1.＋2.＋3.。

G. 社會情緒與人際關係：
- 安排學伴提供協助：陳佐佐、張佑佑。
- 設計個人增強系統：設計如附件＃（略）。
- 運用同儕小組合作學習：第一桌。

### 參、學年與學期教育目標、達成學期教育目標之評量方式
- 無此需要

### 肆、具情緒與行為問題學生所需之行為功能介入方案及行政支援
- A.建立班級:設計班級規約,如附件#(略)。
- B.個人增強系統:設計如附件#(略)。

### 伍、學生之轉銜輔導及服務內容
　　升學輔導:小小將轉銜至大大國小一年級就讀,接受資源教室的特殊教育服務。本學年度的 4 月到 8 月,幼兒園將實施幼小轉銜計畫,包含:(1)上課作息和國小相同,逐步調整至每節課 40 分鐘;(2)教室布置有桌椅,學生上課要坐在椅子上;(3)開始教導認識注音符號(直接拼讀、用注音符號造詞);(4)開始設計操作性回家作業,讓學生開始建立有回家作業的習慣。

　　依據 SMART 計畫目標設定原則檢核個案一之「個別化教育計畫」內容,如表 6-2 所示。案例一沒有需要執行項目「三、學年與學期教育目標、達成學期教育目標之評量方式」,所以七個項目內,案例一皆符合有效的計畫目標設立原則,主要的原因是案例一是學前幼兒園學生,依據個案的現況能力評估,以學前教育階段的課程目標,個案在普通班的學習主要將透過普通班教師在教學中的調整與支持,以及實施相關專業服務的物理治療和職能治療。案例一的家長長期自費在私人復健診所進行孩子的物理治療和職能治療,因為非屬於由特殊教育所提供的免費服務,所以並無法要求相關專業人員撰寫此個案的「個別化教育計畫」內容。

　　在學前融合教育的班級中,個案尚不需進行學年教育目標和學期教育目標的教學調整和評量調整,所以檢核內容的項目 2、3、5、6 四個項目都可以算是符合法規的要求。藉由案例一的整體「個別化教育計畫」內容,乃可以清楚預見一位特殊教育幼兒在完全融合教室中的特殊教育介入與預期之成果。

表 6-2　案例一 SMART 原則之「個別化教育計畫」的績效檢核表

| 「個別化教育計畫」內容檢核內容 | 項目檢核結果 |
| --- | --- |
| 1. 內容是否符合《特殊教育法》的五個項目規定？ | 1. ■符合。 |
| 2. 學期目標的評量方式是否具體、客觀、可評量？ | 2. ■符合，因為個案為學前教育學生，尚能融入學前普通教育的課程與教學，因此不需要進行普通教育學習內容之評量調整。 |
| 3. 學生所需特殊教育、相關服務及支持策略，是否符合學生的特殊教育需求和現況能力？ | 3. ■符合，因為個案需要的特殊教育將以諮詢方式，提供普通教育教師在個案學習歷程的支持與調整。相關專業服務則由家長以自費方式在校園以外獨立進行。 |
| 4. 學期教育目標的評量標準是否符合學生的學習潛能？ | 4. ■符合，因為個案目前的能力狀況，尚能融入學前普通教育的課程與教學，因此不需要進行普通教育學習內容之目標調整。 |
| 5. 學期教育目標之現況、學年教育目標、學期教育目標，是否有連貫性？ | 5. ■符合，因為個案為學前教育學生，尚能融入普通教育的課程與教學，只需要教師在團體教學中實施學習歷程的調整之支持策略，即可滿足案例一的特殊教育需求，並不需要進行學習歷程之調整。 |
| 6. 學期教育目標的評量方式和評量標準，是否符合孩子的能力和現況？ | 6. ■符合，因為個案為學前教育學生，尚能融入學前普通教育的課程與教學，因此不需要進行普通教育學習內容之評量調整。 |
| 7. 教育目標之學習內容、相關專業服務、行為支持計畫，是否有明確的執行起訖時間？ | 7. ■符合，因為此為一學期的教育計畫，各項目標都有合理的實施起訖時間的考量。 |

## 第二節　案例二：國中資源班七年級學生的「個別化教育計畫」

○○國中資源班　張○○「個別化教育計畫」　○○○學年度第一學期

| 學生基本資料 | | | | | | | |
|---|---|---|---|---|---|---|---|
| 學生姓名 | 張○○ | 身分證字號 | ○○○○○○○○○○ | 生日 | ○○/○○/○○ | 性別 | 女 |

### 一-1、學生家庭狀況

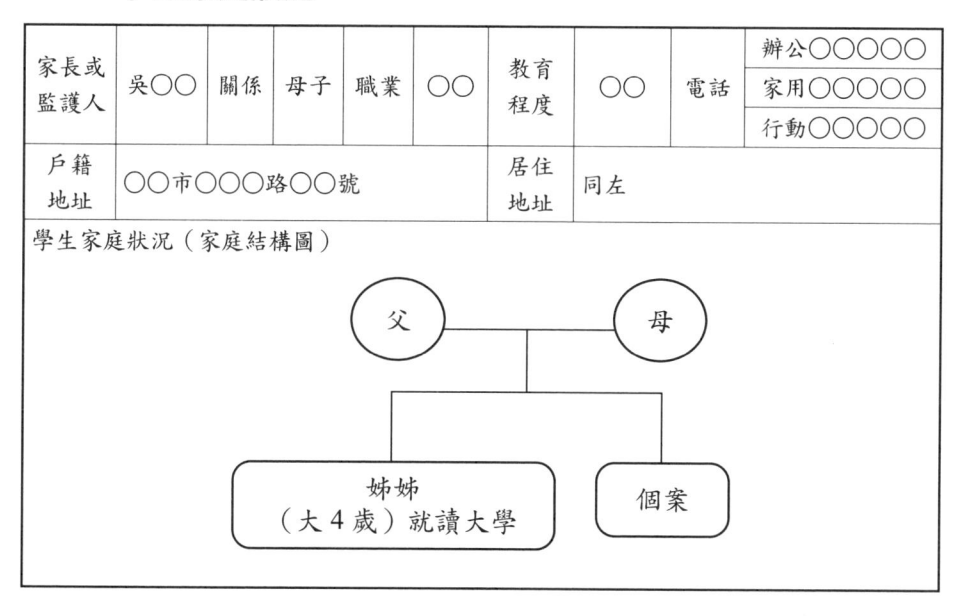

| 家長或監護人 | 吳○○ | 關係 | 母子 | 職業 | ○○ | 教育程度 | ○○ | 電話 | 辦公○○○○○ 家用○○○○○ 行動○○○○○ |
|---|---|---|---|---|---|---|---|---|---|
| 戶籍地址 | ○○市○○○路○○號 | | | | | 居住地址 | 同左 | | |

學生家庭狀況（家庭結構圖）

```
        ┌─(父)───(母)─┐
        │             │
    ┌───┴────┐    ┌──┴──┐
    │ 姊姊    │    │ 個案 │
    │(大4歲)   │    │      │
    │就讀大學  │    │      │
    └────────┘    └──────┘
```

279

## 一-2、學生能力現況

| 項目 | | 能力現況描述 | | | 說明 |
|---|---|---|---|---|---|
| 認知 | 注意力 | ☐無注意力問題<br>☐注意力短暫<br>☐缺乏注意力策略 | ☐注意力缺乏<br>☐注意力渙散<br>■其他：容易受外在環境干擾 | ☐注意力固執<br>☐衝動性思考 | 1. 記憶力不佳，要求背誦注釋（一次考三個），背很久，也零零落落。在有時間壓力下，表現更差。社會科閱讀與記憶也有困難，原班老師描述社會科常聽著聽著就睡著了，課堂上時常要過去提醒他。<br>2. 日常生活對話理解和其他同學差不多，但偶爾仍有會錯意的情形。 |
| | 記憶 | ☐無記憶能力問題<br>■容易遺忘 | ☐記憶錯誤<br>☐缺乏記憶策略 | ■記憶片斷、短暫<br>☐其他： | |
| | 理解 | ■無理解能力問題<br>☐幾何圖形理解困難 | ☐文字理解困難<br>☐缺乏適當策略 | ☐語言理解困難<br>☐其他： | |
| | 思考推理 | ☐無思考推理問題<br>☐歸納困難 | ☐幾何推理困難<br>■缺乏策略 | ■文字推理困難<br>☐其他： | |
| 學業能力 | 注音拼讀 | ☐能力正常<br>■結合韻拼讀困難<br>☐構音異常 | ■符號辨識困難<br>■聲調混淆<br>☐其他： | ■相似符號發音混淆<br>■拼音困難 | 1. 國文：注音符號辨識有困難，聲韻覺識能力不佳，書寫時提取字形困難，書寫部件錯誤、省略部件、筆畫缺漏、自創字、以注音代替不會寫的字，且注音符號也常使用錯誤。對錯字的辨識感到困難。寫作內容不通順。 |
| | 識字 | ☐識字能力正常<br>☐能認讀但不知字義 | ■認讀文字困難<br>☐造詞困難 | ■相似字易混淆<br>☐其他： | |
| | 文字書寫 | ☐寫字能力正常<br>■筆畫錯誤 | ■字形結構錯誤<br>■易寫錯字 | ☐字跡潦草<br>☐其他： | |

## 第六章 「個別化教育計畫」實例與檢核分析

| 項目 | 能力現況描述 | | | 說明 |
|---|---|---|---|---|
| 文句書寫 | □書寫能力正常<br>■書寫短文困難 | □造句困難<br>■文章語句不通順 | □造句結構文法錯誤<br>□其他： | 2. 數學：具基本運算能力，但容易因擺位問題導致計算錯誤，或是 6、9，5、3，+、-，抄寫錯誤而計算錯誤。較無法完整列式，想到什麼寫什麼。計算速度較慢，仰賴手指協助計算。獨立閱讀應用題有困難。<br>3. 英文：能獨立寫出 26 個字母大小寫，但缺乏音標與自然發音概念，b、d，p、q 混淆。單字背誦困難。 |
| 閱讀 | □閱讀能力正常<br>■朗讀斷字、斷句錯誤 | ■無法朗讀文章<br>□無法理解閱讀內容 | ■會跳行、漏字<br>□其他： | |
| 口語表達 | □口語表達能力正常<br>□詞語運用貧乏<br>□容易誤解指示 | ■說話不流暢<br>□無法理解問題<br>■其他：鮮少表達 | □表達內容不清楚<br>□需重述說話內容 | |
| 數學 | □數學能力正常<br>□幾何推理困難<br>□單位換算困難<br>□圖表理解困難 | □基本運算困難<br>□運算符號辨識困難<br>■文字題意理解困難<br>■其他：運算速度較慢，九九乘法背誦提取慢 | □工具使用困難<br>□關鍵字理解困難<br>■應用題列式困難 | |
| 學習態度 | ■正常<br>□敷衍<br>□上課喜歡說話<br>□複習環境差 | □缺乏動機<br>□草率易分心<br>□坐立不安<br>□方法不當 | □配合度不高<br>□拖欠作業<br>□被動，須多鼓勵 | 學習態度良好，作業都能繳交。 |

| 項目 | 能力現況描述 | | | 說明 |
|---|---|---|---|---|
| 溝通能力 | ☐正常<br>■語詞貧乏<br>■缺乏溝通能力 | ☐喜歡發表<br>☐怯於表達<br>■其他：緊張時口吃 | ☐部分口齒不清<br>☐構音困難 | 對事情的看法有主見，勇於說出和同學不一樣的看法，但有時候講到一半會停頓思考要如何說明，緊張時候口吃，會一直重複敘述或情緒失控。 |
| 行動能力 | ■正常<br>☐動作遲緩 | ☐大肌肉動作不協調<br>☐精細動作不佳 | ☐小肌肉運用欠靈活<br>☐其他： | |
| 情緒 | ☐情緒穩定<br>■易受外在環境影響<br>☐愛哭鬧<br>☐經常性憂鬱 | ☐常低落<br>☐易亢奮<br>■情緒起伏落差大<br>☐容易焦慮 | ☐挫折忍耐度低<br>☐固執<br>☐依賴心重<br>☐其他： | 受到父親的責罵或同學的建議／指責，或是學習上的挫折等，都容易讓個案產生情緒不穩情形。 |
| 生活自理 | ■正常<br>☐需全部協助<br>☐衛生習慣差 | ☐需口頭提醒<br>☐髒亂<br>☐其他： | ☐需部分協助<br>☐懶惰 | |
| 人際關係 | ☐人際關係良好<br>☐樂於助人<br>☐能與同學和睦相處<br>☐喜歡和同學一起玩<br>☐父母不關心 | ☐孤僻<br>☐不合群<br>☐受到同學的排斥<br>■偶爾與同學起爭執<br>☐喜歡罵人 | ☐喜歡自己一個人玩<br>■缺乏溝通能力<br>☐愛惡作劇、捉弄人<br>☐喜歡打人<br>☐其他： | 表達能力不佳，會停頓、重述，有時候很堅持自己的觀點，因此與同學起爭執。 |
| 學業 | 國 | ☐能跟上班級進度<br>☐落後60%～80% | ☐落後20%～40%<br>☐無法學習班級課程 | ■落後40%～60% | 段考考試提供報讀，注釋部分提供提示卷（段考範圍的注釋內容），作文提供電腦語音輸入，若是自行書寫作文，請普通班國文科授課教師示範給他。他不會寫的字，調整評量方式後成績有顯著進步。 |
| | 數 | ☐能跟上班級進度<br>☐落後60%～80% | ■落後20%～40%<br>☐無法學習原班級課程 | ☐落後40%～60% | |

## 二、學生所需特殊教育、相關服務及支持策略

### 二-1、特殊教育服務（本學期課表）

| 學期 | 科目名稱 | 課程型態 外加 | 課程型態 抽離 | 課表時間 | 平時 普 | 平時 資 | 定期 普 | 定期 資 | 節/週 | 起訖日期 | 負責老師 | 成績計算方式 |
|---|---|---|---|---|---|---|---|---|---|---|---|---|
| ○○○學年度第一學期 | 國文 |  | ✓ | 一(1)、二(4)、三(3)、四(1)、五(1) |  | ✓ |  | ✓ | 5 | 108.6～109.1 | 陳○○ | 外加式課程，由資源班教師提供平時成績給普通班教師參酌給分。完全抽離式課程，平時成績則完全由資源班教師評定。 |
| | 英文 | ✓ |  | 三(8)、四(8) | ✓ |  | ✓ |  | 2 | | 黃○○ | |
| | 數學 | ✓ |  | 二(早)、五(8) | ✓ |  | ✓ |  | 2 | | 何○○ | |
| | 社會技巧 | ✓ |  | 一(7)、(8) |  | ✓ |  |  | 2 | | 黃○○ | |
| | 輔助科技 | ✓ |  | 二(8) |  | ✓ |  |  | 1 | | 陳○○ | |
| ○○○學年度第二學期 | 國文 |  | ✓ | 一(1)、二(4)、三(3)、四(1)、五(1) |  | ✓ |  | ✓ | 5 | 109.2～109.6 | 陳○○ | 同上。 |
| | 英文 | ✓ |  | 三(8)、四(8) | ✓ |  | ✓ |  | 2 | | 黃○○ | |
| | 數學 | ✓ |  | 二(早)、五(8) | ✓ |  | ✓ |  | 2 | | 何○○ | |
| | 社會技巧 | ✓ |  | 一(7)、(8) |  | ✓ |  |  | 2 | | 黃○○ | |
| | 輔助科技 | ✓ |  | 二(8) |  | ✓ |  |  | 1 | | 陳○○ | |

## 二-2、相關服務

□不需要
■需要（物理治療、職能治療、語言治療、心理治療、社工輔導、定向行動……）

| 相關專業服務 | 服務項目 | 服務人員 | 頻率 | 服務方式／建議事項 |
|---|---|---|---|---|
|  | 醫院定期回診 | 主治醫師 | 一個月一次 | 追蹤就醫情形，提供學生在校狀況紀錄，方便家長回診時與醫師討論。 |
|  | （　）小時／學年 | | | |

## 二-3、支持策略

| 服務項目 | 需求內容及提供方式 | 支持策略與說明 |
|---|---|---|
| 學習協助服務 | ☑需要　□錄音　☑報讀　☑提醒<br>□不需要　□手語翻譯　□同步聽打員　□代抄筆記　☑心理輔導　☑行為輔導　□班級座位調整，說明：<br>☑其他：借印同學筆記 | 1. 安排同儕志工，提醒班級事項。<br>2. 向同學借筆記至辦公室影印。<br>3. 提供學習上的協助與心理支持。<br>4. 協助申請課本、習作的語音檔。<br>5. 個案情緒不穩時提供安撫或立即通知導師／輔導教師／資源班教師。<br>負責處室及人員：資源班教師何○○／導師呂○○ |
| 學習輔助器材 | ☑需要　☑學習類輔具<br>□不需要　□視障類輔具：<br>□聽障類輔具：<br>□肢多障類輔具：<br>□溝通及科技輔具： | 1. 以手機報讀 APP 協助報讀未提供語音檔之學習教材（如課堂教師自編講義、課外補充教材）。<br>2. 以電腦語音輸入方式，替代作文的書寫。<br>3. 數學運算評量時提供計算機輔助，以提升計算速度及正確率。<br>負責處室及人員：資源班教師何○○ |

| 服務項目 | 需求內容及提供方式 | 支持策略與說明 |
|---|---|---|
| 無障礙環境 | □需要　□斜坡道　□無障礙廁所<br>☑不需要　□電梯／電梯卡申請<br>□其他： | 負責人員： |
| 交通服務 | □需要　□交通車接送<br>☑不需要　□其他： | |
| 福利服務 | □需要　□學雜費減免　□午餐減免<br>☑不需要　□交通費補助　□教科書經費補助　□獎助金<br>□其他： | 負責人員： |
| 家庭支持服務 | ☑需要　☑特教諮詢　☑親職教育<br>□不需要　□社會局　□醫院　□轉介相關資源協助：<br>□其他： | 平日以聯絡簿及電話與家長聯繫，並提供書面資料或網路資訊供家長參閱。<br>負責人員：資源班教師何○○ |
| 生活協助服務 | □需要　服務人員：<br>☑不需要　□教師助理員　□特教老師　□愛心志工　□同儕志工<br>□其他： | 負責人員： |

## 三、學年與學期教育目標

| | | |
|---|---|---|
| 學生姓名：張○○ | 科目：數學 | 資源班任課教師：何○○ |
| 起訖日期：○○○年8月30日起至<br>○○○年1月20日 | | 課程型態／節數（週）：<br>外加A組／每週2節 |

學生現況能力：

R.關係：

　四則混合計算與應用解題能力尚未精熟。

N.數與量：

1. 加減法運算速度慢，借位減法需劃掉退位，明確寫出實際數值，手指協助計算，個位數無法心算且易計算錯誤。

2. 九九乘法會背誦，但不精熟，無法立即提取，除法缺乏數感，無法估算，尚能理解四則運算規則概念。

3. 在進行小數、分數的加減乘除時，書寫擺位規則易混淆（例如：3.5 + 6 VS. 3.5×6）。

4. 能理解負數的概念，做正負數加減運算，但容易忽略判斷正負號而造成錯誤，影響正確率。
5. 能理解因數、質因數、倍數、最大公因數和最小公倍數的概念，使用計算機能做質因數分解。
6. 單純計算題，提供計算機，能跟上資源班課堂進度仿作練習，立即評量有70%～80%的正確率。

A.代數：

能理解代數概念，但將生活情境的數與量運用代數符號列成算式時則需引導，才能解課本基本應用問題。識字量低，閱讀不流暢，抗拒應用問題的解題，亦無法嘗試假設推理演算。

- 伴隨注意力不足與過動問題，上課須適時的規範與提醒，聽覺訊息時常漏接，容易與班級同儕有糾紛，情緒問題嚴重影響學習。

## 學年教育目標（調整後之學習重點）

| | |
|---|---|
| r-III-1 | 1. 理解各種計算規則（含分配律），並協助四則混合計算與應用解題。 |
| r-III-2 | 2. 熟練數（含分數、小數）的四則混合計算。 |
| n-IV-1 | 1. 理解因數、倍數、質數、最大公因數，最小公倍數的意義及熟練其計算，並能運用到日常生活的情境解決問題。 |
| n-IV-5 | 2. 理解二次方根的意義、符號與根式的四則運算，並能運用到日常生活的情境解決問題。 |
| n-IV-9 | 3. 使用計算機計算比值、複雜的數式、小數或根式等四則運算與三角比的近似值問題，並能理解計算機可能產生誤差。 |
| n-IV-6 | 4. 應用十分逼近法估算二次方根的近似值，並能應用計算機計算、驗證與估算，建立對二次方根的數感。 |
| s-IV-7 | 1. 理解畢氏定理與其逆敘述，並能應用於數學解題與日常生活的問題。 |
| s-IV-8 | 2. 理解特殊三角形（如正三角形、等腰三角形、直角三角形）、特殊四邊形（如正方形、矩形、平行四邊形、菱形、箏形、梯形）和正多邊形的幾何性質及相關問題。 |
| a-IV-5 | 1. 認識多項式及相關名詞，並熟練多項式的四則運算及運用乘法公式。 |
| a-IV-6 | 2. 理解一元二次方程式及其解的意義，能以因式分解和配方法求解和驗算，並能運用到日常生活的情境解決問題。 |

## 第六章 「個別化教育計畫」實例與檢核分析

### 學期教育目標（週教學目標）

| 學習目標（學習內容＋評量方式＋評量標準） | 起訖日期 | 評量日期 / 評量結果 | 結果備註 |
|---|---|---|---|
| R-1 給學生三題 $(a+b)(c+d) = ac + ad + bc + bd$ 的題型，學生能使用計算機在 5 分鐘內計算完成三題。 | 9/4～10/13 | 10/6 / P | 評量時給予公式，不要求背誦記憶，只需判斷與做數字的替換。 |
| R-2 給予學生三題 $(a+b)^2 = a^2 + 2ab + b^2$ 的題型，學生能使用計算機在 5 分鐘內計算完成三題。 | | 9/6 / P | |
| R-3 給學生三題 $(a-b)^2 = a^2 - 2ab + b^2$ 的題型，學生能使用計算機在 5 分鐘內計算完成三題。 | | 10/6 / P | |
| R-4 給學生三題 $(a+b)(a-b) = a^2 - b^2$ 的題型，學生能使用計算機在 5 分鐘內計算完成三題。 | | 10/6 / p | |
| A-1 給學生三題多項式的判別（多項式的項、係數與多項式的次數），學生能在 3 分鐘內說出／寫出三題。 | | 10/5 / p | |
| A-2 給學生三題多項式，學生能在 3 分鐘內將多項式按降冪方式排列三題。 | | 10/5 / p | |
| A-3 給學生三題多項式加法運算（係數為整數，最多三項），學生能使用計算機在 3 分鐘內計算完成三題。 | | 10/5 / p | |
| A-4 給學生三題多項式減法運算（係數為整數，最多三項），學生能使用計算機在 3 分鐘內計算完成三題。 | | 10/5 / p | |
| A-5 給學生三題多項式的乘法運算（係數為整數，最多兩項乘兩項），學生能使用計算機在 3 分鐘內計算完成三題。 | | 10/5 / 只能完成二題 | |
| A-6 給學生二題多項式的除法運算（係數為整數，最多三項除兩項，商數為整數），學生能使用計算機在 5 分鐘內計算完成二題。 | | 10/5 / 只能完成一題 | |
| N-1 給學生三個平方數，學生能在 1 分鐘內說出／寫出三個平方數的平方根。 | | 10/2 / P | |

| | | | |
|---|---|---|---|
| N-2 | 給學生三題根式，學生能在 1 分鐘內判別其中一個根式為最簡根式。 | 10/2<br>只能完成二題 | 於 2-2 單元再加強練習。 |
| N-3 | 給學生三題根式（根號內為正整數），學生能在 5 分鐘內使用計算機與質因數分解技巧，將三題整數根式化簡成最簡根式。 | 10/2<br>P | |
| N-4 | 給學生三題根式（根號內為正分數），學生能在 5 分鐘內使用計算機與質因數分解技巧，將三題分數根式化簡成最簡根式。 | 11/23<br>只能完成二題 | 課餘時間加強練習。 |
| N-5 | 給學生三題根式乘法（限兩根相乘），學生能在 5 分鐘內使用計算機完成三題根式乘法計算，並化簡成最簡根式。 | 11/23<br>只能完成二題 | |
| N-6 | 給學生三題根式除法（限兩根相除），學生能在 5 分鐘內使用計算機完成三題根式除法計算，並化簡成最簡根式。 | 11/23<br>只能完成二題 | |
| N-7 | 給學生三題根式加減法（限兩根相加減），學生能在 5 分鐘內使用計算機完成三題根式加減法計算，並化簡成最簡根式。 | 11/23<br>只能完成二題 | |
| A-7 | 能經由一題面積操作，說出畢氏定理之直角三角形的三邊的關係。 | 11/24<br>P | |
| A-8 | 給學生三題運用畢氏定理求直角三角形斜邊長的題型，學生能在 5 分鐘內使用計算機完成三題計算。 | 11/24<br>P | |
| A-9 | 給學生三題運用畢氏定理求直角三角形一股長的題型，學生能在 5 分鐘內使用計算機完成三題計算。 | 11/24<br>P | |
| A-10 | 在老師報讀題目並給予圖示下，給學生二題日常生活的應用題，學生能使用計算機在 5 分鐘內運用畢氏定理列式二題解題。 | 11/24<br>只能完成一題 | |
| A-11 | 在給予直角平面坐標下，給學生二題求兩點距離題型，學生能使用計算機在 5 分鐘內運用畢氏定理列式二題解題。 | 11/24<br>P | |

(期程欄位：10/16～11/29)

| | | | |
|---|---|---|---|
| N-8 | 給學生三題因式、倍式的判別題型，學生能在 5 分鐘內說出／選出三題，此多項式是否為另一多項式的因式。 | 11/27<br><br>P | |
| N-9 | 給學生三題因式分解一元二次式題型，學生能在 5 分鐘內利用<u>提公因式法</u>做出三題因式分解。 | 11/27<br><br>P | 課餘時間加強練習。 |
| N-10 | 給學生三題因式分解一元二次式題型，學生能在 5 分鐘內利用<u>分組提公因式法</u>做出三題因式分解。 | 11/27<br><br>P | |
| N-11 | 給學生三題因式分解一元二次式題型，學生能在 5 分鐘內利用<u>平方差公式</u>做出三題因式分解（評量時給予公式）。 | 11/27<br><br>P | |

## 四、行為功能介入方案及行政支援

☐ 該生目前**無**伴隨情緒及行為問題。

☑ 該生目前伴隨情緒及行為問題，行為功能介入方案規劃如下。

個案現況描述

1. 書寫段考作文時，表達自殺意念。
2. 情緒起伏大，易受同學言語或老師責罰作業問題而情緒失控。
3. 較堅持己見，無法接納同儕建議，而引發衝突、爭辯與情緒失控。

目標行為分析

| | |
|---|---|
| 目標行為 | 適當的處理負面情緒。 |
| 背景因素 | 1.課業壓力；2.人際關係不佳；3.情緒控制不佳。 |
| 立即前事 | 言語衝突、遺忘作業導致缺交。 |
| 後　　果 | 一直哭鬧、無法上課。 |

| | 策略 | 實施期間 | 負責人 |
|---|---|---|---|
| 背景因素<br>介入策略 | 1. 避免同儕負向言語刺激。<br>2. 提供同儕互動機會，協助建立人際關係。<br>3. 作業份量彈性調整。 | ○○○<br>學年度 | 導師<br>任課教師<br>專輔教師 |
| 前事控制策略 | 1. 事先預告提醒作業繳交期限。<br>2. 安排晤談。<br>3. 就醫回診，調整藥物。 | ○○○<br>學年度 | 導師／任課教師<br>資源班教師<br>家長 |

| 行為教導策略 | 1. 人際互動技巧訓練。<br>2. 情緒控制與適當回應。<br>3. 同理心引導。 | ○○○<br>學年度 | 資源班教師<br>資源班教師<br>資源班教師 |
|---|---|---|---|
| 後果策略 | 1. 增強適當行為，減少不當行為。 | ○○○<br>學年度 | 導師<br>任課教師<br>資源班教師 |
| | 2. 建立自信與正向態度，看待自己的優點。 | | 導師<br>任課教師<br>資源班教師 |

### 行為介入效果追蹤

| 項目／說明 | |
|---|---|
| 執行時間 | ○○○.○○～○○○.○○ |
| 介入效果 | □更為嚴重　□未有明顯改善　■明顯改善　□其他 |
| 評估建議 | ■持續進行　□繼續追蹤　□增加相關專業／資源介入 |

## 五、學生之轉銜輔導及服務內容

| 項目 | 重要學習技能或服務項目 | 負責人 | 起訖日期 | 執行成果 |
|---|---|---|---|---|
| 升學輔導 | □無<br>■新學校環境<br>■生涯探索<br>■升學／安置資訊<br>□提供考試資訊<br>□熟悉新學校上學的路線<br>實施規劃：<u>融入原班級綜合活動領域實施</u> | 何○○<br>洪○○ | 108.8<br>～<br>109.6 | 個案將申請特殊教育學生適性安置之升學管道。 |
| 生活輔導 | □無<br>□使用工具能力，說明：<br>□自我保護能力<br>■使用金錢<br>□搭乘交通工具<br>實施規劃：<u>納入生活管理課程和社會技巧課程</u> | 何○○<br>陳○○ | 108.8<br>～<br>109.6 | 通過。 |

## 第六章 「個別化教育計畫」實例與檢核分析

| | | | | |
|---|---|---|---|---|
| 就業輔導 | ■無<br>□自身權益的維護，說明：<br>□工作安全的認識，說明：<br>□工作行為的訓練，說明：<br>□職業興趣評估，說明：<br>實施規劃：<u>生涯覺知可以融入輔導室活動與原班級綜合活動領域實施</u> | 何○○<br>洪○○ | 108.8<br>～<br>109.6 | 通過。 |
| 心理輔導 | □無<br>■肯定自我<br>□加強自我決策<br>■學習心態調整<br>□提升學習動機<br>□自我增強<br>■學習人際互動<br>■表現適當的社會行為<br>實施規劃：<u>參與輔導室之小團體輔導</u> | 何○○<br>洪○○ | 108.8<br>～<br>109.6 | 通過。 |
| 福利服務 | □無<br>□《身心障礙者權益保障法》的認識<br>　（如身心障礙優待票等）<br>■政府相關福利的認識與使用<br>□社工服務申請<br>■社會福利申請<br>實施規劃：<u>納入生活管理課程</u> | 何○○ | 108.8<br>～<br>109.6 | 通過。 |
| 其他相關專業服務 | □無<br>□專業團隊服務，說明：<br>□轉學／換班<br>■醫療訊息與資源提供<br>實施規劃：<u>納入生活管理課程</u> | 何○○ | 108.8<br>～<br>109.6 | 通過。 |

　　依據 SMART 計畫目標設定原則檢核案例二之「個別化教育計畫」內容，如表 6-3 所示，在所有的七個項目內，皆符合有效的計畫目標設立原則。從此案例二的「個別化教育計畫」，我們可以清楚明確了解案例二的一整學期特殊教育所提供之學習規劃，以達成因應個案獨特需求的個別化教育。

表 6-3　案例二 SMART 原則之「個別化教育計畫」的績效檢核表

| 「個別化教育計畫」內容檢核內容 | 項目檢核結果 |
| --- | --- |
| 1. 內容是否符合《特殊教育法》的五個項目規定？ | 1. ■符合。 |
| 2. 學期教育目標的評量方式是否具體、客觀、可評量？ | 2. ■符合，因為每一個學期教育目標皆能清楚描述學習內容、評量方式和 100%的精熟水準。 |
| 3. 學生所需特殊教育、相關服務及支持策略，是否符合學生的特殊教育需求和現況能力？ | 3. ■符合，因為個案的數學領域現況能力落後原班級的水準 20%，所以特殊教育以外加課程安排一週兩節課的課程，也進行學習內容的調整和評量方式的調整。 |
| 4. 學期教育目標的評量標準是否符合學生的學習潛能？ | 4. ■符合。 |
| 5. 學期教育目標之現況、學年教育目標、學期教育目標，是否有連貫性？ | 5. ■符合。 |
| 6. 學期教育目標的評量方式和評量標準，是否符合學生的能力和現況？ | 6. ■符合。 |
| 7. 教育目標之學習內容、相關專業服務、行為支持計畫，是否有明確的執行起訖時間？ | 7. ■符合，因為這是一整個學期的教育計畫，教學內容以週為單位，合理安排進行時間的進度規劃。行為支持計畫亦有合理執行時間規劃。 |

# 第三節　案例三：技術型高中集中式特教班學生的「個別化教育計畫」

○○商工○○科　何○○「個別化教育計畫」○○○學年度第一學期

## 學生基本資料

| 學生姓名 | 何○○ | 性別 | 男 | 出生日期 | ○○/○○/○○ | 身分證字號 | ○○○○○ |
|---|---|---|---|---|---|---|---|
| 家長／監護人 | 簡○○ | 關係 | 母子 | 聯絡電話 | ○○○○○ | 手機 | ○○○○○ |

## 一-1、學生家庭狀況

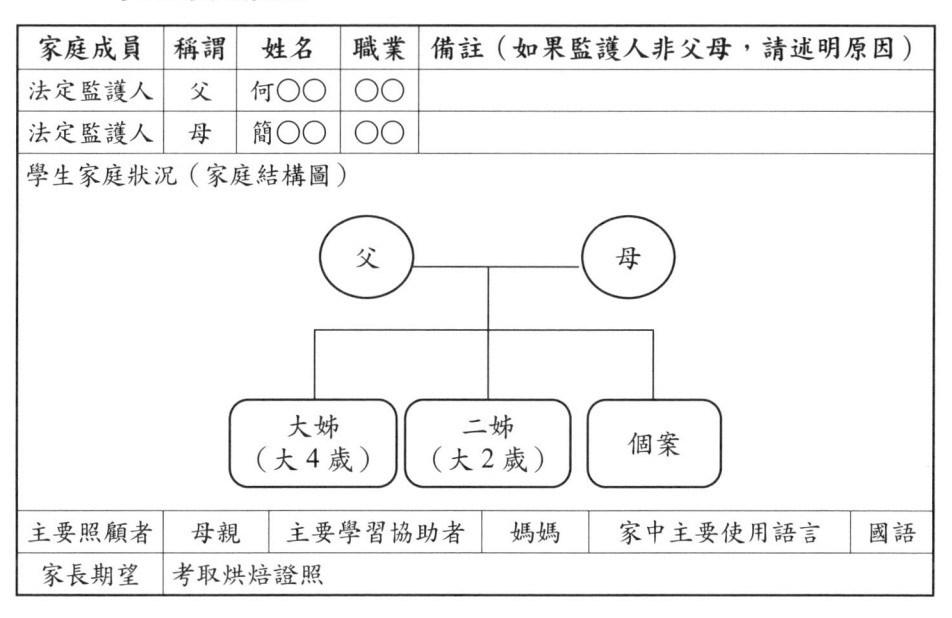

| 家庭成員 | 稱謂 | 姓名 | 職業 | 備註（如果監護人非父母，請述明原因） |
|---|---|---|---|---|
| 法定監護人 | 父 | 何○○ | ○○ | |
| 法定監護人 | 母 | 簡○○ | ○○ | |

學生家庭狀況（家庭結構圖）

```
        父 ─── 母
         │
   ┌─────┼─────┐
  大姊   二姊   個案
(大4歲) (大2歲)
```

| 主要照顧者 | 母親 | 主要學習協助者 | 媽媽 | 家中主要使用語言 | 國語 |
|---|---|---|---|---|---|
| 家長期望 | 考取烘焙證照 | | | | |

## 一-2、學生能力現況

| 能力現況描述 |||
|---|---|---|
| 能力向度 || 現況描述及對學習之影響 |
| 感官功能 | 視覺 | 正常。 |
|  | 聽覺 | 正常。 |
| 認知能力 | 記憶、理解、推理、注意力等 | 1. 具備基本的記憶與背誦能力，但容易分心，注意力短暫。<br>2. 理解能力弱，對於具體表象的事物多講解幾次尚能理解，但若在分心的情形下，則常常無法真正理解。對於抽象事物或概念的理解則有明顯的困難。該生的理解能力表現在閱讀理解及聽覺理解上也顯得較弱，需以簡化結構的方式說明。<br>3. 推理能力不佳，無法根據已知的現況去推論可能的結果，常需給予明確的提示或引導，此部分的能力弱勢表現與學業學習時的表現相符。 |
| 基本學業能力 | 閱讀、書寫、數學等 | 1. 語文部分：具備基礎的識字能力，但識字量仍較同儕少。閱讀理解能力弱，對於課文文意的理解僅限於較表面上的意義，較無法獨立歸納文章的重點與段落大意，對於深層的文意與反思，則有非常明顯的理解困難。因為動作慢、協調能力弱，因此書寫速度慢，目前正學習電腦打字，能以電腦打字方式寫短文或心得感想，作文內容用字遣詞較為簡單、詞彙量少。對於較為抽象的作文題目，容易出現文不對題的狀況。<br>2. 數學部分：具備基本加減乘除運算能力，也具備基礎的正負數運算概念，但數字較大或較為複雜一點的算式錯誤率較高。該生對於數學學習的動機較弱，幾何概念或公式的運用對該生來說都有非常明顯的困難，即使是給予提醒與示範，該生常常也會看不懂，無法應用。 |

| | | |
|---|---|---|
| 社會化及情緒行為能力 | 人際關係、團體參與、環境適應、情緒管理、行為問題 | 1. 該生個性外向、情緒穩定，喜歡結交朋友。<br>2. 因為家庭支持性高，該生對於師長指令的服從度高，因此沒有特別的行為問題。 |
| 溝通能力 | 語言理解、語言表達、是否需要輔具 | 1. 語音清晰度雖不佳，但日常生活的語言表達與理解足以應付平常的生活，可以與他人及同儕互動溝通。有時在緊張或激動的時候，語速太快或因緊張而有點口吃，此時說話才會讓人聽不懂，需不斷澄清該生想要表達的內容。<br>2. 較為簡單、生活化的聽覺沒有問題，但較為複雜的說明或指令則有聽理解的困難。 |
| 肢體動作能力 | 粗大動作、精細動作、動作協調、功能性操作 | 該生為腦性麻痺學生，肢體動作協調性不佳，動作慢。精細動作較落後於同儕，動作也比一般同儕慢，例如：使用剪刀工具、圓規、綁鞋帶、扣釦子需花費許多時間。行動上，粗大動作與一般同儕的落差較小，能走、跑、跳、上下樓、投籃，但快速行走或跑步時，因有輕微剪刀腳，容易跌倒或重心不穩。 |
| 生活自理能力 | 食、衣、行、如廁、盥洗 | 生活自理能力沒有問題，也能自行騎腳踏車上學。 |
| 特殊健康情形 | 特殊疾病 | 無。 |
| | 就醫情形 | 無。 |
| | 用藥情形 | 無。 |
| 其他補充說明 | 許多事情藉由反覆練習能累積許多能力，例如：該生能學會騎腳踏車，也能與爸爸騎長程，並與爸爸計畫騎車環島。 | |

## 二、學生所需特殊教育、相關服務及支持策略

### 二-1、特殊教育服務

個案安置於集中式特教班,所有的課程皆為特殊教育課程,本學期課表如下。

| 節次 | | 星期一 | 星期二 | 星期三 | 星期四 | 星期五 |
|---|---|---|---|---|---|---|
| 07:30～08:00 | | 晨 間 打 掃 | | | | |
| 07:31～08:01 | | 升 旗 | | | | |
| 第一節 | 08:10<br>§<br>09:00 | 英語文 III | 體育 III | 英語文 III | 門市服務 I | 班會 |
| 第二節 | 09:10<br>§<br>10:00 | 基速食實作 II | 烘食品西點 I | 家電使用維護 | 門市服務 I | |
| 第三節 | 10:10<br>§<br>11:00 | 基速食實作 II | 烘食品西點 I | 家電使用維護 | 門市服務 I | 衛生安全概 I |
| 第四節 | 11:10<br>§<br>12:00 | 基速食實作 II | 烘食品西點 I | 家電使用維護 | 門市服務 I | 衛生安全概 I |
| 12:30～13:00 | | 午 休 | | | | |
| 第五節 | 13:05<br>§<br>13:55 | 餐飲服務論 I<br>香草植物論 I | 數學 III | 國語文 III | 職場清潔實作 II | 體育 III |
| 第六節 | 14:05<br>§<br>14:55 | 餐飲服務論 I<br>香草植物論 I | 事務電腦應 I | 生物 | 職場清潔實作 II | |
| 第七節 | 15:15<br>§<br>16:05 | 餐飲服務論 I<br>香草植物論 I | 事務電腦應 I | 生物 | 職場清潔實作 II | |
| 第八節 | 16:10<br>§<br>17:00 | | | | | |

## 二-2、相關服務

| 專業服務項目 | 服務方式 | 服務內容概述 | 服務時間 | 專業人員 | 配合訓練者 | 頻率 |
|---|---|---|---|---|---|---|
| ■無此需求 | | | | | | |
| A.特教學生助理人員 | | | | | | |
| B.醫師 | | | | | | |
| C.物理治療師 | | | | | | |
| D.職能治療師 | | | | | | |
| E.臨床心理師 | | | | | | |
| F.諮商心理師 | | | | | | |
| G.語言治療師 | | | | | | |
| H.聽力師 | | | | | | |
| I.定向行動師 | | | | | | |
| J.社會工作師 | | | | | | |
| K.就業輔導員 | | | | | | |

## 二-3、支持策略

| 項目 | | 服務內容 | 行政／負責人 | 備註 |
|---|---|---|---|---|
| | ■無此需求 | | | |
| 評量調整 | 試場服務 | □調整考試時間<br>　□提早入場　□延長作答時間____分鐘<br>□提醒服務<br>　□視覺提醒　□聽覺提醒　□手語翻譯<br>　□板書注意事項說明<br>□特殊考場<br>　□單人（少數人）考場　□設有空調考場<br>　□其他：<br>□其他： | | |

| 項目 | 服務內容 | | 行政/負責人 | 備註 |
|---|---|---|---|---|
| | 提供輔具 | □擴視機　□放大鏡　□點字機　□盲用算盤　□盲用電腦及印表機　□檯燈　□特殊桌椅　□自備輔具　□其他： | | |
| | 試題（卷） | □調整試題題數　□調整試題比例計分　□放大字體試卷　□報讀　□點字試卷　□電腦版試題　□有聲試題　□觸摸圖形試題　□其他： | | |
| | 作答方式 | □電腦輸入法作答　□盲用電腦作答　□電腦打字代謄　□口語（錄音）作答　□代謄答案卡　□其他： | | |
| 教育輔助器材 | ■無此需求<br>□視覺輔具　□聽覺輔具　□行動移位與擺位輔具　□閱讀　□書寫輔具　□溝通輔具　□電腦輔具　□其他輔具：<br>說明（必填）：<br>（採用之輔具細項） | | | |
| 教材調整 | ■無此需求<br>□點字　□放大字體　□有聲書籍　□點字學習材料　□觸覺式學習材料　□色彩強化學習材料　□手語　□影音加註文字　□數位及電子化格式等學習材料　□其他：<br>說明（必填）：＿＿＿＿＿＿＿ | | | |
| 學習歷程協助 | ■無此需求<br>□錄音　□報讀　□掃描校對　□提醒服務　□手語翻譯　□同步聽打員　□代抄筆記　□其他：<br>說明（必填）：＿＿＿＿＿＿＿ | | | |

| 項目 | 服務內容 | 行政／負責人 | 備註 |
|---|---|---|---|
| 無障礙環境 | ■無此需求<br>□教室位置　□座位安排　□特製桌椅　□光線<br>□隔音　□室內出入口　□無障礙廁所　□電梯／升降梯　□導盲磚　□室內通路與走廊　□斜坡道<br>□扶手　□停車位　□避難層出入口　□其他：<br>說明（必填）： | | |
| 交通服務 | ■無此需求<br>□搭乘本校交通車（特推會核定日期：　年　月　日）<br>□補助交通費每月＿＿＿＿＿元<br>說明（必填）： | | |
| 家庭支持 | ■無此需求<br>□提供特殊教育研習資訊　□提供諮詢服務　□提供親職教育　□提供各項福利補助訊息（□獎助學金　□午餐減免　□家庭救助　□其他補助：　　）<br>說明（必填）： | | |

## 三-1、學年與學期教育目標

| 學生姓名 | 何○○ | 課程名稱（領域或跨領域）：衛生與安全概論 | 授課教師 | 陳○○ |

**學年教育目標**

A.了解校園安全的概念。

B.了解居家安全的概念。

C.了解用火安全。

D.認識資源再利用的環保觀念。

| 上學期教育目標（學習內容＋評量方式＋評量標準） | 起訖日期 | 評量結果 | 日期 |
|---|---|---|---|
| A-1 給學生兩個影片狀況情境，學生能說出陌生人騷擾時該如何處置。 | 8/31～9/4 | | |
| A-2 給學生實際校園案例情境，學生能說出下課時間需注意的意外事件八點。 | 9/7～9/18 | | |

| 上學期教育目標（學習內容＋評量方式＋評量標準） | 起訖日期 | 評量 結果 | 日期 |
|---|---|---|---|
| A-3 給學生實際校園案例情境，學生能說出校園安全的注意事項七點。 | 9/21～9/25 | | |
| B-1 給學生實際社會新聞案例情境，學生能說出居家安全注意事項七點。 | 9/28～10/23 | | |
| B-2 給學生實際社會新聞案例情境，學生能說出防詐騙的自我保護招式兩項。 | 10/26～10/30 | | |
| B-3 給學生實際社會新聞案例情境，學生能說出防詐騙的三不三要原則。 | 11/2～11/13 | | |
| B-4 給學生實際社會新聞案例情境，學生能選出正確居家安全守則 23 點。 | 11/16～11/27 | | |
| C-1 給學生實際社會新聞案例情境，學生能選出正確居家防火安全須知的描述。 | 11/30～12/4 | | |
| C-2 給學生一氧化碳中毒教育影片情境，學生能說出一氧化碳中毒的兩種急救方式。 | 12/7～12/11 | | |
| D-1 給學生實際購物模擬情境，學生能選出正確使用購物袋與塑膠袋的方式。 | 12/14～12/25 | | |
| D-2 給學生班級的垃圾一袋，學生能分類出可回收與不可回收物品。 | 12/28～1/8 | | |
| D-3 給學生班級的垃圾和辦公室的垃圾共兩袋，學生能分辨出一般垃圾、資源垃圾與有害垃圾的不同。 | 1/11～1/20 | | |
| D-4 給學生班級的垃圾和辦公室的垃圾共兩袋，並帶領學生至校園資源回收區，學生能正確做到垃圾分類方式。 | | | |

無法達成預定目標說明（分項寫）：

## 三-2、學年與學期教育目標

| 學生姓名 | 何〇〇 | 課程名稱（領域或跨領域）：職場實習（7-11開心門市） | 授課教師 | 陳〇〇 |

### 109 學年教育目標

A.能表現良好職場工作態度。
B.能做出良好溝通技巧。
C.能做出良好社交禮儀。
D.能擁有職場基本工作技能。

| 上學期教育目標（評量方式＋評量標準） | 起訖日期 | 評量結果 | 日期 |
|---|---|---|---|
| A-1 給學生五項基本工作態度（面帶笑容、嘴巴甜、彎腰、手腳快、姿勢美）要求，學生能做出五項正確基本工作態度。 | 8/31～1/20 | | |
| A-2 給學生 7-11 開心門市的上下班時間，學生每次實習都能遵守職場規定的上下班時間。 | 8/31～1/20 | | |
| B-1 告訴學生一件事情（內容包含時間、地點、人物、經過、結果），學生能經由視覺提示，說出此件事情的五項內容。 | 8/31～1/20 | | |
| B-2 給學生雇主的三項工作指令，學生能獨立完成三項指令工作。 | 8/31～1/20 | | |
| B-3 給學生雇主的兩個工作問題，學生能正確回答出兩個問題。 | 8/31～1/20 | | |
| B-4 給學生兩個工作上需要尋求協助的問題，學生能主動表達出需求並尋求協助。 | 8/31～1/20 | | |
| C-1 給學生職場要求的服裝和配戴證件說明，學生每日實習皆能穿著整潔的運動服與識別證至職場工作。 | 8/31～1/20 | | |
| C-2 學生碰到實習商店店長與同事，學生每次皆能主動向店長與同事打招呼問好。 | 8/31～1/20 | | |
| D-1 給學生一整列賣場貨架，學生能在 30 分鐘內獨立完成擦拭貨架的工作。 | 8/31～1/20 | | |
| D-2 給學生一整間店面地板，學生能在口頭提示下，完成賣場地板的清潔工作。 | 8/31～1/20 | | |
| D-3 給學生一整列賣場貨架，學生能在口頭提示下，將商品依照種類上架。 | 8/31～1/20 | | |

| 上學期教育目標（評量方式＋評量標準） | 起訖日期 | 評量 ||
|---|---|---|---|
| | | 結果 | 日期 |
| D-4 給學生一整列賣場貨架，學生能在口頭提示下，將商品依照製造日期先後順序排上架。 | 8/31～1/20 | | |
| 無法達成預定目標說明（分項寫）： | | | |

## 四、行為功能介入方案及行政支援

該生是否具行為問題 ■不需行為功能介入方案（以下免填）
　　　　　　　　　　□需行為功能介入方案（請填下列表格及附件）

行為問題陳述（主要行為問題請具體敘明填表者最關心或迫切想解決的個案行為問題）

行為問題評量與診斷〔含功能評量、ABC分析（含前因、行為與後果）及研判〕

| 研判行為功能 | □感官刺激、自我刺激（內在自我積極增強）：<br>□逃避（外在消極增強）：<br>□獲得他人注意（外在積極增強）：<br>□獲得實質性東西（內在自我消極增強）：<br>□其他： |
|---|---|

### 行為問題處理（預期目標及策略）

| 正向行為支持簡述 | 行為執行過程與結果 |
|---|---|

### 行政支援

| 業務單位（請依相關協助單位填入，如教務、學務、總務、輔導） | 支援事項 | 承辦人員 | 支援事項 ||
|---|---|---|---|---|
| | | | 預計完成日期 | 執行成果 |

| 執行成效 ||
|---|---|
| 成效 | 說明 |
| □已達成期望行為結果 | |
| □期望行為獲得改善但未達目標 | |
| □期望行為無明顯改善 | |
| □其他因素造成無法執行 | 檢核日期： |

## 五、學生之轉銜輔導及服務內容

| 項目 | 輔導內容 | 負責人員 | 起訖日期 | 執行成果 |
|---|---|---|---|---|
| 升學輔導 | ■無此需求 | | | |
| 生活輔導 | □自我生活照顧<br>■休閒娛樂<br>□使用日常工具能力<br>□自我保護能力<br>□使用金錢<br>□表現適當的社會行為<br>■搭乘交通工具在市區內行動<br>□家庭生活 | | | |
| 就業輔導 | ■1.競爭性就業：<br>　(1)工作內容：<u>大賣場的烘培房助手</u><br>　(2)工作地點：<u>樂樂大賣場</u><br>□2.支持性就業：<br>　(1)服務型態：□需提供住宿 □不需要住宿<br>　(2)工作型態：<br>　　□粗重、使用體力的工作（如搬運工、水泥工等）<br>　　□單純反覆性工作（如代工包裝、洗碗工等）<br>　　□半技術性工作（如烘焙助理、洗車等）<br>□3.庇護性就業：<br>　(1)工作內容：<br>　(2)工作地點：<br>□4.社區日間作業設施（小型作業所）： | | | |

| 項目 | 輔導內容 | 負責人員 | 起訖日期 | 執行成果 |
|---|---|---|---|---|
| 就業輔導 | □5.養護機構及發展中心：<br>　(1)服務型態：□日間托育 □全日型住宿<br>　(2)地點：<br>□6.職業重建服務：<br>　□職業輔導評量 □職業訓練 □就業服務<br>　□職務再設計 □創業輔導 □其他職業重建服務<br>□7.其他： | | | |
| 心理輔導 | ■無此需求 | | | |
| 福利服務 | ■無此需求 | | | |
| 其他相關專業服務 | ■無此需求 | | | |

　　依據 SMART 計畫目標設定原則檢核案例三之「個別化教育計畫」內容，如表 5-4 所示，在所有的七個項目內，有兩個項目未符合有效的計畫目標設立原則，包含「4.學期教育目標的評量標準是否符合學生的學習潛能？」以及「5.學期教育目標之現況、學年教育目標、學期教育目標，是否有連貫性？」

　　檢核結果造成未能符合計畫目標檢核的主要原因，都是因為案例三的領域或科目之學習內容中，並沒有呈現學生各領域或科目的學習現況能力說明，雖然在項目內容「一-2、學生能力現況分析」，教師們已經有非常詳細的整體能力說明，但是對於各領域或科目之學習內容的現況則無敘述，也因此無法對應出學期教育目標之現況、學年教育目標與學期教育目標（週教學目標）三者之間的對應連貫性問題，殊是可惜。然而整體而言，針對高中階段集中式特教班的學生而言，透過此份個案的「個別化教育計畫」內容，我們可以清楚了解案例三在新的一學期，特殊教育所提供的學習規劃與個別化教育的內容，以及此學生高中畢業後的職涯發展與方向。

表 6-4　案例三 SMART 原則之「個別化教育計畫」的績效檢核表

| 「個別化教育計畫」內容檢核內容 | 項目檢核結果 |
|---|---|
| 1. 內容是否符合《特殊教育法》的五個項目規定？ | 1. ■符合。 |
| 2. 學期教育目標的評量方式是否具體、客觀、可評量？ | 2. ■符合，因為每一項學習目標的評量方式皆能符合學生的學習優勢能力，而不是以學生的障礙或弱勢能力做考量，從而低估了學生的學習潛能。 |
| 3. 學生所需特殊教育、相關服務及支持策略，是否符合學生的特殊教育需求和現況能力？ | 3. ■符合，因為此學生是集中式特教班的學生，因此所有課程都是特殊教育的教學介入。 |
| 4. 學期教育目標的評量標準是否符合學生的學習潛能？ | 4. ■未符合，因為無法看到學生在此一領域／科目的學習能力現況。 |
| 5. 學期教育目標之現況、學年教育目標、學期教育目標，是否有連貫性？ | 5. ■未符合，因為無法看到學生在此一領域／科目的學習能力現況。 |
| 6. 學期教育目標的評量方式和評量標準，是否符合學生的能力和現況？ | 6. ■符合，因為在學期教育目標的評量方式和評量標準上，能符合學生的整體現況描述。 |
| 7. 教育目標之學習內容、相關專業服務、行為支持計畫，是否有明確的執行起訖時間？ | 7. ■符合，因為一整個學期的特殊教育需求和特殊教育目標，教學目標皆以週為單位，能依據各週的進度實施。 |

　　本章擬以 SMART 計畫目標設定原則檢核「個別化教育計畫」的內容，並且以三個實際案例說明不同年齡和特殊教育需求的不同設計。「個別化教育計畫」必須聚焦在學生的特殊教育課程與教學的需求，是否需要相關專業服務？如何協助學生下一階段適應的轉銜教育與輔導，而這些特殊教育目標都應該來自於精準評估學生現況能力的結果，而驗證一份「個別化教育計畫」是否達到預期成效，它必須依賴有完整的現況評估和設計出具

體、客觀、可評量的學期目標,也就是以多元評量方式和精確的評量標準,呈現身心障礙學生在每一個特殊教育課程的學習進步和成效。

「個別化教育計畫」是一份有特定目的和實施時程之個人式教育計畫,透過這份計畫的討論和溝通,教育人員和家長可以共同為身心障礙學生的發展與學習而努力。「個別化教育計畫」扮演一個目標導向的績效管理機制,希望透過「個別化教育計畫」的導引,有效教學與行為管理亦能落實完成每一個教育目標,身心障礙學生的個別化教育終能落實生根,開花結果,造福每一位身心障礙學生。

最後,誠願我國特殊教育之「個別化教育計畫」能夠真正落實其本質的目的,讓「個別化教育計畫」可以扮演家長和特殊教育團隊人員的溝通工具,擬定出適合每一位身心障礙學生的一學期教學目標計畫,讓每一個學期初「個別化教育計畫」所擬訂的明確學習目標,成為教師實施有效教學的藍圖與指引,因為有效的教學必須先有結構化且具體的教學目標,方能有所成效。學期末「個別化教育計畫」的目標管理機制又再度上場,透過每一個學習目標的評量結果,我們即能看得見每一位身心障礙學生的進步,即使是一個小小的進步都是值得鼓勵的成就,而這些進步同時也是每一位老師和家長共同努力的成果,此即為「個別化教育計畫」的本質。短期性:一份身心障礙學生每一個時段的明確學習藍圖;長期性:一份身心障礙學生的繼往(過去的「個別化教育計畫」紀錄)開來(新學期的「個別化教育計畫」)的學習檔案。「個別化教育計畫」如同本書的封面所欲呈現的意念,身心障礙學生如同一艘艘的船隻,面對廣闊無垠的學習茫茫大海,「個別化教育計畫」正是他們所需要的每一個學習階段的精細航海圖,航海圖可以指引方向,可以依據計畫停靠在不同的地點,然後繼續向前行,如同所有的學生一樣,可以有計畫的航向個人的進步與人生目標。

# 參考文獻

## 中文部分

王瓊珠（2015）。大專校院身心障礙學生個別化支持計畫。**特殊教育季刊，135**，1-8。

幼兒教育及照顧法（2022）。

各教育階段身心障礙學生與幼兒轉銜輔導及服務辦法（2023）。

身心障礙者權益保障法（2021）。

身心障礙學生無法自行上下學交通服務實施辦法（2023）。

兒童及少年福利與權益保障法（2021）。

兒童及少年福利與權益保障法施行細則（2020）。

周映君、吳佩芳、童寶娟、廖華芳、潘懿玲、劉瓊瑛、盧璐（2019）。早期療育。載於財團法人國家衛生研究院兒童醫學及健康研究中心（辦理），**2030兒童醫療與健康政策建言書**（頁 135-154）。衛生福利部。https://chrc.nhri.edu.tw/professionals/files/chapters/7_早期療育.pdf

幸曼玲、楊金寶、柯華葳、丘嘉慧、蔡敏玲、金瑞芝、簡淑真、郭李宗文、林玟君、倪鳴香、廖鳳瑞（2018a）。幼兒園教保活動課程手冊（上冊）（第二版）。教育部國民及學前教育署。https://www.ece.moe.edu.tw/ch/filelist/.galleries/filelist-files/0823.pdf

幸曼玲、楊金寶、柯華葳、丘嘉慧、蔡敏玲、金瑞芝、簡淑真、郭李宗文、林玟君、倪鳴香、廖鳳瑞（2018b）。幼兒園教保活動課程手冊（下冊）（第二版）。教育部國民及學前教育署。https://www.ece.moe.edu.tw/ch/filelist/.galleries/filelist-files/0823-1.pdf

林月仙、何明珠（2013）。大專校院資源教室輔導經驗分享：以國立虎尾科技大學為例。**特殊教育季刊，128**，11-18。

林金瑩（2015）。幼兒園教師個別化教育計畫專業知能之探究〔未出版之碩士論文〕。國立臺東大學。

林素貞（2007）。**個別化教育計畫之實施**。五南。

林素貞（2013）。差異化教學與成功學習。**教育研究月刊，233**，49-60。

林素貞（2014）。**資源教室方案與經營**。五南。

林素貞（2020）。臺灣高中階段身心障礙學生之學校本位轉銜輔導模式。載於林素貞、趙本強、黃秋霞（主編），**身心障礙學生的轉銜教育與服務**（頁219-251）。心理。

林素貞、Alverson, C. Y.、劉馨君（2020）。轉銜教育與服務概論。載於林素貞、趙本強、黃秋霞（主編），**身心障礙學生的轉銜教育與服務**（頁1-35）。心理。

林素貞、丘愛鈴、莊勝義（2010）。教育人員對我國身心障礙學生就讀大專校院議題之調查研究。**高雄師大學報**，**28**，61-83。

林素貞、吳佩芳（2021）。**高雄市私立幼兒園支持特殊教育專業知能之全校性介入進階課程計畫之研究（第二期）**（計畫委託字號：高市教特字第10930751200號）。高雄市政府委託專案成果報告。

林素貞、吳佩芳、蔡欣坪（2016）。**輔助科技在特殊教育的應用**。華騰文化。

林素貞、蔡欣坪（2018）。**高雄市學前幼兒園之特殊教育專業知能課程成效之研究**（計畫委託字號：高市教特字第10632891800號）。高雄市政府委託專案成果報告。

林晨華（2015）。從臺中市特殊教育評鑑探討IEP之運作。**特殊教育季刊**，**136**，19-26。

施良方（1997）。**課程理論：課程的基礎、原理與問題**。麗文文化。

特殊教育法（2023）。

特殊教育法施行細則（2023）。

特殊教育課程教材教法及評量方式實施辦法（2023）。

特殊教育學生及幼兒支持服務辦法（2024）。

特殊教育學生及幼兒鑑定辦法（2024）。

翁麗芳（2017）。從《幼稚園課程標準》到《幼兒園教保活動課程大綱》：談七十年來臺灣幼教課程的發展。**教科書研究**，**10**（1），1-33。https://doi.org/10.6481/JTR.201704_10(1).01

高級中等學校教科用書審定辦法（2024）。

國民小學及國民中學教科用書審定辦法（2023）。

教育部（1972）。**國民中學課程標準**。作者。

教育部（1975）。**國民小學課程標準**。作者。

教育部（1988）。**啟智學校（班）課程綱要**。作者。

教育部（1998）。**國民中小學九年一貫課程綱要總綱**。作者。

教育部（1999）。**特殊教育學校（班）國民教育階段智能障礙類課程綱要**。作者。

# 參考文獻

教育部（2000a）。特殊教育學校（班）國民、學前教育階段視覺障礙類課程綱要。作者。

教育部（2000b）。特殊教育學校（班）國民教育階段肢體障礙類課程綱要。作者。

教育部（2000c）。高級中等學校特殊教育班職業學程課程綱要。作者。

教育部（2000d）。特殊教育學校（班）高中職教育階段視覺障礙類課程綱要。作者。

教育部（2000e）。特殊教育學校（班）高中職教育階段肢體障礙類課程綱要。作者。

教育部（2001a）。特殊教育學校（班）國民教育階段聽覺障礙類課程綱要。作者。

教育部（2001b）。特殊教育學校（班）高中職教育階段聽覺障礙類課程綱要。作者。

教育部（2003）。國民中小學九年一貫課程綱要。作者。

教育部（2008a）。國民教育階段特殊教育課程綱要總綱。作者。

教育部（2008b）。高中教育階段特殊教育課程綱要總綱。作者。

教育部（2008c）。高職教育階段特殊教育課程綱要總綱。作者。

教育部（2014a）。大專校院特殊教育資源手冊。作者。

教育部（2014b）。十二年國民基本教育課程綱要總綱。作者。

教育部（2016）。幼兒園教保活動課程大綱。作者。

教育部（2024）。一一三年度特殊教育統計年報。https://tp-adapt.set.edu.tw/book_ul/7/1947/113年度特殊教育統計年報.pdf

教育部（無日期）。教育大事紀。https://history.moe.gov.tw/Memorabilia

教育部國民中小學課程與教學資源整合平臺（2019）。十二年國民基本教育課程綱要總綱宣講（第六版）。作者。

許雅惠（2011）。大專校院資源教室輔導教師工作現況之研究。國立屏東教育大學學報：教育類，**37**，27-56。

陳秀芬、張正芬（2013）。大專校院資源教室服務模式：以國立臺灣師範大學為例。特殊教育季刊，**128**，1-10。

陳明印（2000）。臺灣地區國民中小學教科書審查制度。載於中華民國教材研究發展學會（主編），**教科書制度研討會資料集**（頁131-157）。中華民國教材研究發展學會。

陳慧如（2023）。臺灣兒童聯合評估療育之面貌瓶頸與願景。https://www.fma.org.tw/2023spring/S6-1.html

黃政傑（1997）。**課程改革的理念與實踐**。漢文。

黃顯華、徐慧璇（2006）。臺灣課程改革理論基礎再思。**課程研究，1**（2），21-45。

楊國揚、何思瞇（2013）。**我國中小學教科書審定機制整合研究**。國家教育研究院研究計畫（NAER-102-12-G-1-01-00-1-03）。國家教育研究院。

葉靖雲（1996）。課程本位評量的理論與應用。載於周台傑、葉靖雲（主編），**學習障礙有效教學**（頁 15-28）。國立彰化師範大學特殊教育中心。

劉俊庚、邱美虹（2012a）。我國百年國中科學課程發展回顧與展望。**科學教育月刊，347**，2-20。

劉俊庚、邱美虹（2012b）。我國小學科學課程演進與回顧（上）。**科學教育月刊，351**，2-14。

歐用生（1993）。**課程發展的基本原理**。復文。

蔡明珊（1993）。如何開好業務會議。**CHEERS 雜誌 3 月號**。

衛生福利部國民健康署（2022）。**兒童發展聯合評估「綜合報告書」操作手冊**。https://www.hpa.gov.tw/Pages/Detail.aspx?nodeid=840&pid=4760

鄭麗華（2018）。幼兒園課程大綱實施之回顧與展望。**幼兒教育，40**（2），1-17。

羅厚輝（2002）。**課程發展的理論基礎**。學富文化。

Wehmeyer, M. L., & 趙本強（2020）。學校與家庭如何促進身心障礙學生的自我決策。載於林素貞、趙本強、黃秋霞（主編），**身心障礙學生的轉銜教育與服務**（頁 63-98）。心理。

Downing, J. E.（2011）。**普通班融合重度及多重障礙學生：教師的實務策略**〔李淑玲譯〕。心理。（原著出版年：2008）

Polloway, E. A., Patton, J. R., Serna, L., & Bailey, J. W.（2019）。有效教學與差異化教學的策略〔林素貞譯〕。載於林素貞（總校閱），**特殊需求學生的教材教法**〔林素貞、陳佩玉、王秋鈴、葉靖雲、蔡曉楓、詹孟琦譯〕（頁 3-1～3-15）。華騰文化。（原著出版年：2018）

Wiles, J., & Bondi, J.（2003）。**課程發展實務導引**〔陳麗華、吳麗君、黃永和、詹惠雪、葉興華譯〕。雙葉書廊。（原著出版年：2002）

## 英文部分

ADDitude. (2024). *What is an IEP? Everything you need to know about IDEA, IEPs, and 504 Plans*. https://www.additudemag.com/iep-vs-504-plan-idea-adhd-disabilityeducation/?srsltid=AfmBOopdZ_6ChQOTl_lySGb7RFdP74KC8fqpGHy-DZYdJxv-HXGgwAqKT

Algozzine, B., & Ysseldyke, J. E. (2006). *Effective instruction for students with special needs: A practical guide for every teacher*. Sage.

Bateman, B. D. (1992). *The essentials of teaching*. Otter Ink.

Bateman, B. D. (1996). *Better IEP* (2nd ed.). Sopris West.

Bateman, B. D. (2007). *From Gobbledygook to clearly written annual IEP goals*. Attainment Co.

Bateman, B. D. (2017). Individualized education programs for children with disabilities. In J. M. Kauffman, & D. P. Hallahan (Eds.), *Handbook of special education* (pp. 87-104). Taylor & Francis.

Bateman, B. D., & Herr, C. M. (2003). *Writing measurable IEP goals and objectives*. Attainment Co.

Bateman, B. D., & Linden, M. A. (1998). *Better IEP* (3rd ed.). Sopris West.

Bigge, J. L., & Stump, C. S. (1999). *Curriculum, assessment and instruction for students with disabilities*. Wadsworth.

Browder, D. M., & Spoone, F. (2011). *Teaching students with moderate and severe disabilities*. The Guilford Press.

Browder, D. M., Flowers, C., & Wakeman, S. (2008). Facilitating participation in assessments and the general curriculum: Level of symbolic communication classification for students with significant cognitive disabilities. *Assessment in Education: Principles, Policy & Practice, 15*, 137-151.

Browder, D. M., Spooner, F., Ahlgrim-Delzell, L., Flowers, C., Algozzine, R., & Karvonen, M. (2003). A content analysis of the curricular philosophies reflected in states' alternate assessment performance indicators. *Research and Practice for Persons with Severe Disabilities, 28*(4), 165-181.

Carnine, D., Kameenui, E. J., & Silbert, J. (1990). *Direct instruction reading* (2nd ed.). Merrill.

Clark, G. M., Synatschk, K. O., Patton, J. R., & Steel, L. E. (2012). *Career Interests, Preferences, and Strengths Inventory (CIPSI)*. Pro-ed.

Council for Exceptional Children. [CEC] (1998). *IDEA 1997: Let's make it work*. The Author.

Council for Exceptional Children. [CEC] (1999). *IEP team guide*. The Author.

Council for Exceptional Children. [CEC] (2002). Understanding the differences between

IDEA and Section 504. *Teaching Exceptional Children, 34*(3).

Council for Exceptional Children. [CEC] (2007a). *A primer on the IDEA 2004 regulations*. https://www.parentcenterhub.org/idea/

Council for Exceptional Children. [CEC] (2007b). *IDEA 2004 summary*. http://www.ldonline.org/article/10726/

D'Amico, J., & Gallaway, K. (2010). *Differentiated instruction for the middle school science teacher: Activities and strategies for an inclusive classroom*. Wadsworth.

Deno, S. L. (1985). Curriculum-based measurement: The emerging alterative. *Exceptional Children, 52*(3), 219-232.

Deno, S. L. (1986). Formative evaluation of individual student program: A new role for school psychologists. *School Psychology Review, 15*(3), 357-374.

Deno, S. L. (1989). Curriculum-based measurement and special education services: A fundamental and direct relationship. In M. R. Shinn (Ed.), *Curriculum-based measurement: Assessing special children* (pp. 1-17). The Guilford Press.

Deno, S. L. (1992). The nature and development of curriculum-based measurement. *Preventing School Failure, 36*(2), 5-10.

Deno, S. L., Mirkin, P. K., & Wesson, C. (1984). How to write effective data-based IEP. *Teaching Exceptional Children, 16*, 99-104.

Dymond, S., & Orelove, F. (2001). What constitutes effective curricula for students with severe disabilities? *Exceptionality, 9*, 109-122.

Fuchs, L. S., & Shinn, M. R. (1989). Writing CBM IEP objectives. In M. R. Shinn (Ed.), *Curriculum-based measurement*. The Guilford Press.

Gargiulo, R. M., & Metcalf, D. (2010). *Teaching in today's inclusive classrooms: A universal design for learning approach*. Wadsworth.

Gupta, R. (2020). *Accommodations, modifications and remediation: Is there a need for all 3?* https://reurl.cc/ld18jA

Hall, T., Strangman, N., & Meyer, A. (2004). *Differentiated instruction and implications for UDL implementation*. https://www.sgdsb.on.ca/upload/documents/differentiated-instruction-and-implications-for-udl-implementation.pdf

Hawbaker, B. W. (2007). Student-led IEP meetings: Planning and implementation strategies. *TEACHING Exceptional Children Plus, 3*(5), Article 4. https://files.eric.ed.gov/fulltext/EJ967458.pdf

Herr, C. M., & Bateman, B. D. (2006). *Better IEP meetings: Everyone wins*. Attainment Co.

Hoover, J. J., & Patton, J. R. (1997). *Curriculum adaptations for students with learning and behavior problems: Principles and practices*. Pro-ed.

Hoover, J. J., & Patton, J. R. (2007). *Teaching study skills to students with learning problems: A teacher's guide for meeting diverse needs* (2nd ed.). Pro-ed.

*Individuals with Disabilities Education Act Amendments of 1997*, 20 U.S.C. 326.

*Individuals with Disabilities Education Act Amendments of 2004*, 20 U.S.C.

*Individuals with Disabilities Education Act of 1990*, 20 U.S.C.

Kameenui, E. J., & Simmons, D. C. (1990). *Designing instructional strategies: The prevention of academic learning problem*. Merrill.

Kameenui, E. J., & Simmons, D. C. (1999). *Toward successful inclusion of students with disabilities: The architecture of instruction*. The Council for Exceptional Children.

Kaplan, S. N. (1986). The grid: A model to construct differentiated curriculum for the gifted. In J. S. Renzulli (Ed.), *Systems and models for developing programs for the gifted and talented* (pp. 180-193). Creative Learning Press.

Karger, J., & Hitchcock, C. (2003). *Access to the general curriculum for students with disabilities: A brief legal interpretation*. https://ollibean.org/access-to-the-general-curriculum-for-students-with-disabilities-a-brief-legal-interpretation-2/

Klotz, M. B., & Nealis, L. (2005). *The new IDEA: A summary of significant reforms*. National Association of School Psychologists.

Kurth, J. A., McQueston, J. A., Ruppar, A. L., Toews, S. G., Johnston, R., & McCabe, K. M. (2019). A description of parent input in IEP development through analysis of IEP documents. *Intellectual and Developmental Disabilities, 57*(6), 485-498. https://doi.org/10.1352/1934-9556-57.6.485

Lau, D. C.-M. (2001). Analysing the curriculum development process: Three models. *Pedagogy, Culture and Society, 9*(1), 29-44. https://doi.org/10.1080/14681360100200107

Lin, S.-J. (2021). Research on implementation inclusive education for municipality and preschool levels in Taiwan. *Człowiek Niepełnosprawność Społeczeństwo, 3*(53), 17-34.

Marston, D. (1989). A curriculum-based measurement approach to assessing academic performance: What it is and why do it. In M. R. Shinn (Ed.), *Curriculum-based measurement*. The Guilford Press.

Mason, C. Y., McGahee-Kovac, M., Johnson, L., & Stillerman, S. (2002). Implementing student-led IEPs: Student participation and student and teacher reactions. *Career Development for Exceptional Individuals, 25*(2), 171-192.

McCormick, S. (1995). *Instructing students who have literacy problems* (2nd ed.). Prentice-Hall.

McLoughlin, J. A., & Lewis, R. B. (1990). *Assessing special students* (3rd ed.). Merrill.

Mindtools. (n.d.). *SMART goals: How to make your goals achievable*. https://www.mindtools.com/a4wo118/smart-goals

National Center for Learning Disabilities. [NCLD] (2013). *Section 504 and IDEA comparison chart for school*. https://reurl.cc/ra8XOb

Nolet, V., & McLaughlin, M. J. (2000). *Accessing the general curriculum: Including students with disabilities in standards-based reform*. Corwin Press.

Oregon Department of Education. (n.d.). *Oregon Standard IEP*. https://www.oregon.gov/ode/students-and-family/specialeducation/publications/pages/oregon-standard-iep.aspx

Patton, J. R. (2012). *Personal contact*.

Patton, J. R., & Clark, G. M. (2014). *Transition Planning Inventory (2nd ed.): Administration and resource guide*. Pro-ed.

Polloway, E. A., & Patton, J. R. (1993). *Strategies for teaching learners with special needs* (5th ed.). Macmillan.

Polloway, E. A., Patton, J. R., Serna, L., & Bailey, J. W. (2018). *Strategies for teaching learners with special needs* (11th ed.). Pearson.

Reynolds, C. R., & Shaywitz, S. E. (2009). Response to intervention: Ready or not? Or, from wait-to-fail to watch-them-fail. *School Psychology Quarterly, 24*(2), 130-145. https://doi.org/10.1037/a0016158

Ronksley-Pavia, M. L. (2010). Curriculum differentiation: A practical approach. *Mindscape, 30*(2), 4-11.

Salvia, J., & Ysseldyke, J. E. (1995). *Assessment* (6th ed.). Houghton Mifflin.

Sanford, H. G., Marozas, D. S., Marozas, E. L., & Patton, J. R. (2011). *Differentiating language arts instruction for students with special needs in inclusive settings, Grades K-5*. Pro-ed.

Schumaker, J., & Lenz, K. (1999). *Grades six through eight: Adapting language arts, social studies, and science materials for the inclusive classroom*. The Council for Exceptional Children.

Serna, L. (2022). *Self-determination*. In E. A. Polloway, & J. R. Patton, *Strategies for teaching learners with special needs* (12th ed., pp. 282-291). Pearson.

Shaw, S. F., Madaus, J. W., & Dukes, L. L. III (2010). *Preparing students with disabilities* for college success: A practical guide to transition planning. Paul H. Brookes.

Shinn, M. R. (1988). Development of curriculum-based local norms for use in special education decision-making. *School Psychology Review, 17*(1), 61-80.

Shinn, M. R. (Ed.) (1989). *Curriculum-based measurement*. The Guilford Press.

Shinn, M. R., & Hubbard, D. D. (1992). Curriculum-based measurement and problem-solving assessment: Basic procedures and outcomes. *Focus on Exceptional Children, 24*(5), 1-20.

Shinn, M. R., Tindal, G. A., & Stein, S. (1988). Curriculum-based measurement and the identification of mildly handicapped students: A research review. *Professional School Psychology, 3*(1), 69-85.

Shumm, J. S. (1999). *Kindergarten through grade five: Adapting reading & math materials for the inclusive classroom*. The Council for Exceptional Children.

Siegel, L. M. (2007). *The complete IEP guide: How to advocate for your special Ed child* (5th ed.). Lawrence Siegel.

Siegel, L. M. (2020). *The complete IEP guide: How to advocate for your special Ed child* (10th ed.). Lawrence Siegel.

Silver, L. B. (Ed.) (1989). *The assessment of learning disabilities: Preschool through adulthood*. College-Hill Press.

Smith, T. E. C., Polloway, E. A., Patton, J. R., & Dowdy, C. A. (2012). *Teaching students with special needs in inclusive settings* (6th ed.). Pearson.

Stavroula, V. A., Leonidas, K., & Mary, K. (2011). *Investigating the impact of differentiated Instruction in mixed ability classrooms: It's impact on the quality and equity dimensions of education effectiveness*. Paper presented at the International Congress for School Effectiveness and Improvement 2011. https://reurl.cc/LdE9MK

Strickland, B. B., & Turnbull, A. P. (1993). *Individualized education programs* (3rd ed.). Macmillan.

The GreatSchools Editorial Team (2023). *IDEA 2004 close up: The individualized education program (IEP)*. https://www.greatschools.org/gk/parenting/iep-504/the-individualized-education-program-iep/

Tomlinson, C. A. (1995). *How to differentiate in mixed-ability classrooms*. Association for Supervision and Curriculum Development.

Tomlinson, C. A. (1999). *The differentiated classroom: Responding to the needs of all learners*. Association for Supervision and Curriculum Development.

Tomlinson, C. A. (2005). *How to differentiate instruction in mixed ability classroom* (2nd ed.). Pearson.

Tomlinson, C. A. (2015). Teaching for excellence in academically diverse classrooms. *Society, 52*(3), 203-209.

Tomlinson, C., Callahan, C., & Lelli, K. (1997). Challenging expectations: Case studies of high-potential, culturally diverse young children. *Gifted Child Quarterly, 41*(2), 5-17.

Tucker, J. (1987). Curriculum-based assessment is no fad. *The Collaborative Educator, 1*(4), 4-10.

University of Washington. (2020). *What is the difference between an IEP and a 504 Plan?* https://reurl.cc/VX9y15

Wehmeyer, M. L., & Patton, J. R. (Eds.) (2017). *The Praeger international handbook of special education*. Praeger.

Wiles, J., Bondi, J., & Sowell, E. J. (2002). *Foundations of curriculum and instruction*. Pearson.

Wormeli, R. (2007). *Differentiation: From planning to practice, grades 6-12*. Stenhouse.

Ysseldyke, J. (2001). Reflections on a research career: Generalizations from 25 years of research on assessment and instructional decision making. *Exceptional Children, 67*(3), 295-308.

# NOTE

# NOTE

# NOTE

國家圖書館出版品預行編目（CIP）資料

個別化教育計畫之擬訂：從特殊教育課程和幼兒園教
保活動課程導入／林素貞著. --初版.-- 新北市：心理
出版社股份有限公司, 2025.07
　　面；　公分.--（障礙教育系列；63182）
　　ISBN 978-626-7447-80-2（平裝）

1. CST: 特殊教育　2. CST: 個別化教學　3. CST: 教學研究

529.55　　　　　　　　　　　　　　　　　　　114008623

障礙教育系列 63182

# 個別化教育計畫之擬訂：
## 從特殊教育課程和幼兒園教保活動課程導入

作　　者：林素貞
總 編 輯：林敬堯
發 行 人：洪有義
出 版 者：心理出版社股份有限公司
地　　址：231026 新北市新店區光明街 288 號 7 樓
電　　話：(02) 29150566
傳　　真：(02) 29152928
郵撥帳號：19293172　心理出版社股份有限公司
網　　址：https://www.psy.com.tw
電子信箱：psychoco@ms15.hinet.net
排 版 者：辰皓國際出版製作有限公司
印 刷 者：辰皓國際出版製作有限公司
初版一刷：2025 年 7 月
I S B N：978-626-7447-80-2
定　　價：新台幣 400 元

■有著作權‧侵害必究■